本书系国家社科基金项目"公司法制度竞争视野下股权结构变革研究"（项目批准号：21BFX095）的阶段性成果。

金融创新视域下的
公司融资法制变革

李安安 著

中国社会科学出版社

图书在版编目（CIP）数据

金融创新视域下的公司融资法制变革 / 李安安著.
北京：中国社会科学出版社, 2024. 8. -- ISBN 978-7-5227-4174-1

Ⅰ. D922. 291. 914

中国国家版本馆 CIP 数据核字第 20247DC737 号

出 版 人	赵剑英
责任编辑	许　琳
责任校对	苏　颖
责任印制	郝美娜

出　　版	中国社会科学出版社
社　　址	北京鼓楼西大街甲 158 号
邮　　编	100720
网　　址	http://www.csspw.cn
发 行 部	010-84083685
门 市 部	010-84029450
经　　销	新华书店及其他书店
印　　刷	北京君升印刷有限公司
装　　订	廊坊市广阳区广增装订厂
版　　次	2024 年 8 月第 1 版
印　　次	2024 年 8 月第 1 次印刷
开　　本	710×1000　1/16
印　　张	19.25
插　　页	2
字　　数	268 千字
定　　价	108.00 元

凡购买中国社会科学出版社图书，如有质量问题请与本社营销中心联系调换
电话：010-84083683
版权所有　侵权必究

序　言

公司融资为公司的设立与成长壮大提供资金来源，与公司治理共同构成公司经营发展的重要支撑，也是公司法理论与实践长期以来重点关注的内容。与此同时，公司融资是否便利、灵活和低成本，也影响着营商环境质量以及经济增长水平，在某种程度上又不只停留在公司法的层面，而是具有更为广泛和普遍的经济意义与社会价值。如何为公司融资提供更加有效的制度供给，毫无疑问是商法经济法研究需要直面的关键议题与重大使命。

传统理解下的公司融资主要停留于内源融资与外源融资、股权融资与债权融资等泾渭分明的二元结构，然而金融创新的持续推进让公司融资以更为复杂多样、异彩纷呈的方式呈现与发展。专业机构投资者日益成熟背景下股东积极主义兴起，资管计划和信托计划等复杂商事交易结构下"客体主体化"角色转换，都反映着金融主体创新中投资者的群体分化和身份转化所带来的结构性裂变。与此同时，类别股、分级基金、结构化融资工具等的创新应用，使得"股债二分"开始走向"股债融合"，进而催生了更具灵活性、定制化的公司融资模式与融资工具。这也使得我国的公司融资市场更加富于创新与活力，也更加适应不同规模和类型的企业多元化、差异化的融资需求。

尽管金融创新极大地推动了公司融资市场的发展，但是我们也需要正视这一进程中存在的各种问题。一方面，金融创新往往来源于市场主体的内生动力，具有显著的自发性，并且往往是在法律制度的模糊地带通过契约安排得以实现。因此金融创新所带来的公司融资方式的合法性评价会成为横亘在市场实践面前的一道重要关卡，或者说是悬在公司和投资者头上的"达摩克利斯之剑"。合法性的模糊以及所带来的不确定性，也势必影响着创新融资方式的复制和推广，甚至对公司自身的经营也会带来风险。另一方面，金融创新下的公司融资变革在很大程度上会改变金融市场的既有格局，新型市场主体、创新金融工具以及新型业务模式的层出不穷将给金融秩序与投资者权益带来巨大挑战，金融创新的野蛮无序生长也无疑会给金融监管带来巨大压力。此外，旺盛的公司融资需求以及金融行业的逐利动机，将有可能导致金融体系和金融机构的内部控制机制失灵，产业与资本的勾连、内部与外部的串通、贪婪与大胆的交织会滋生以融资之名行掠夺之实，造成金融资产的损失和金融机构的危机，甚至会导致系统性风险威胁社会的稳定与安全。

以法制规范无序，以法治因应变革，就成为金融创新背景下公司融资制度的现实需求，也是促进金融真正服务实体经济、防范资本无序扩张的应有之义。在立法层面，有必要及时回应公司融资的客观需求和金融创新的市场实践，通过法律制度的完善平衡效率与安全，及时赋予新型主体、工具和业务模式以适当的法律地位和行为边界，为金融创新下的公司融资提供有效的制度供给。在司法层面，需要司法部门树立正确的裁判理念与角色定位，跳出"法条主义"的思维定式，以更加积极能动的观念妥当把握司法介入的标准与尺度，既不宜过于僵化地一味地对创新实践给予否定性评价，又不能过度追求意思自治而损害金融秩序与金融安全，而是要加强与金融监管部门、市场主体的协调与沟通，为金融创新下的公司融资提供坚实的司法保障。在执法层面，需要确立包容审慎的监管理念和底线思维，通过创新监管手段和调适监管尺度，为市场创新提供灵活友好的监管环境，有效支持金融市场通过多样创新更好满足企业的融资需求，提升金融效率促进经济发展，同时又要坚守投资者保护和维护金融安全的底线，做到适度监管、有效监管、功能监管的有机统一。

由此可见，金融创新下的公司融资并不是两个维度的简单交错，而是一个系统性、全局性的命题，所涉视野之宏阔、关系之复杂、影响之深远，都决定了这个命题的挑战性之巨大。所以，当李安安副教授完成《金融创新视域下的公司融资法制变革》的书稿并托我作序时，作为老师的骄傲与欣慰、作为同行的赞叹与钦佩油然而生，于是我欣然应允。李安安在我指导下完成了硕士和博士阶段的学习，后又在金融学知名学者江春教授指导下完成了博士后研究工作，并到香港特区的著名学府进行了访问学者研究计划，具有法学与金融学的交叉学术背景。安安教授有着很高的自我要求，也有着扎实的理论积淀和较高的学术造诣，总是能够敏锐地把握理论和实践中的重大问题并形成有见地的学术成果。他为人谦逊低调，总是怀瑾握瑜，从不自负自夸。其实在本书之前，安安教授已经出版了《金融创新视域下的公司治理法制变革》一书，两本高质量的著作交相辉映，体现了作者在金融法与公司法之间游刃有余的交叉研究能力，也反映了作者咬定青山不放松的学术追求和品格。

虽然这本专著已经展示出了作者的精深研究和突出成果，但我坚信这本有分量的著作只是作者学术理想中的阶段性成果，也期待作者能够继续努力，早日完成他所构想的"金融创新与公司法制变革三部曲"的学术抱负，为公司金融法理论的进一步发展做出应有贡献！

是为序。

冯 果

武汉大学法学院教授、博士生导师

2024年5月6日于珞珈山

导　论

对于公司这一最典型的商事主体而言，融资可谓生死攸关的头等大事。公司因资本聚合而兴，因融资枯竭而衰，公司法的历史很大程度上就是一部公司融资的制度变迁史。公司融资一头连着公司治理，一头连着公司并购，三者共同构成了公司制度的基础骨架。传统的公司融资建立在股债二元结构的逻辑前提之上，股与债的界分不仅划定了股票与债券、股东与债权人的法律边界，还构成了公司融资及治理结构的基础，从根本上影响着公司法的价值体系构造与制度规则设计。但在金融创新的冲击之下，股债二分的理想状态不复存在，股债融合型投融资工具兴起并得到广泛运用，其具体样态主要包括夹层融资、类别股、分级基金、结构性资管计划、资产收益权、明股实债等。由于金融创新的变动不居以及公司融资立法的相对滞后，这些创新型投融资工具引发的纠纷与日俱增，理论界与实务界对其认知莫衷一是，对赌协议第一案、明股实债第一案、资产收益权信托第一案等均属于该领域的经典案例。公司融资法制如何回应金融创新带来的挑战，成为亟待深入研究的重大议题。

众所周知，企业"融资难"、"融资贵"是我国经济社会发展中的一大"痛点"问题，如何从根本上加以破解可谓老生常谈却历久弥新的挑战性议题。悖论在于，我国并不缺"钱"，金融市场的流动性充裕，但金融在服务实体经济方面乏善可陈，金融系统与企业系统之间存在严重的结构性错配。从观念根源上看，针对民企的金融抑制与金融排斥观念依然根深蒂固，民企的制度性交易成本居高不下。从制度根源上看，国企与民企之间的价格双轨制以及以静态的资本信用为标准的企业信用评价机制是关键肇因。值得注意的是，2023年7月由中共中央、国务院发布的《关于促进民营经济发展壮大的意见》聚焦民营经济发展的全局性和深层次问题，系统擘画了民营企业发展壮大的战略蓝图，并专门就企业融资支持的政策制度方面作出了针对性安排。如果不关注到显性规则背后的"隐性规则"，不根除具有路径依赖式的观念束缚和制度藩篱，则"融资难"和"融资贵"的难题并不会随着这一顶层设计文件的出台而迎刃而解。本书尝试在这方面有所突破，提出了缓释公司融资的财政金融双重约束、削减公司交易中的制度性成本、以偿债能力测试为标准重新对公司进行信用评价、打破融资价格双轨制、强化产融结合的回应性治理等学理方案，希冀能够对破解公司融资中的深层次体制性难题有所助益。

公司融资是一个金融与法律相互嵌入、组织法与契约法彼此交错、行为法与监管法纵横贯穿、教义法学与社科法学互鉴共生的复杂领域。本书通过历史考察、形上思辨、制度比较、案例分析、规范重述等方法对"金融创新视域下的公司融资法制变革"这一主题进行了相对系统、深入的研究，得出的主要结论如下。

第一，公司融资法作为一个新兴学科，呈现出两个鲜明的特性：一是知识谱系的科际整合性，二是规范性质的公私兼容性。公司金融法的学科体系、学术体系与话语体系之构建，需要有整体主义和融贯性的思维，在外部将法律与金融、会计加以整合，在内部将公司法与金融法、组织法与契约法加以整合，从而打破学科壁垒，促进问题对象的系统观照，助推公司融资法的自我反思与现代超越。

第二，公司融资的历史演进与公司法律的生长一脉相承，但在我国特殊的国情下，公司融资深受财政政策与货币政策的影响，面临着财政制度与金融制度的双重约束。公司融资难题的破解，需要打破"头痛医头脚痛医脚"的思维定式，注重从财政、金融的顶层制度设计入手，从政府的角色转变与行为选择上寻求突破口，通过自上而下的疏导与自下而上的倒逼来渐进实现。

第三，金融创新是把"双刃剑"，既通过主体创新、工具创新和业务创新有力促进了公司融资法制的进化，也诱发了利益冲突和制度困境。我国的金融创新陷入了"有法律，无秩序"的悖论，面临着挂靠式融资、通道式融资、平台式融资的实践乱象，受制于法条主义的思维束缚，难以通过包容性司法助推商事实践创新。公司融资法亟待明确立场，有效因应金融创新带来的系统性挑战。

第四，公司融资领域是公共政策、金融监管与法律的交汇之地，公司融资法与金融创新之间的紧张关系需要综合性的价值调和。其中在公共政策方面，需要将"金融服务实体经济"和"防止资本无序扩张"的公共政策嵌入公司融资法的规则框架中；在能动司法方面，需要引入包容性司法理念，强化司法赋能，在抽象盈余分配、资管产品差额补足等纠纷中适度介入；在金融监管方面，需要引入助推式监管工具和激励式监管工具，厘清监管约谈的功能定位。

第五，回应金融创新的公司融资法制变革，在着力点上应通过公司法的回应性改革来优化营商环境，为公司投融资便利化提供更加宽松的制度环境；在具体路径上应当培育稳健的投融资主体、创设新型的投融资工具、规范既有的投融资业务模式；在制度规范设计上应制定公司融资的特别权利条款并明确其法律效力，特别是私募基金合同中的"优先—劣后"权益安排条款、债务融资合同中的消极性承诺条款、风险投资合同中的强制出售条款等。

目 录
CONTENTS

001	**第一章**	**公司融资法的制度范式及其法理阐释**
001	第一节	公司融资的制度变迁与创新发展
018	第二节	我国公司融资的法律制度环境分析
040	第三节	公司融资法的范式提炼与体系定位
053	**第二章**	**金融创新：公司融资法制进化的动力机制**
054	第一节	金融主体创新与公司融资法制的进化
061	第二节	金融工具创新与公司融资法制的进化
086	第三节	金融业务创新与公司融资法制的进化
097	**第三章**	**金融创新诱致的公司融资法制难题**
097	第一节	金融创新的法律困局及其对公司融资的影响
108	第二节	金融创新的实践异化及其对公司融资的影响
135	第三节	法条主义束缚下金融创新的司法审查困境
152	**第四章**	**金融创新与公司融资法制的价值调和**
152	第一节	公共政策维度下的价值调和：推进政策法律化
170	第二节	能动司法维度下的价值调和：强化司法赋能
191	第三节	金融监管维度下的价值调和：聚焦监管约谈

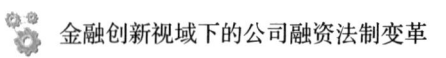

207	**第五章　公司融资法制变革的路径选择与规范设计**
207	第一节　公司融资法制变革的着力点：优化营商环境
229	第二节　公司融资法制变革的路径选择
251	第三节　公司融资法中的特别条款规范设计
280	**参考文献**
292	**后　记**

第一章

公司融资法的制度范式及其法理阐释

融资之于公司，犹如血液之于人体，具有生死攸关的意义。公司因资本聚合而起，公司的历史某种意义上就是公司融资的历史。从公司法特别是英美公司法的发展史来看，公司融资塑造了现代公司的基本法律制度，公司基本法律制度也在不断变革以适应公司融资的发展。[1] 本章旨在梳理公司融资的法律制度演进，检思公司融资难题背后的制度根源，在此基础上尝试提炼"公司融资法"的学科范式并证成其制度范畴与体系定位，从而为后文的具体制度分析奠定观念基础。

第一节 公司融资的制度变迁与创新发展

对于作为普通市场主体的公司而言，融资显得既熟悉又陌生。说其熟悉，是因为公司从出生到死亡都受制于融资的束缚，如何进行资金筹措、如何进行资产运营、如何进行盈余分配成为每家公司的"必修课"；说其陌生，是因为公司融资是极富创新的领域，日新月异的融资工具创新让人眼花缭乱，甚至使公司无所适从。理解公司融资的制度逻辑，需要秉持一种客观理性的历史观，在公司演化史的考察中发现问题的本质。

---

[1] 缪若冰：《公司融资对公司基本法律制度建构的证成》，《经贸法律评论》2020年第5期。

一 历史溯源：公司融资的发展及其对公司法律制度的形塑

(一) 公司融资兴起与组织法人化

制度经济学的代表人物诺斯在其《西方世界的兴起》中指出："有效率的经济组织是经济增长的关键，一个有效率的经济组织在西欧的发展正是西方兴起的原因所在。"① 这里的经济组织实际上指向的是以企业为中心的商事组织，将商个人排除在外，整个组织体形成一种结构性机制，能够实现正常的资本运作，达到资本增值的目的。② 传统意义上，商事组织主要包括个人独资企业、合伙制企业以及公司制企业三大类型。③ 严格而言，个人独资企业与合伙制企业都是业主所有制的生产组织形式，其利益关系和处理不需要证券契约来实现。④ 换言之，诸如股票、债券这样带有契约性质的融资工具是不适用于业主制企业的，大型企业组织如果以个人独资或合伙制的形式存在必然困难重重。诚如罗斯教授所言，个人独资企业或合伙制企业最主要的优势是启动成本，在那之后可能变严重的劣势是无限责任、有限的企业生命、产权转让的困难以及筹集资金的困难。⑤ 只有到了公司这种企业组织形式出现后，企业的大规模融资才成为一种可能，而这种可能性的出现与有限责任、股份制以及公司法人人格的独立密切相关。

公司作为聚合财产或资金的载体，公司的组织形式本身是一种融资工具。公司融资通常可以追溯到17世纪的特许公司时代，而公司的独

---

① [美] 道格拉斯·诺思、罗伯斯·托马斯：《西方世界的兴起》，厉以平、黄磊译，华夏出版社1999年版，第5页。
② 赵旭东等：《中国商事法律制度》，法律出版社2019年版，第109页。
③ 值得注意的是，以信托为基础的证券投资基金等新颖的商事组织形式的兴起挑战了传统的观念，要求我们拓展思路来研究商事组织的性质及其法律规范。参见李清池《商事组织的法律构造——经济功能的分析》，《中国社会科学》2006年第4期。
④ 庞任平：《解密公司证券设计与国企改革》，广东人民出版社2016年版，第7页。
⑤ [美] 斯蒂芬·A. 罗斯等：《公司理财》(原书第11版)，吴世农、沈艺峰等译，机械工业出版社2018年版，第4页。

第一章　公司融资法的制度范式及其法理阐释

立法律人格也源于融资组织法人化。① 当时海上贸易活动兴盛，为大规模地募集资金，同时存在着两类贸易公司即规约公司（或称为管制公司）和合股公司，前者类似于行业协会，难以吸收非商人的资金；② 后者类似于共同出资，可以快速筹集公众资金，因此合股公司在制度竞争中获胜而逐渐兴起。有学者对此分析指出，规约公司在其成员内部允许一定的竞争，即使被授予在某一类商品上或某一地区内之专营权利，也比不上拥有类似特权之合股公司垄断经营之程度，因为任何主体在满足一定条件并支付入场费之后都可以成为规约公司的成员从事贸易活动，而若想进入合股公司则必须从其他股东处购买合股公司之股份。③ 合股公司的典型特征之一是股份制，即整个公司是以合股的资本和一个账目进行经营，其是从中古的合伙企业中借鉴而来的资本形式，诚如有学者所言，英国股份公司的历史使命就是能够把规约公司中的法人制度、等级制的组织机构和合伙企业中的股份制结合起来，英国股份公司制度直接的起源就是规约公司和股份制的结合。④ 合股公司的第二个典型特征是股东有限责任。就弗吉尼亚公司、东印度公司等最早的合股公司而言，刚开始的时候股东基本上都承担无限责任，但风险过高时投资者望而却步，实践的强烈需求推动了股东有限责任制的产生。有限责任制颇类似于撬动地球的杠杆，一旦在公司中运用，便爆发出惊人的能量。对此，英国著名经济学家希克斯曾经指出，有限责任公司的发明在近代经济制度一系列创新中是最为突出的。⑤ 合股公司的第三个典型特征是特

---

① 刘燕：《公司融资工具演进的法律视角》，《经贸法律评论》2020年第1期。
② 关于"规约公司"（regulated company），《大不列颠百科全书》的解释是：英国最早的特许公司是冒险商公司和主要集中地商人公司，这些早期的公司都是规约公司，其组织原则是从中世纪行会套用来的，但经营要受到一套严格的共同规则的约束，其业务被限制在狭小的范围内。参见解玉军《英国股份公司制度探源》，山东大学出版社2017年版，第70—71页。
③ [英]罗纳德·拉尔夫·费尔摩里：《现代公司法之历史渊源》，虞政平译，法律出版社2007年版，第4页。
④ 解玉军：《英国股份公司制度探源》，山东大学出版社2017年版，第96页。
⑤ [英]约翰·希克斯：《经济史理论》，厉以平译，商务印书馆1987年版，第73—74页。

许设立,即合股公司的成立资格需通过皇家的特许状或议会的特许法案授予,特许的合股公司拥有专享名称、诉与被诉及独立经营管理的权利,公司人格具有永续性,至此,公司的独立法人人格已初具雏形。①

综上所述,公司并不是天然地享有法人人格,在法人人格制度形成之前,公司仅仅作为事实上的组织而存在。② 随着经济与贸易的蓬勃发展,公司对贸易资本的大规模需求正向促进了公司融资的兴起,同时公司成立的特许制为公司的独立法人人格的形塑提供了契机。公司融资最原始的工具就是公司组织形式本身,基于商业实践的公司融资与基于法律的公司法制度协同演变的主题也由此展开。

(二) 公司融资发展与公司基本法律制度的建构

1. 股权融资与股东有限责任

股份公司的发展离不开"运河热""铁路热"等外在力量的推动。在西欧,英国《泡沫法案》通过后涌现的首批股份公司就是为修筑运河而成立的,围绕着运河的股权融资呈现出资本量大、投机无度的特点,"运河热"之后的"铁路热"更是刺激了流通股、优先股和公司债券等创新融资工具的问世。③ 在美国,铁路的崛起带来了一场融资革命。随着19世纪40年代末期铁路繁荣期的到来,许多设立在纽约的进出口公司开始专门经营铁路股票的买卖,一些合股公司演化为美国首批专业化的投资公司,为投资银行的后续兴起奠定了基础。④

随着股权融资的纵深发展,公司设立的特许制因不再适应实践而式微。如在英国,19世纪中期以后,公民获得了通过注册就可以成立公司的权利,股份公司不再依赖于国王特权的恩赐。在美国,铁路企业为快速、大规模地筹集公众资金,往往需要借助公司的组织形式,这推动

---

① 虞政平:《论早期特许公司——现代股份公司之渊源》,《政法论坛》2000年第5期。
② 方流芳:《中西公司法律地位历史考察》,《中国社会科学》1992年第4期。
③ [美] 查尔斯·金德尔伯格:《西欧金融史》(第二版),徐子健等译,中国金融出版社2010年版,第210—213页。
④ [美] 小艾尔弗雷德·D. 钱德勒:《看得见的手——美国企业的管理革命》,重武译,商务印书馆1987年版,第101—105页。

着公司的特许授权转变为向一般民众开放注册。19世纪末,美国各州为吸引公司到本州注册,通过修订公司法放松管制,州际竞争附随着的公司法竞争由此展开,最后美国公司法实现了由特许制向注册制的转变。① 与此同时,股东有限责任制作为股份公司的必备特征,其巨大的制度优势也为实践所佐证。

股权融资的拓展与股东有限责任制度的确立存在逻辑上的密切关联,这与企业组织形式的演进一脉相承。企业组织形式是人类天生"合群"的外在表现,合力、合资、合智的商人智慧塑造了早期的合伙企业,因而在历史的舞台上合伙企业先于公司诞生。② 在大规模融资背景下,为消除潜在投资者的心理负担,保护投资者的个人财产安全,公司法确立了股东有限责任,同时也标志着公司法人产权的诞生,即公司财产与个人财产的分离。③ 有限责任的核心功能在于人格屏蔽,④ 人格屏蔽使得企业不对投资者的个人债务承担责任,在此意义上,合伙仅具弱的人格屏蔽,而公司同时具备强的人格屏蔽和有限责任特性。⑤ 简单来说,合伙的弱人格屏蔽表现在,就企业的责任财产,企业债权人相较于合伙人债权人具有优先受偿权;公司强的人格屏蔽表现在,就公司财产中投资者的份额,投资者个人债务的债权人无权请求清偿。由于公司的强人格屏蔽和有限责任特性,公司也逐渐发展成商事组织中最重要的组织形式之一。

---

① 李清池:《美国的公司法研究:传统、革命与展望》,《中外法学》2008年第2期。关于美国公司法州际竞争更深入系统的研究,可参见杨成良《州际竞争与美国公司法的发展》,《比较法研究》2017年第1期。

② 周游:《企业组织形式变迁的理性逻辑》,《政法论坛》2014年第1期。

③ 程文进:《美国公司法人地位及股东有限责任原则确立的历史考察》,《济南大学学报》2000年第1期。

④ 人格屏蔽是有限责任的反面,有限责任使企业的所有者免受企业债权人的权利主张,而人格屏蔽则使企业免受其所有者个人债务债权人的权利主张。因此,人格屏蔽和有限责任实际上是资产分离的两种表现形式,即将对企业财产的权利主张和个人财产的权利主张分配给不同债权人。

⑤ 谭津龙等:《企业演变史》,《研究生法学》2009年第2期。

2. 债务融资与公司资本制度

随着铁路、运河等大规模基础设施的建设，铁路公司对资金的需求巨大，但对于面临着信息不对称和经济不确定性的社会公众而言，有固定回报的债券相较于股票更容易被社会公众投资者接受。公众投资者在认购债券时往往要求发行人以铁路资产提供担保，而股份主要由发行人拥有，导致在资本结构中债权融资远远大于股权融资，杠杆过高的铁路公司因经营不善而面临破产危机。① 在19世纪资产泡沫和破产浪潮的席卷下，债权人的关注点也逐渐落在以资本制度为代表的公司内部制度方面，最终是为了更好地保障债权人的债权实现。

当19世纪的准则主义公司法确立股东有限责任后，对债权人利益保护的呼声迅速推动着公司资本制度的发展。在1824年著名的Wood v. Dummer案中，斯托里法官提出了信托基金规则即"当公司丧失偿付能力时，公司资产是债权人的信托基金"。② 信托基金规则将公司的资本与债权人利益相关联，这为法定资本制的确立打下了坚实的基础。就资本与债权人利益的关系而言，资本并非直接用于偿还公司的债务，而是公司用于弥补经营亏损及抵御商业风险，从而避免影响债权人的债权实现，在此意义上，资本是保护债权人利益的"缓冲垫"。③

在1887年英国Trevor v. Whitworth案中，法院明确指出"公司应保证其资本不会因返还给股东而减少"，这段判决书中的文字也成为资本维持原则下禁止股东抽逃出资规则的经典表述。④ 公司从资本中向股东派发股息，实则变相地将资本返还给股东，也会损害到债权人的利益，这便涉及对资本维持原则的违背。于是，司法实践继承了公司向股东的分配只能来源于利润，且不能减损法定资本的观点。因此，在债务融资需求的背景下，为保护债权人的利益，公司法确立了资本维持与分配限

---

① 刘燕：《公司融资工具演进的法律视角》，《经贸法律评论》2020年第1期。
② 朱圆：《论美国公司法中董事对债权人的信义义务》，《法学》2011年第10期。
③ 刘燕、楼建波：《公司法资本制度与证券市场：制度变迁、法律移植与中国实践》，《证券法苑》2014年第3期。
④ 刘燕：《重构"禁止抽逃出资"规则的公司法理基础》，《中国法学》2015年第4期。

制的公司资本制度。

3. 公众融资与公司内部治理机制

进入 20 世纪后，随着证券市场的迅速发展，越来越多的社会公众可以通过购买股票或债券参与到公司投资中。在两权分离的情况下，为解决代理人成本的问题，需加强对代理人的监管，防止管理者或控股股东通过机会主义行为侵犯中小股东利益。股东以"委托人"的身份将企业的经营管理事务委托给作为"代理人"的董事、高级管理人和监事，该"委托—代理"理论奠定了现代公司内部治理机制的基础。[①]

作为"委托人"的中小投资者与作为"受托人"的董事、高级管理人员或监事之间，获取信息的优势与控制公司的能力差异悬殊，为避免利益冲突，信义义务作为一项重要的公司治理机制得以确立，要求公司的董事、高级管理人员或监事为公司的最大利益行事。我国《信托法》《证券法》《公司法》均规定了信义义务，包括忠实义务和勤勉义务两个方面，但忠实义务表现为禁止性的消极义务，勤勉义务仅为一般条款和不确定概念。[②]

由于股东的分散化和大众化，股东面临着集体行动困境，公司两权分离下的代理问题由此产生。代表性问题之一就是董事、高级管理人员、监事或控股股东等公司内部人士不当减损公司利益而间接导致中小股东权益受损，为给予中小股东法律救济，公司法确定了股东派生诉讼制度。随着证券市场的发展，证券监管在保护公众投资者方面扮演着重要角色。例如，投资者适当性制度的价值一方面保护投资者，另一方面促进金融机构公司的内部治理完善。[③] 此外，为解决信息不对称问题，公众投资者对信息披露的质量也越来越关注。越来越多的社会公众参与到公司融资中来，促进着公司内部治理机制日益完善。

综上所述，就股权融资而言，铁路大规模融资需求推动着公司成立

---

① 施天涛：《公司法论》，法律出版社 2018 年版，第 300 页。
② 徐化耿：《信义义务的一般理论及其在中国法上的展开》，《中外法学》2020 年第 6 期。
③ 井漫：《投资者适当性制度构建：国际经验与本土选择》，《西南金融》2020 年第 4 期。

的特许制向注册制转变,同时也实现了股东无限责任到有限责任的转变;就债务融资而言,为加强对债权人的利益保护,资本维持与分配限制的公司资本制度得以确立;进入公众融资时代,股东分散化和两权分离下的代理问题突出,为避免公司内部人士侵害债权人或中小股东等外部投资者的利益,公司内部治理机制日益完善。[1] 不论是债务融资、股权融资还是公众融资,都是商人进行经济活动的实践产物,各种各样的融资需求搭建了现代公司法制度的框架。由此可以看出,公司制度形成和发展的路径是商业实践的自发生成,而非法律逻辑的理性设计。[2] 通过梳理公司融资的历史脉络,可以得出的结论是:公司基本法律制度的确立与公司融资的进化息息相关且协同演变。

二 实践浪潮:资本市场的融资创新对公司法律制度的冲击

公司资产负债表中的负债和所有者权益分别代表着公司融资的两种模式,即公司通过借债或发行股票的形式进行融资。[3] 这也代表着公司融资的传统路径为或股或债的方式——债务融资或权益融资,通过明确界分股与债之间的区别,股债二分法已经形成了公司融资的传统框架。资本市场是公司融资最活跃、最宽广的平台,公司不同的融资需求和投资者不同的投资偏好,共同推动着融资工具的创新,并突破了传统的融资框架,不同程度地冲击着公司法律制度。

(一) 债的融资工具

关于债务融资的具体方式,实践中繁杂多元,学界的归纳存在不少出入。有学者认为债务融资的方式包括银行贷款、信托贷款、债券融资、供应链融资、类金融机构融资、民间融资等。[4] 还有学者将债务融

---

[1] 缪若冰:《公司融资对公司基本法律制度建构的证成》,《经贸法律评论》2020年第5期。
[2] 蔡立东:《公司制度生长的历史逻辑》,《当代法学》2004年第6期。
[3] 缪若冰:《融资财务控制权对公司制度的挑战》,《法学》2017年第11期。
[4] 杨飞翔:《融资之道——公司融资路径与法律风险控制》,法律出版社2016年版,第25页以下。

资方式归纳为四种主要途径,即银行贷款、民间借贷、小额贷款公司贷款、发行债券。① 在上述融资工具中,债券融资无疑是和资本市场关联最为密切的融资方式,其是以公司商业信用为基础,承诺一定时期内还本付息的直接融资方式,对于调整公司融资结构、实现治理结构的合理化发挥着重要作用。作为公司首选的外源性融资方式,发行债券优于银行贷款和发行股票,因为债券相对于传统银行贷款的融资优势是成本低,相对于股票的融资优势是维持控制权和避免过多的信息披露。② 正因如此,在发达国家资本市场的公司融资行为中,债权融资是最主要的外源融资渠道,而且债权融资规模一般要远远超过股权融资规模。③

作为最主要的债的融资工具,"公司债券"是一个内涵丰富、外延宽广的概念,在我国企业融资语境下甚至是一个备受争议的概念。狭义上,公司债券是指普通的商事公司依照法定程序发行、约定在一定期限内还本付息的有价证券,仅受到我国《公司法》和《证券法》的调整;但广义上的公司债券还包括企业债券和非金融企业债务融资工具,事实上指向的是企业信用类债券。从类型化角度看,公司债券可以划分为公募债券与私募债券,实物债券、凭证式债券与记账式债券,短期、中期与长期债券,贴现债券、零息债券与付息债券等类型。尽管林林总总,但从公司债券所记载的权利义务关系来看,均恪守发行人与投资者之间当为债权债务关系这一根本准绳。这一共同本质的揭示,为打破碎片化的债券发行体制、构建整体统一的债券发行制度奠定了基础。④

(二) 股的融资工具

相对于丰富的债的融资工具,股的融资工具较为单一,一般表现为

---

① 刘华义、姚茂艳:《企业债务融资方式法律视角分析》,《青岛农业大学学报(社会科学版)》2012年第3期。
② 王辉:《公司债券的发行对上市公司融资结构的影响分析》,《中国商论》2020年第16期。
③ 孙杰:《资本结构、治理结构和代理成本:理论、经验和启示》,社会科学文献出版社2006年版,第17页。
④ 邢会强主编:《证券法学》(第二版),中国人民大学出版社2020年版,第40页。

普通股和优先股，有时候还包括私募股权投资基金以及认股权证。

普通股是最普通且具有完整权利内容的股票，同时享有两大类权利，即受益权和表决权。受益权为享有公司分配盈余和剩余财产的权利，表决权为有权表决公司一切重大事务的决策权。一股一权规则下，股东的权利大小必须基于股份的份额多少，于是股东的受益权和表决权可以等比例享有。一股一权规则通常指的是一股一票，即股东之间的投票权应当按照股份比例来平均分配。一股一票要求公司平等对待所有的股东，而不是相同地对待所有股东。如果说同一类别的股东遵循形式平等原则即同股同权，那么不同类别的股东遵循实质平等原则即不同股不同权，这种区分不同类别股东的合理的差别对待，符合股东平等原则。① 常见的一种情形是，有的股东放弃表决权而享有优先分红权，有的股东愿意滞后分红而享有超级表决权。

优先股是类别股的一种。所谓类别股，是指在公司的股权结构中，存在着不同种类、不同性质、不同权利义务关系、不同利益效果的股份。② 相对于普通股而言，类别股没有完整的股权权能，类别股股东权利内容在某些方面有所限制或扩张。股权利益分离理论认为，股权利益结构可分为人身利益与财产利益，同一股权中不同利益可归属于不同主体。③ 因此，以股东权利束的分离内容为依据，类别股可分为两类，第一类是在财产受益权方面分离的股份，比如优先股；第二类是在表决权方面分离的股份，比如双层股权。类别股的实质是股权的种类化，即股权内容的自治性配置。④ 实际上，类别股打破了传统的经济权与表决权等比例划分的标准股权结构，将侧重于经济权或侧重于表决权的权利结构重新组合配置，以满足证券市场上分别偏好回报收益或控制经营的需求。作为典型的类别股，优先股是股利分配或清算分配优先，但不具有表决权的股份。优先股股东以牺牲表决权为条件换取经济利益分配顺序

---

① 朱慈蕴、沈朝晖：《类别股与中国公司法的演进》，《中国社会科学》2013 年第 9 期。
② 韩灵丽：《论类别股东制度的建立》，《河北法学》2005 年第 1 期。
③ 周游：《股权的利益结构及其分离实现机理》，《北方法学》2018 年第 3 期。
④ 任尔昕：《关于我国设置公司种类股的思考》，《中国法学》2010 年第 6 期。

第一章　公司融资法的制度范式及其法理阐释

上的优先。优先股既像债又似股，债的特征体现在支付固定比例的股息类似于债权人的固定回报，股的特征体现在公司承认其股东身份，与普通股股东一样享有除表决权外其他所有的股东权利。进一步说，优先股具有债与股的双重属性，债权属性表现为优先权，由合同法调整，由公司章程创设；股权属性表现为股权，由公司法调整，由法律规定。①

相比普通股，优先股因其自身独有的优势而获得投资者和公司的青睐。首先，可避免财务杠杆限制。优先股在公司资本结构中为股权而非债权，资产负债率更低，公司资本结构更安全。其次，优先股不会稀释先前股东的控制权。由于优先股没有表决权，公司先前股东的表决权比例不会改变。最后，投资者更容易估价。由于优先股有固定收益，比普通股更容易获得稳定、安全的收益。总之，优先股具有普通股和债券都不具有的特定优势，对融资者而言，发行优先股能够在不稀释控制权的基础上进行股权再融资；对投资者而言，优先股风险适中、收益高。②优先股在证券市场上的出现，既改善了公司的融资结构，又丰富了投资产品。

私募股权投资基金按其组织形式可以分为公司型、信托型和合伙型。广义上的私募股权投资则涵盖了企业首次公开发行前各阶段（包括孵化期、初创期、发展期、扩展期、成熟期等）的权益投资。③与其他融资渠道相比，私募股权投资基金有着显著的特点，比如以非公开方式向少数投资者募集，无须披露交易细节。在其投资过程中，往往和融资方签订各种优先权利条款，如优先分红权、优先清算权、优先赎回权、优先认购权等。

认股权证本身包含着期权条款，该条款规定了每份认股权证所能认购的普通股股数，明确了认购公司普通股的执行价格。对于发行公司而

---

① 朱慈蕴、沈朝晖：《类别股与中国公司法的演进》，《中国社会科学》2013年第9期。
② 丁楹：《从美国优先股制度发展历程看中国转轨时期优先股制度的建立》，《中央财经大学学报》2013年第5期。
③ 马亚明、田存志主编：《现代公司金融学》（第二版），中国金融出版社2016年版，第181—182页。

言,发行认股权证是一种特殊的筹资手段,目的在于吸引投资者购买公司发行的债券或优先股股票。

(三)冲击股债二分法的复合型融资模式和融资工具

在传统的债务融资和权益融资之外,还有不少创新型的融资模式,如资产管理计划融资、资产证券化融资等。这些创新型的融资模式超越了股权和债权的界限,属于资产融资或结构金融的范畴,理解其制度精髓的关键字眼是"证券化"。证券化描述的是始于20世纪70年代的将不具有流动性的债权转化为证券的一场大规模运动。在证券化中,公司要经历"解构"的过程,即公司将特定类型的高流动性资产与一般意义上与公司相关的风险相隔离,然后利用这些资产在资本市场融资。① 在典型的结构金融中,一家寻求募集资金的公司(发起人)可能将它的特定资产转移至一个特殊目的机构(SPV),目的在于将资产与发起人的自身风险分离,同时对资产转移进行精心设计从而构成"真实销售",这种风险隔离和真实销售足以在破产法的规定下将资产从证券化发起人的破产资产中移除。不难看出,证券化是一种重构融资的制度,分拆并组合了金融机构的各项功能,包括将放贷与贷款持有分离开来,将放贷与贷款后续服务结合起来,重新配置金融机构的流动性和信用风险等。②

在公司融资实践中,或股或债的单一融资工具并不能满足实践需求,于是涌现出既具有股的特征又具有债的特征的股债混合的复合型融资工具。基于金融创新的复合型融资工具正冲击着股债二分的传统格局,股债融合的现象让股与债的区分日益困难。上文分析的类别股就具有债权和股权的双重属性,其实质是股权的收益权和表决权分离基础上的债权和股权的混合。③ 除了类别股之外,具有股债双重属性的复合型

---

① [美] 斯蒂文·L. 舒瓦茨:《结构金融:资产证券化基本原则》,倪受彬、李晓珊译,中国法制出版社2018年版,第2页。
② [美] 塔玛·弗兰科:《证券化:美国结构融资的法律制度》,潘攀译,法律出版社2009年版,第62—65页。
③ 朱慈蕴、沈朝晖:《类别股与中国公司法的演进》,《中国社会科学》2013年第9期。

融资工具还有优先股、可转换公司债券、永续债、股权收益权等。有学者对此指出，在金融工程的加持下，股权融资工具嫁接衍生工具产生出大量的混合证券，其对传统的股、债工具都毫不客气地进行解构和重组。①

就法律性质而言，有的学者认为复合型融资工具既不是股，也不是债，而是融资方与投资方的一系列合同。② 有的学者从期权理论分析认为股与债不过是公司融资交易中的两个有名合同，而复合型融资工具则为无名合同，在公司未陷入困境时，股与债的区分无关紧要。③ 可以说，股债融合的现象实际上反映了公司的融资创新方向与投资者的差异化投资需求，只要不损害其他利益相关者的利益，或者不违反强制性规范，公司法的制度应跟上融资创新的步伐，给予积极回应。

三 制度改革：公司资本制度对公司融资的回应

随着公司融资的兴起及公司组织法人化，现代意义上具有独立法律人格的公司进入历史视野；随着公司融资的发展，股东有限责任、公司资本制度、公司内部治理机制等公司基本法律制度渐进生成；随着公司融资的创新，一股一票、股债二分法等传统的公司法制度格局与公司融资实践的疏离化趋于明显。对公司而言，股东出资与公司融资正好是一枚硬币的两面。④ 因此，下义尝试从资本制度视角，解析公司法回应融资创新的制度逻辑。

（一）资本制度的功能演变

1. 资本与股份的区分

说到资本制度，首先要区分资本与股份两个概念。资本与股份概念

---

① 刘燕：《公司融资工具演进的法律视角》，《经贸法律评论》2020 年第 1 期。
② 缪若冰：《公司融资对公司基本法律制度建构的证成》，《经贸法律评论》2020 年第 5 期。
③ 许德风：《公司融资语境下股与债的界分》，《法学研究》2019 年第 2 期。
④ 刘燕、楼建波：《公司法资本制度与证券市场：制度变迁、法律移植与中国实践》，《证券法苑》2014 年第 3 期。

的形成可以追溯到17世纪合股公司时代，经历了从"股"到"股份"再到"资本"的演变过程。在海上贸易时代，合股中的"股"最开始指的是货物或资产，特指用于经营以便带来后续盈利的货物；采矿时代需常年持续经营，诞生了"股本"概念，特指无限期的永久性股本，按照份额比例划分为股份；随着盈利财富的累积，为区分公司总财富即资产与公司扣除掉债的净财富即资本，在出资意义上产生了"股本"或"资本"的新术语。① 简而言之，"股"的原意是指实体货物，在"股"的基础上加上比例份额的计算得到抽象权益意义上的"股份"，资产在出资范畴上有了"资本"的概念。

到了现代公司法时代，"资本"与"股份"两个概念关系密切但又具有不同的内涵与功能。公司资产由资本和负债组成，"资本"在此意义上属于绝对数的金额，负债与资本的比例关系决定了公司的资本结构。在资本范畴内，都属于股东的权益，再对股东权益按照等份额比例划分得到"股份"，"股份"属于相对数的股东权益。因此，"资本"与"股份"的关系可以表述为，股份是公司资本的最小构成单位。② "资本"与"股份"都界定的是股东与公司的出资关系，但发挥着不同的制度功能。"资本"与负债相对，代表着股东对公司的永久性出资投入且非经法定程序不得返还的资金，在此意义上"资本"对债权人至关重要；而"股份"界定的是股东之间的关系，代表着股东在公司中的权益份额，包括表决权比例、分红权比例等，在此意义上"股份"对股东至关重要。③

2. 从持续经营到债权人利益的缓冲垫

现代公司法资本制度的功能是保护债权人的利益，但最初设计的资本制度功能并非如此。当17世纪特许公司时代股本成为永久性出资时，

---

① 刘燕：《公司融资工具演进的法律视角》，《经贸法律评论》2020年第1期。
② 赵旭东主编：《公司法学》（第二版），高等教育出版社2006年版，第241页。
③ 刘燕、楼建波：《公司法资本制度与证券市场：制度变迁、法律移植与中国实践》，《证券法苑》2014年第3期。

派发分红股息区别于股本返还,从利润而非从股本中派发股息是为了保留完整的股本用于公司的持续经营。① 此时的资本制度主要是为了股东或公司的利益,不再逐年清算而是持续性经营,资本作为公司运行和发展的财产基础。但到了19世纪准则主义时代,随着股东有限责任的建立,为平衡股东与债权人的利益,对债权人利益的保护也登上历史的舞台,资本制度的重心从股东或公司利益的持续性转变为保护债权人利益。总而言之,17世纪特许公司时代资本制度的功能是为了维持公司的持续经营,而19世纪准则主义时代资本制度的功能转变为保护债权人利益。值得注意的是,资本制度的功能不是直接保护债权人利益,而是间接保护债权人利益,因而可将"资本"比喻为保护债权人利益的缓冲垫。② 详言之,"资本"的作用并不是用于偿还或担保公司的债务,而是公司用资本来弥补亏损,恢复正常经营,以免丧失偿债能力,从而损害债权人的债权利益。

(二) 资本制度的内容及修正

资本制度旨在调整股东与公司之间基于投融资而产生的财产交易关系。股东基于出资而取得股东身份,拥有表决权与分红权等。公司基于融资而取得财产或资金,作为公司持续经营与发展扩大的经济基石。公司资本制度包括两个方面,就资金的流入端表现为股东出资,遵循资本充实原则;就资金的流出端表现为向股东分配,遵循资本维持原则。

1. 股东出资:资本充实原则

在股东出资阶段,资本制度的基本原则是资本充实原则,其内涵是股东必须以现金或有真实估值的财产缴纳出资,以保证资本的充足。当股东以非现金形式出资,对于非现金财产作价估值成为关键,决定了股东的出资是否充实。虽然我国现行《公司法》第四十八条规定股东可以用可估价且可转让的非货币财产作价出资,同时也规定了评估作价应

---

① 刘燕:《公司融资工具演进的法律视角》,《经贸法律评论》2020年第1期。
② 刘燕、楼建波:《公司法资本制度与证券市场:制度变迁、法律移植与中国实践》,《证券法苑》2014年第3期。

核实财产，不得高估或低估，但法律人擅长的是逻辑思维而非金额计算，对财产的估值成为法律难题。

对公司而言，股东出资的另一面是公司融资，主要规则是"公司不得折价发行股份"，要求股东出资财产的账面价值不得低于公司发行股票的面值，所以不得折价发行规则也称为"面值规则"。[①] 但当公司陷入财务困境时，"面值规则"成为公司再融资的阻碍。当公司经营亏损，每股市价持续走低可能会低于面值，新投资者自然不同意以面值的金额来缴纳出资。另外，在公司并购过程中，以被并购公司整体的作价估值作为出资，若并购公司发行的股票面值大于被并购公司净资产的账面价值，则会涉及掺水股争议。

为放松出资管制，我国在废除法定最低资本额的同时，实行注册资本的认缴登记制。认缴登记制意味着公司的股东在认缴一定资本后即可申请注册公司，可以自由约定出资期限（最长不超过五年即可）、出资金额。对于未全部实缴出资的股东，其权利的限制体现在按实缴出资比例分红上，这涉及股东与股东之间的利益平衡，但债权人在其中没有得到任何保障。即使公司破产，债权人可以主张股东的出资加速到期，但面临资不抵债、经营亏损的公司，股东往往是无能力且无意愿白白缴纳出资。认缴登记制的变革给公司的自治提供便利的同时，也直接考验着商事主体的商事信用。资本市场的商事信用是综合商事主体偿债能力、偿债意愿的综合评价，但个人或公司的信用缺失问题仍比较突出，因此应强化商事主体准入时的信用调节机制。

2. 向股东分配：资本维持原则

公司进入持续经营阶段后，向股东分配的基本原则是资本维持原则，其内涵是公司向股东的分配只能来源于利润，而非原始出资，以维持资本的圆满状态。如前所述，在债务融资需求的背景下，为保护债权人的利益，公司法确立了资本维持与分配限制的公司资本制度。所谓

[①] 刘燕、楼建波：《公司法资本制度与证券市场：制度变迁、法律移植与中国实践》，《证券法苑》2014年第3期。

"分配"几乎囊括了公司向股东返还财产的各种方式,包括分发股息红利、公司减资、股份回购、公司赎回等。因为一旦涉及向股东返还出资的嫌疑,就会损害债权人对"资本"的信赖。但立法所规制的只是账面意义上的抽象资本,真正能担保债权人债权的是实际财产,而实际财产既可能随公司经营盈利而增多,也可能随公司经营亏损而减少,在此意义上,资本对债权人似乎没有那么重要。

资本维持原则给公司和股东带来的束缚,最有代表性的是股份回购规则。在现代商业实践中,公司出于多种合理需求有回购公司股份的必要。比如,公司对管理层实施股权激励计划,或为提升公司股价而回购股份。只要不损害债权人的利益,公司合理的股份回购应当被允许。我国《公司法》对股份回购采取的是"原则禁止,例外许可"之立场,但该法第一百六十二条所规定的"上市公司为维护公司价值及股东权益所必需"的例外情形事实上导致了股份回购的常态化,其正当性需要重新进行审视。

(三)法定资本制的补充性工具

随着法定资本制的式微,证券监管逐渐兴起,并承担起资本规制的责任。在公众股东利益保护方面,信息披露制度为信息需求者提供充分信息,防范利益冲突,为投资者创造公开透明的市场秩序。在债权人利益保护方面,持续信息披露制度和债券受托人制度提供了更切实的保障。[1] 在我国公司法资本制度与证券法证券监管并存的双轨制下,包括债权人在内的投资者权益得到更大的保障。一方面,就股东出资环节而言,适用公司法的资本制度,保护债权人的利益;另一方面,就公司融资环节而言,适用证券法的证券监管制度,保护债券投资者和公众股东的利益。

随着商业实践的发展,精于金额计算和商业判断的商人充分发挥着商事智慧,各种商业技术不同程度地填补法定资本制的漏洞。比如,会

---

[1] 刘燕、楼建波:《公司法资本制度与证券市场:制度变迁、法律移植与中国实践》,《证券法苑》2014年第3期。

计实务中的财务报表、资本类总账和明细账户、偿债能力指标等都清晰描述了公司的资产与资本的实时动态；债务契约中的消极性承诺条款一定程度上防止债务人公司的机会主义行为对债权人利益的损害；商业估值技术中的现金流折现法、资产定价模型等估值方法使非现金财产的公允价值得到公认。①

综上所述，17世纪到19世纪，公司融资与公司法的基本法律制度呈现共同生长并协同演进的特点，沿着公司融资的发展脉络，法人独立人格、股东有限责任、资本制度等现代公司法基本法律制度的框架逐渐成形。但到了20世纪之后，随着资本市场中的融资创新日新月异，公司融资的商业实践与公司法制度安排之间的疏离越发明显。比如，股东异质化倒逼着类别股的创设，股债融合型的金融工具冲击着股债二分格局。股东出资与公司融资是一枚硬币的两面，公司融资创新推动着公司法资本制度的改革，而商业实践也绽放出智慧的光芒，为投融资交易提供安全保障。从公司融资的历史演进来看，公司制度形成和发展的路径是商业实践的自发生成，而非法律逻辑的理性设计。公司本质上就是方便商人安全投资和便捷融资的法律工具，由此明晰，在公司融资不断创新的现代，公司法制度发展和改革的方向就是方便并促进商人或商事组织的融资经济活动。当然，在不同的国家和地区，公司融资法制的演进路径及其制度约束环境不可同日而语，市场主导模式与政府主导模式均存在，因而需要结合国别实践具体分析。

第二节 我国公司融资的法律制度环境分析

市场经济本质上是一种以资本为导向的资金约束性经济形态，公司发展很大程度上取决于能否获得稳定的资金来源。诚如有学者所言，融

---

① 刘燕：《公司法资本制度改革的逻辑与路径——基于商业实践视角的观察》，《法学研究》2014年第5期。

第一章 公司融资法的制度范式及其法理阐释

资之于公司，恰如金融之于经济，分配之于改革，其本身的重要性以及公平性在其中的意义均不言而喻。① 然而，融资难题始终是公司尤其是中小公司挥之不去的阴影，贷款难、担保难、上市难、发债难……"麦克米伦缺口"时常困扰着公司的发展与壮大。② 近年来，伴随着我国经济发展步入"新常态"，特别是遭遇了前所未有的中美贸易战及新冠疫情冲击，公司融资困境进一步凸显。由此需要追问的是，公司融资的法律规范供给是否充分？公司融资的法律制度环境存在哪些问题？本节尝试回答这些问题。

一 公司融资的法律规范供给及其检讨

公司融资方式繁多，不一而足，包括但不限于发行债券、民间借贷、信用担保、融资租赁、股权出让、风险投资、留存盈余、资产管理、票据贴现等，这些多元化的融资方式可以涵摄在内源融资与外源融资、债权融资与股权融资、长期融资与中短期融资、直接融资与间接融资的类型化区分之中。直接融资与间接融资的二元结构作为公司融资分类的基本架构，长期以来具有自洽性和自足性。但随着金融创新的发展，股债结合型融资方式不断涌现，基于互联网金融的融资模式强势崛起，导致直接融资与间接融资二元划分的合理性被打破。在商事实践中，夹层融资的滥觞、类别股的推出、分级基金的问世不断拷问着公司融资传统分类的正当性，"宝万之争"中资管计划引发的争议、"收益权信托第一案"与"明股实债第一案"更是将"第三种金融模式"这

---

① 冯辉：《普惠金融视野下企业公平融资权的法律构造研究》，《现代法学》2015 年第 1 期。

② 1931 年，英国政治家麦克米伦在调研了英国金融体系和企业后，提交给英国政府一份研究报告——《麦克米伦报告》。该报告指出，中小企业在筹措其所需的长期资本时，由于信息不对称等原因，尽管有担保机制作为支撑，仍存在诸多融资困难，即存在"融资缺口"，需要政府采取某种战略或措施来弥补与治理这个缺口。麦克米伦的观点得到理论与实务界的普遍认同，而"中小企业融资难"这一世界性难题也就被称为"麦克米伦缺口"。参见张建伟《法律、民间金融与麦克米伦"融资缺口"治理——中国经验及其法律与金融含义》，《北京大学学报》（哲学社会科学版）2013 年第 1 期。

一话题推向了前台。① 随着以移动支付、社交网络、搜索引擎和云计算等为代表的互联网信息科技的发展，出现了一种既不同于商业银行间接融资，也不同于资本市场直接融资的"互联网直接融资市场"或"互联网金融模式"，对过去的金融模式产生了颠覆性影响。② 在国外，被称为"第三金融"的"市场型间接金融"被证明是经济发展方式转变之际的一种金融形态，在我国滥觞的集合理财产品、私募基金以及带有集合投资性质的其他融资形态也彰显出第三种金融融资方式的勃兴。③ 鉴于以上分析，本书将从间接融资、直接融资和第三种融资模式三个层面梳理和检讨公司融资法律规范的成败得失。

（一）公司间接融资法律规范的梳理与检讨

众所周知，我国是一个以间接融资为主的国家，银行信贷占据社会融资结构的主导地位。规范企业间接融资的法律文件极其多样，既有法律和行政法规，更有数量繁多的部门规章，比较重要的法律规范包括：《民法典》《中国人民银行法》《银行业监督管理法》《商业银行法》《村镇银行管理暂行条例》《农村资金互助社管理暂行规定》《贷款通则》《人民币利率管理规定》等。④ 其中，《商业银行法》无疑是企业间接融资最为主要的法律规范，也是分析企业"融资难""融资贵"制度"顽疾"绕不开的法律文本，故有必要深入剖析。

我国现行《商业银行法》是1995年5月10日通过，同年7月1日开始实施，历经2003年12月27日与2015年8月29日两次修订。该法

---

① 相关讨论，可参见英英、萨如拉《金融工具创新之夹层融资——破解科技型中小企业融资难题的可选途径》，《中国科技论坛》2011年第3期；朱慈蕴、沈朝晖《类别股与中国公司法的演进》，《中国社会科学》2013年第9期；李静端《分级基金的创新特征、套利分析与投资策略》，《改革与开放》2012年第20期；刘燕、楼建波《企业并购中的资管计划——以SPV为中心的法律分析框架》，《清华法学》2016年第6期；高凌云《收益权信托之合法性分析——兼析我国首例信托诉讼判决之得失》，《法学》2015年第7期；苏奎武《明股实债类融资工具的交易结构与风险识别》，《债券》2016年第9期。
② 谢平、邹传伟：《互联网金融模式研究》，《金融研究》2012年第12期。
③ 杨东：《市场型间接金融：集合投资计划统合规制论》，《中国法学》2013年第2期。
④ 朱大旗：《金融法》（第三版），中国人民大学出版社2015年版，第266—267页。

第一章 公司融资法的制度范式及其法理阐释

对于确认和巩固银行业金融体制改革成果、维护金融秩序的稳定、保障存款人与客户的合法权益等方面发挥了积极作用。但时过境迁，商业银行法的局限性日益突出，亟待通过确认商业银行综合化经营、完善商业银行业务经营规则、加强金融消费者权益保护、改进商业银行公司治理、健全商业银行市场退出制度等予以补缺。[1] 在诱致企业融资难题的因素中，商业银行法消极角色与作用主要体现在以下方面。首先，商业银行存在极高的市场准入门槛，再加上严格的审批制与牌照数量限制，中小银行无法普遍设立，严重阻碍了中小企业普惠性金融服务的可获得性。单就注册资本这一市场准入条件来说，足以遏制社会资本希冀通过设立中小银行进军金融业的雄心。由于中小银行的缺失，企业间接融资市场很大程度上沦为大企业融资的场所，中小企业难以获得信贷资源。林毅夫教授指出：“一个有效的金融体系必须把有效的金融资源配置到经济中回报率最高的产业和相应产业中最有企业家精神又无道德风险的企业家手中……在目前发展阶段，中国金融体系要想提高效率，就要将动员起来的资金有效地配置到具有比较优势的劳动力密集型产业中资金需求规模相对小的中小企业当中，并支持有才能和没有道德风险的企业家的发展。”[2] 可以说，中小银行的缺位与信贷资金的错配是造成企业融资难题的关键肇因。

其次，《商业银行法》的立法理念偏重金融安全而忽视金融公平，漠视中小企业的公平融资权利，造成了一系列制度扭曲。该法第四条规定："商业银行以安全性、流动性、效益性为经营原则，实行自主经营，自担风险，自负盈亏，自我约束。"商业银行的经营原则强调安全至上无可厚非，对经营效率的肯认也理所当然，但由于欠缺金融公平的必要考量，商业银行的经营时常陷入结构性的制度扭曲之中。由于对安全的过度强调，商业银行在对中小企业发放贷款时总是慎之又慎，"惜贷"

---

[1] 张炜：《修改完善商业银行法》，《商业银行》2016 年第 2 期。
[2] 林毅夫：《解读中国经济》（增订版），北京大学出版社 2014 年版，第 198—199 页。

现象明显，缺乏对于中小企业在增加税收、带动就业等方面的公共利益考量，妨碍了中小企业公平融资权的实现。所谓金融公平，是指在金融活动中，各类主体不因自身经济实力、所有权性质、地域和行业等因素而受到差别对待，能够公平地参与金融活动，机会均等地分享金融资源，形成合理有序的金融秩序，并通过金融市场实现社会整体利益的最大化。① 鉴于中小企业的弱势地位，政府和商业银行等其他社会组织也有义务为企业创造公平融资的环境。但从实然层面上，由于信贷控制、利率管制、贷款偏好等复杂因素，中小企业的公平融资权容易被架空。"企业融资问题集合了经济紧缩和分配不公的双重困境，企业有权以各种正当、合法的方式融资，融资是否公平不仅影响微观经济的盛衰及存亡，更事关整个社会资源分配体制改革之全局。"② 因此，扭转企业信贷融资的结构性困境，必须重新考量商业银行经营原则的正当性问题，通过引入金融公平的理念来优化商业银行的融资结构。

最后，商业银行贷款实行"一刀切"式的担保制度，对中小企业缺乏差异化政策考量，事实上将不少中小企业排斥在信贷市场之外。《商业银行法》第七条第一款规定："商业银行开展信贷业务，应当严格审查借款人的资信，实行担保，保障按期收回贷款。"出于风险控制的考量，实行信贷担保制度当然有合理之处，但如果不考虑企业间巨大差异的现实而采取"一刀切"式的做法，只会造成"强者恒强，弱者恒弱"的马太效应，其实质是在遵循形式平等的同时酿致实质不平等。多数中小企业难以提供适格的担保物，只能自我隔绝于正规的信贷市场，进而转向"地下钱庄"等非法融资场所。实践中的融资担保，非但没有起到改善信贷担保制度的功用，反而沦为了非法集资的代名词，无助于缓解中小企业融资难的窘境。

---

① 冯果：《金融法的"三足定理"及中国金融法制的变革》，《法学》2011年第9期。
② 冯辉：《普惠金融视野下企业公平融资权的法律构造研究》，《现代法学》2015年第1期。

第一章　公司融资法的制度范式及其法理阐释

2018年9月，十三届全国人大常委会将《商业银行法》修改纳入立法规划。2020年10月，《商业银行法（修改建议稿）》（以下简称《修改建议稿》）公开征求意见，预示着这部金融大法将迎来大修。值得肯定的是，该修改建议稿回应了企业融资的实践需求，在多处进行了有针对性的规定。例如，在贷款条件方面，《修改建议稿》删除了原第三十六条借款人原则上需提供担保的规定，不再硬性要求借款人应提供担保，这将有助于引导商业银行更新信贷理念，逐渐走出唯担保的藩篱，摆脱对抵押担保的依赖性，引导信贷回归本源。在风险问责方面，《修改建议稿》首次以法的形式要求商业银行确立授信审查尽职免责制度，这将推动从制度层面促进商业银行信贷行为的审慎与理性，避免盲目的抽贷、压贷行为，更好地服务实体经济。当然，这毕竟还是修改建议稿，最终的法律文本如何取舍尚不得而知。更值得警醒的是，企业"融资难""融资贵"的路径依赖难题不会随着一部法律的颁布而迎刃而解，书本上的法律与实践中的法律之间的鸿沟也不可能消弭于无形。诚如有学者所言，金融供给侧结构性改革要降成本，更需要降隐性成本，或者让隐性成本显性化，而金融较多的隐性成本处于法律模糊地带，法治难以有效调节。① 因此，当我们在推动商业银行法修改与完善的同时，还应将关注的目光投射到法律逻辑背后的隐性规则之上，将法律的供给与制度的实施统筹考虑，以系统论思维来解决公司的融资难题。

（二）公司直接融资法律规范的梳理与检讨

随着我国市场化改革的深入，间接融资占主导地位的融资结构越发显示出不合理之处，大力发展股权融资与债券融资，提高直接融资比重，成为全社会的价值共识。从"国九条"到党的十八届三中全会作出的全面深化改革的决定，再到2017年的第五次全国金融工作会议和

---

① 邵明波：《法律保护、投资者选择与金融发展》，中央编译出版社2017年版，第179—182页。

2023 年的中央金融工作会议,均反映出国家对发展直接融资的高度重视。公司直接融资的法律规范主要包括《公司法》《证券法》《证券投资基金法》《私募投资基金监督管理条例》《首次公开发行股票并上市管理办法》《公司债券发行与交易管理办法》以及证监会发布的诸多部门规章。与资本市场相关的规范性文件数量众多,涵盖了发行上市、交易结算、公司治理、机构监管、信息披露、并购重组等资本市场各方面,[①] 但这并不意味着公司直接融资的法律规范体系臻于完善,更不意味着公司的直接融资之路畅通无阻,下面以《证券法》和《私募投资基金监督管理条例》为例对此加以分析。

众所周知,我国《证券法》于 2019 年 12 月进行了重大修订。作为本轮证券法修改的最大亮点,证券发行注册制无疑是浓墨重彩的一笔,[②] 也是降低公司直接融资门槛的关键性制度设计。在证券发行条件方面,《证券法》不再对公开发行公司债券有净资产数额标准的要求。应当说,与此前的证券发行核准制相比,注册制是一个重大的制度革新,甚至被认为是中国资本市场的一场革命。但严格意义上讲,能进入资本市场进行融资的公司毕竟只是少数,绝大多数中小企业、初创企业难以享受注册制改革的红利。对于民营性质的中小企业和初创企业而言,其对证券法的关注莫过于多层次资本市场的设计和证券非公开发行的规定,而证券法在这两个问题上的制度供给恰恰是最为薄弱的,停留在原则性规定、授权性规定的层面上,难以为公司融资难题的破解提供现实可行的具体思路。

2023 年 9 月 1 日《私募投资基金监督管理条例》(以下简称《条

---

① 中国证券监督管理委员会编著:《中国资本市场三十年》,中国金融出版社 2021 年版,第 198 页。
② 注册制将审核责任、中介责任、发行人责任前重后轻配置改变为前轻后重配置,重新构建市场责任体系;将行政指导定价改变为建立以机构投资者为主体的买方市场协商定价,重新构建市场定价体系;将以行政审核为重点的"大而全"的信息披露要求改变为以投资者价值判断为中心"精而实"的信息披露要求,重新构建信息披露体系。参见安青松《致知录——中国资本市场实践与思考》,中国财政经济出版社 2020 年版,第 34 页。

例》）正式施行，历经近 10 年的酝酿完成对私募基金行业顶层设计的补缺，以"统筹发展和安全""规范监管与尊重市场规律相结合"的思路，明确监管框架、统一监管口径、消除监管分歧，由此为创新资本的形成创建良好的制度基础和政策环境。《条例》立足私募行业长远的规范发展，塑造富有弹性的差异化与类型化制度设计，包括但不限于多层嵌套豁免规定、市场化退出机制、维持运作机制、纠纷解决机制等，从而使"轻装上阵"的私募基金能够承担起直接融资的重任致远前行。但《条例》对于私募基金法理基础究竟是委托代理还是信托仍采取回避的态度，对于基金财产和投资者的其他财产是否独立这一最具争议的问题并没有进行正面回应，这将导致私募基金当事人微观主体之间权益调整失灵、宏观监管利益调节失序，进而难以实现"业务规范—权益保护—行业发展"的三层立法目标。尽管《条例》多次重申要遵守基金合同的约定，但这往往是对契约基础性权利义务分配功能的宣誓性重复，而实践中外部监管的无限制扩张很容易侵蚀内部契约，比如通过合同指引等规范可直接将监管合规凌驾于契约自治之上。此外，在监管权力配置方面，《条例》全面列举规定了证监会的监管职责，但并未明确基金业协会对于私募基金的自律监管权限，这种权力配置格局也不利于私募基金行业的长远健康发展，进而对公司的私募融资产生负面影响。

（三）公司第三种融资模式法律规范的梳理与检讨

前文指出，在直接融资、间接融资之外，还存在多样化的第三种融资模式。需要说明的是，"第三种融资模式"不是一个精确的法律概念，泛指在传统的直接融资、间接融资之外存在的融资形态，包括但不限于资产证券化、夹层融资、集合理财产品、结构化资管计划、互联网金融等。如果说《证券法》与《商业银行法》分别为直接融资、间接融资提供了整体性制度规范的话，第三种融资模式则基本上是在法律缺位的背景下发展起来的。以互联网金融为例，尽管其在中国已经盲目疯长数年，但包括 P2P 网贷、股权众筹、虚拟货币、互联网银行、互联网保险等在内的互联网金融融资形态整体上还处于无法可依状态。① 再如，商事实践中的结构化资管计划尽管异常活跃，但总是游离于法律的边缘，一旦出现纠纷，便面临法律适用的尴尬。资产证券化与集合理财产品尽管有一些相关部门规章，但层级和效力低微，彼此间冲突严重，且存在大量的法律规制空白。法律的缺位意味着无序与失衡，更意味着极高的法律风险。

法律缺位下的第三种融资模式能否缓解企业的融资难题？对于大公司而言，答案或许是肯定的。以资产证券化为例，由于其存在增强企业资产流动性、降低代理成本与信息成本、规避财务风险等诸多优势，被认为是近30年来最重要的金融创新成果，是大企业非常注重的融资方式。但对于中小公司而言，第三种融资模式的兴起并不能成为缓解其融资困境的灵丹妙药。这是因为，第三种融资模式一般具有复杂的交易结构，层层套嵌，结构化色彩明显，且往往夹杂着包括对赌协议等在内的合约安排，要求企业具有较高的风险承受能力，远非中小公司所能承受。至于实践中乱象丛生的互联网金融，尽管不少公司参与了P2P网贷，甚至通过股权众筹进行融资，但将自身置于非法集资的危险境地，承受着法律规范缺失所产生的巨大风险。在P2P网贷中，资金池与非法集资问题、信息披露与隐私权保护问题、电子合同与反担保抵押登记问题引发的纠纷多发常见，但面临法律规制的真空。② 如果公司沉溺于所谓的互联网金融，不仅在民商法上面临合同违约纠纷、股权争议、退出纠纷，在刑法上更面临非法吸收公众存款罪、集资诈骗罪、欺诈发行

---

① 目前，我国关于互联网金融的立法文件主要包括：《关于促进互联网金融健康发展的指导意见》《网络借贷信息中介机构业务活动管理暂行办法》《互联网保险业务监管办法》《商业银行互联网贷款管理暂行办法》《非银行支付机构网络支付业务管理办法》等，立法层次较低，权威性差。2019年10月，全国人大财经委向十三届全国人大第二次会议主席团提交的议案审议结果报告中，针对代表提出的制定互联网金融法的议案，明确表示"确有立法必要，建议有关部门加强调研起草工作，待草案成熟时，争取列入全国人大常委会年度立法工作计划安排审议。"

② 李爱君：《互联网金融法律与实务》，机械工业出版社2015年版，第53—63页。

证券罪、擅自发行股票和公司企业债券罪的风险。① 因此，就整体而言，所谓的第三种融资模式并不能为公司融资难题的纾解提供现实可行的选择。

二 公司融资的法律制度环境审视：以财政金融制度为考察中心

法律文本的解读只是为公司融资困境提供了一种规范主义的认知进路，如果从深层次上透视公司融资困境，需要立足于制度发生学的原理加以解释。笔者认为，考察公司融资的法律制度环境，必须关注政府的角色与行为，厘清公司融资的财政与金融约束因素。无独有偶的是，在我国公司融资困境凸显的同时，政府的融资难题也在不断加剧。那么，公司融资与政府融资之间有什么关系？政府融资的财政和金融环境对公司融资会产生哪些影响呢？

（一）问题意向：发现公司融资的财政金融制度逻辑

公司融资不是自娱自乐的游戏，而是一套复杂的制度博弈规则，不仅取决于成本最小化、效益最大化的经济逻辑，还取决于利益平衡的法律逻辑。无论是传统的股权融资和债权融资，还是新兴的互联网平台融资和结构融资，都深深地镶嵌在财政金融的制度框架中。特别是在我国这样一个银行主导型的融资体制中，公司融资受财政政策、货币政策的影响更为明显，财政补贴、科技贷款、项目奖励等财政行为直接关系到公司融资的机会得失，中央银行的货币发行、利率调整和存款准备金率变动更会关涉到公司融资的最终成败。这就意味着，审视公司融资的法律制度环境，必须要有更宽广的视野和系统论的思维，从财政与金融的整体性架构中研判问题的实质。

2020年修订的《中小企业促进法》从多个方面为公司融资提供了财税金融支持，包括安排中小企业发展专项资金、设立中小企业发展基

---

① 郭春光、赵月阳：《众筹——互联网+时代的融资新思维》，人民邮电出版社2015年版，第191—203页。

金、设立普惠金融机构、健全多层次资本市场体系、完善担保融资制度等，这其实间接说明了财政金融制度对公司融资的强烈约束性。问题的关键不在于这些制度供给是否充分，而在于制度实施效果，换言之，公司融资关注的重心不在于政策宣誓层面上的"积极的财政政策"和"稳健的货币政策"，而在于财政政策是否真的积极以及货币政策是否真的稳健。有实证研究发现，在积极财政政策背景下，国有企业受益于挤入效应，融资约束程度下降，而民营企业在受益于挤入效应的同时受制于挤出效应，融资约束却无显著改善。[1] 就货币政策而言，其目标设置与落实效果之间往往存在落差，货币超发与资产价格泡沫、资金内部循环与脱实向虚、信贷歧视与价格双轨制等现象备受诟病。财政政策与货币政策相当于公司融资外部约束的两只手，需要二者协调配合才能相得益彰，但实践中二者总是步调不一致甚至多有冲突。在财政与金融的法律关系未完全厘清、财政政策与货币政策时常抵牾的背景下，公司作为最重要的市场主体缺乏稳定的法治预期，公司融资难免遭遇政策环境不确定性的困扰。下面，从通货膨胀与政府债务危机这一维度对公司融资的财政金融制度环境进行更为具体化的分析。

（二）公司融资的财政金融环境约束：以通货膨胀和债务危机为分析背景

通货膨胀是一种常见且充满迷思的经济现象，知其存在却难以查明，禁其作祟却挥之不去，以至于如何摆脱通胀陷阱成为考验各国治理能力的重要风向标。2022年，一场全球性的通货膨胀肆虐开来并影响至今，其波及范围之大，影响程度之深，为近40年来所罕见。可以说，全球通胀作为既定事实已然形成，且该轮通胀具有持续性和结构性的特点，成为影响全球经济金融最主要的变量。[2] 在治理通胀的同时，又要

---

[1] 张文君：《积极的财政政策缓解了企业的融资约束吗？》，《中央财经大学学报》2015年第10期。

[2] 朱民等：《2022年全球经济金融：结构性通货膨胀之剑和央行的挑战》，《国际金融研究》2021年第12期。

提防隐藏在后面的经济衰退风险,决策者往往会陷入两难:治理通胀的紧缩政策会加剧经济滑坡,而针对衰退的刺激政策又会给通胀火上浇油。① 进退失据之际,如何进行利弊取舍和政策抉择,可谓颇费思量。

通货膨胀是一个物价持续上涨的过程,或者等价地说,是货币价值持续下跌的过程。② 正是由于通货膨胀与货币之间内生性的关联,弗里德曼才指出:"无论何时何地,通货膨胀无一例外都是一个货币现象。"③该观点深刻地揭示了通货膨胀现象生成的根源,即货币超发,启示各国中央银行以控制货币总量为政策目标,将货币增长控制在合理范围内。但问题在于,货币发行的闸门一旦开启即难以关上,货币权力极容易成为脱缰之马,异化为财富不公平分配的制度工具。一个明显例证是,自2020年3月23日美联储开始实施"无上限量化宽松"以来,货币供应量大幅跃升,M2年增幅达到17.2%的历史高值,不仅将利率降至零,更放出了约16万亿美元的货币量,相当于制造了一个欧盟的GDP。④与此同时,欧洲央行与日本央行也采取了"直升机撒钱"式的量化宽松政策,进行了史无前例的货币超发。从历史上看,货币超发的原因主要包括战争筹款、财政赤字和刺激经济,结合美国、欧盟、日本的具体情况看,除了刺激经济这一显著的目的外,弥补财政赤字进而化解债务危机构成了这一轮货币超发的重要制度背景。根据国际金融协会和IMF的统计,2021年全球债务总额首次突破了300万亿美元,中等收入发展中国家的偿债负担已经处于30年来的最高水平,世界最大经济体美国的债务上限于2023年6月已经突破32万亿美元,正拖着世界奔向悬崖。

当前世界的霸权主义、单边主义、零和博弈加剧了和平赤字、发展

---

① 滕泰、张海冰:《全球通胀与衰退》,中国出版集团中译出版社2022年版,第332页。
② Laidler, D. E. W., and Parkin, M. J., "Inflation: A Survey", *The Economic Journal*, Vol. 85, No. 340, 1975, p. 741.
③ Friedman, "The Counter-Revolution in Monetary Theory", *IEA*, *Occasional Paper* 33, 1970, p. 24.
④ 李晓:《双重冲击——大国博弈的未来与未来的世界经济》,机械工业出版社2022年版,第93—94页。

赤字、安全赤字、治理赤字，严重威胁着现代化进程。① 当居高不下的通货膨胀与愈演愈烈的债务危机交织在一起，人类社会似乎再次走到了生死攸关的十字路口，也反衬出"世界正发生前所未有之大变局"这一重要论断下我国财政金融领域相关政策调整与法律变革的紧迫性。特别是当美国、欧盟、日本等发达经济体试图通过货币超发来转嫁危机的背景下，我国面临着"输入型通胀"的严峻挑战，也承受着能否通过货币化的方式化解财政赤字及公共债务风险的巨大压力。所谓"财政赤字货币化"，狭义上描述的是"央行处于隶属地位，通过印钞或资产负债表调整，直接为财政赤字进行融资，且无须偿还，不增加政府未来偿债负担"这样一种状态，广义上则侧重于央行与财政的配合，央行通过提供流动性支持，间接为财政支出提供资金，而目标依然以央行的货币政策目标为准。② 在我国现实语境下，人们普遍对狭义上的财政赤字货币化讳莫如深，《中国人民银行法》第二十九条所规定的"中国人民银行不得对财政透支，不得直接认购、包销国债和其他政府债券"的立法规定构成了一条难以逾越的法律红线。以至于在疫情重创我国经济增长的背景下，当有学者提出"财政赤字货币化具有合理性、可行性和有效性""赤字货币化是当下财政货币政策组合的合理选择"等命题时便引起轩然大波，由此引发了激烈的学术之争与公共政策之辩。③

1. "苦酒"抑或"良药"：财政赤字货币化能否化解债务危机

通货膨胀与债务之间的关系错综复杂，在学术界是充满思辨的重大话题之一。货币主义学派代表人物弗里希认为财政赤字是货币增长的重要原因，中央银行购买公债意味着承担通货膨胀的风险，政府靠印刷货币筹资实际就是在征通货膨胀税，如果经济增长率低于实际利率，现在的借债筹资就必须以将来的通货膨胀作为代价，因为在这种情况下，只

---

① 汪习根：《论中国式法治现代化的理论体系》，《政法论坛》2022年第6期。
② 刘思源：《财政赤字货币化：理论与实践》，《宏观经济研究》2020年第9期。
③ 参见《欧美学者倡议财政赤字货币化 专家热议"中国选项"》，《第一财经日报》2020年5月14日第A03版。

第一章　公司融资法的制度范式及其法理阐释

有靠增发货币，制造一个通货膨胀，才能增加收入，减少未清偿债务，偿付累积起来的利息。① 央行购买公债既可能在一级市场进行也可能在二级市场进行，如果是前者的话则构成狭义的"财政赤字货币化"或曰"公共债务货币化"，甚至可以称为"货币政治化"，其风险在于引发恶性通货膨胀，因为央行被要求向政府提供流动性并非出于向更广泛经济领域提供流动性的合理考虑，而是作为向政府提供廉价融资的一种手段，尤其是当政府发现很难从其他任何来源获得资金时就会出现这种情况。② 尽管该操作看似风险重重且违背常识，实践中却屡屡发生。不可思议的一个现象是，一直被视为"旁门左道"的现代货币理论在新冠疫情期间突然大行其道，被不少国家央行奉为圭臬，因为其为主权货币的无锚扩张提供了理论基础。该理论认为财政赤字对于那些能够以本国货币借贷的国家是无关紧要的，即一个具有主权货币借贷能力的国家可以通过印刷货币解决政府的债务问题。③ 这种似乎违背常识的论调并没有因其观点的激进性而显得曲高和寡，反而获得不少知名学者的推崇，如曾担任金融稳定理事会（FSB）政策委员会主席和英国金融服务局主席（FSA）的特纳就极力主张打破"印钞票"的政策禁忌，通过法定货币创造，即使用中央银行印制的货币为新增的财政赤字融资，或用于核销存量公共债务。④ 当然，就学界主流的声音来看，大都认为货币融资的方案会放松政府预算约束，造成资产价格泡沫，引发较高的通货膨胀，导致实体经济和金融系统崩溃，因而不适宜纳入财政货币政策的"工具箱"。

鉴于央行在一级市场购买国债所引发的巨大争议，不少国家选择在

---

① ［奥］赫尔穆特·弗里希：《通货膨胀理论》，费方域译，商务印书馆2019年版，代译序第ix页。
② 保罗·多诺万：《通货膨胀的真相》，陈振东、黄燕欢译，上海财经大学出版社2020年版，第91页。
③ 参见张明源《财政赤字货币化的阐析及宏观经济政策展望》，《经济研究参考》2020年第19期。
④ ［英］阿代尔·特纳：《债务和魔鬼——货币、信贷和全球金融体系重建》，王胜邦、徐惊蛰、朱元倩译，中信出版集团2021年版，第11—12页。

二级市场进行政策操作，所谓的量化宽松即为其例，其实质是通过货币超量发行来制造一定幅度的通货膨胀，借助于隐性的税收效应，减轻自身的债务压力。法国著名学者皮凯蒂在其《21世纪资本论》中将资本税、通货膨胀和财政紧缩作为削减公共债务的主要途径，并列举了通货膨胀削减公共债务的历史史实。① 在当代，借助于通货膨胀来摆脱债务压力的做法更为普遍，这对于掌控了货币霸权的国家而言可谓拿手好戏。以美国为例，其通过美元的超量发行，获得了惊人的通货膨胀税，多轮量化宽松货币政策的实施，不仅缓解了金融危机，还减轻了美国的国债负担。借助于美元霸权，美国通过对外大量输出美元和发售债券换回新兴国家廉价的商品，而留存在新兴国家的美元和美元资产却逐渐贬值，这一"损不足以补有余"的现象无异于"劫富济贫"，使得美国获得新兴国家的"反向援助"。② 但从当前的现实来看，量化宽松的货币政策并没有明显缓解美国的债务危机，其反噬效应不仅让自身陷入困境，也拖累了全球经济复苏，因而需要非常慎重地对待货币超发、通货膨胀与债务危机化解三者之间的关系，谨防走向歧途。

关于通货膨胀，国人有着深刻的历史记忆。撇开中华人民共和国成立初期的恶性通货膨胀不谈，改革开放之后就出现了多次通胀高峰，如1988年的我国物价指数高达18.9%，表面看是"价格闯关"惹的祸，背后的根源是发钞票搞建设又加上了发钞票搞价格改革；1994年的通胀达到中华人民共和国成立后最高，主因是地方财力不足又急于发展上项目，而银行在软约束下敞开口子贷款，倒逼中央银行发出过多的货币。③ 这几轮通胀高峰虽然远去，但其留下的影响却延宕至今，警醒人们关注通货膨胀的底层逻辑——财政赤字与货币超发。2020年至今，接连遭遇新冠疫情、乌克兰危机等"灰犀牛"事件之后，通货膨胀的

---

① ［法］托马斯·皮凯蒂：《21世纪资本论》，巴曙松等译，中信出版社2014年版，第562—563页。
② 孙海泳：《中美关系中的债务问题研究》，时事出版社2015年版，第30—31页。
③ 周其仁：《改革的逻辑》（修订版），中信出版社2017年版，第256页。

底层逻辑在世界范围内凸显，面临需求收缩、供给冲击、预期转弱"三重压力"的中国需要直面通胀的挑战。特别是在"美元任性，全球买单"的情势下，世界各国只能被动接受美元全球放水带来的恶果，我国也不可能独善其身。从官方公布的数据来看，我国目前的通货膨胀率并不高，远低于欧美。但需要注意的是，我国 CPI 的统计是以食品价格作为主要依据的，没有将房价纳入其中。由于无法真实反映住房价格变化对居民生活的困扰，我国 CPI 数据的准确性和真实性长期受到社会公众、学者乃至相关决策部门的质疑。[①] 除此之外，当前输入型通胀的风险开始累积，美联储 2022 年以来大幅加息的外溢效应对我国金融资产价格带来重重压力，美国 2022 年 8 月 16 日通过的《通胀削减法案》将通胀风险向全球转移的意图昭然若揭。鉴于此，应反思我国是否存在通胀幻觉，是否存在货币超发，以及是否存在以货币化的方式化解财政赤字的隐性操作，并未雨绸缪地做好因应准备。

当前，我国地方政府面临巨大的财政赤字压力。作为常态化存在的现象，财政赤字若是维持在合理区间并不需要过于忧虑，完全可以通过年度调剂加以解决，但控制财政赤字殊非易事，增税、发债和印钞作为应对财政赤字的主要手段充满着选择的陷阱。税收虽然是政府取得公共收入的最佳形式，但由于现代文明国家普遍遵循税收法定原则，增税极容易引起社会反弹和公民抗争，故其填补财政赤字的功能趋于式微。公债本身就是与财政赤字相联系的公共收入形式，是作为弥补公共收支差额的来源而产生的，弥补财政赤字是公债最基本的功能，[②] 但公债的期限性、有偿性以及严格的预算约束决定了其不可能成为破解赤字难题的灵丹妙药，历史上反复发生的债务危机提醒决策者要谨慎对待举债的权力。在此背景下，印钞这一看似危险的方案反而可能胜出，债务货币化

---

① 滕泰、张海冰：《全球通胀与衰退》，中国出版集团、中译出版社 2022 年版，第 190 页。

② 王传纶、高培勇：《当代西方财政经济理论》，商务印书馆 2022 年版，第 171 页。

或许成为不得已的选择。从我国的现实情况看，我国企业债务负担远高于发达国家，以恒大为代表的房地产企业普遍深陷债务危机，极大地冲击着金融系统和宏观经济；地方政府债务经过近年来的系统性治理后虽然好转，但财政赤字居高不下的局面短期内难以改观，个别财政极度困难的地市甚至进行了财政重整。按照我国债务治理的既往制度逻辑，仅依靠财政内部的政策工具难以破解如此棘手的债务危局，尚需借助于债转股、注资、债务置换等金融化的手段进行风险缓释，而赤字货币化作为"财政风险金融化"的实现机制之一不可能完全被排除在选项之外。这是逻辑的悖论，也是现实的无奈。在研判应对措施之前，我们需要回归法律视角，准确地识别、判定财政赤字货币化的法律本质及其制度机制，进而才能精准施策，探索对其有效的法律治理。

2. 回归法律本质的分析：财政赤字货币化的制度机制

（1）财政赤字货币化中的部门利益之争及其权力博弈

由于各国财政金融体制迥然有别，财政赤字货币化必然呈现出不同的面向，狭义和广义上的财政赤字货币化也有着各自的制度逻辑。但无论花样如何翻新，财政赤字货币化的本质无非是财政部门与中央银行之间击鼓传花的游戏规则，是一种通过金融手段实现政府债务风险转移的政策操作。在此过程中，中央银行可能是被逼无奈沦为了政府财政部门的附庸，丧失或偏离了独立性立场，也可能是主动追随政府的短期主义行为，积极搭建与财政部门之间的"债务旋转门"。对于现代财政制度和中央银行制度而言，财政赤字货币化的滥觞可谓一大挑战，隐藏其后的利益冲突与权力博弈需要被清醒认知。

从法律上讲，利益冲突是对于主体而言的。在主体构造上，财政赤字货币化涉及一个国家范围内的两大宏观调控部门，即财政部与中央银行。按照正常的逻辑，除非在战争期间，否则中央银行不会接受通过货币超发的方式向财政部实施紧急救助的游戏规则，但美好的初衷难以抵御来自政府的巨大压力，赤字与利率的战争时常造成分裂政府的政治奇观。以欧盟为例,其债务危机爆发的一个重要原因是不恰当地运用了低利率货币政策和过于宽松的财政政策,导致成员国财政赤字过高,且在缺乏独立货币政策的条件下,扩张性的财政政策没有受到有效的机制约束。① 从本质上看,上述政策组合的制定、执行、维持或变革,都是相关利益主体基于各自的利益诉求和策略选择而展开的复杂政治博弈的结果,这种政治博弈是在一种"客户关系式"或者说"交易式"民主政治框架中进行的,其博弈的基本规则就是多数决定和利益交换。② 再以美国为例,民主党与共和党在债务问题上的极化博弈,造成决策瘫痪问题,导致国债上限不断提高,美国国债一度濒临违约边缘。③ 层出不穷的乱象表明,美国民主的泛滥导致了民主的混乱,包括政府活动的膨胀和政府权威的下降,进而对政治系统的功能产生了严重影响。

与西方国家不同,我国的财政与金融均处于党的领导之下,二者各司其职,相互配合,共同为党和国家事业筹集和管理资金。但这并不意味着财政部与央行之间总是和谐共生,双方近年来围绕着地方财政风险金融化、国有金融资本虚拟化、如何为实体经济提供更好的政策支持等议题展开了激烈争论。中国人民银行的研究报告指出:"如果财政与中央银行的职能边界模糊,甚至财政凌驾于中央银行之上,就会出现货币超发和通货膨胀。"④ 央行的担心并非庸人自扰,而是有着鲜活的现实依据。以 2015 年财政部推出并延续数年的地方债务置换为例,学界一直存在其是否属于中国版量化宽松的讨论。有学者就此认为,债务置换将会导致中央银行直接或间接购买置换之后的债务工具(地方政府债券),从而增加基础货币供给,导致央行以增发货币的方式偿还政府债

---

① 余永定:《欧洲主权债务危机的起源与演进》,《浙江金融》2010 年第 8 期。
② 吕普生:《政治泡沫——欧债危机中的政策偏差与交易民主》,北京大学出版社 2018 年版,第 195 页。
③ 孙海泳:《中美关系中的债务问题研究》,时事出版社 2015 年版,第 81—83 页。
④ 中国人民银行研究局课题组:《党领导下的财政与金融:历史回顾与启示》,《中国金融》2020 年第 11 期。

务。① 2020年的那场财政赤字货币化之争，再次把财政部和中央银行之间的歧见呈现在世人面前。尽管双方强调"不能简单地把争辩看成央财互怼，部门之争""在国家利益面前，没有部门利益"，但毋庸置疑的是，财政与金融之间的关系错综复杂，财政系统与央行系统有着不同的政策立场和利益诉求。从国库经理权之争，到外汇资产从央行剥离的讨论，再到"金融国资委"迷局，财政部与央行之间的部门利益冲突其实一直存在，只不过在财政赤字货币化争论中体现得更为充分而已。

从权力的维度看，财政赤字货币化中的部门利益之争实质上反映出财政部的举债权与中央银行的货币发行权之博弈。举债权作为一种专属的财政权，天然具有扩张性，如果不进行有效的法律约束，必然会加剧债务风险甚至演化为债务危机。我国目前对中央政府举债权的法律约束，主要体现为《预算法》第三十四条，但该条所规定的"适当的规模""合理的结构"均具有模糊性，不像欧盟《马斯特里赫特条约》及《稳定与增长公约》规定得那么刚性。这尽管有助于相机抉择，但也会诱发举债冲动，造成过高的公债规模、失控的财政赤字、不平衡的预算等诸多难题。以2020年发行的1万亿元特别国债、2022年发行的7500亿元特别国债以及2023年发行的1万亿元特别国债为例，其经过全国人大批准在满足形式法治的要求，如果按照市场化的方式发行和认购则争议不大，但后续若通过债务减记、账户腾挪等方式由中央银行予以消化则有悖于实质法治。举债权与货币发行权的结合会酿成财政与金融的"不分家"以及财政风险金融化等现象，扭曲市场的资源配置功能，破坏市场交易的信用基础，威胁经济自由，伤及私人财产权，因而广遭诟病。诚如有学者所言，"政府透过控制经济体系的信用基础，以其所拥有的货币权力向社会提供远远超出交易信用工具初始目的的货币数量，甚至沿着通胀的扩张轨道将政府的整体权力疆界广泛地嵌入私人经济活

---

① 李杨主编：《中国债券市场2016》，社会科学文献出版社2016年版，第349页。

第一章　公司融资法的制度范式及其法理阐释

动和社会生活之中,对现代社会赖以维系的根本性规则和认知构成挑战"。① 长远来看,无论是举债权还是货币发行权都应纳入合宪性控制之下,唯有如此,才能从根本上理顺财政与金融的关系,进而为财政立宪和货币立宪创造必要条件和契机。

(2) 财政赤字货币化中的政府行为选择及其制度逻辑

理解财政赤字货币化中的政府行为选择及其制度逻辑,一是应秉持整体主义的观察视角。财政赤字货币化是一个动态的过程,伴随着财政权力与货币权力的博弈而引申出复杂的行为选择,包括但不限于财政支出行为、国债发行行为、国债承销与认购行为、预算调整行为、货币发行与债务减记行为等。这些行为的实施者虽然是财政部、央行等行政机关,但超越了行政法意义上行政行为的范畴,具有鲜明的宏观调控行为属性,可称之为"市场化政府经济行为"。② 这些行为具有目的的公共政策性、功能的财产供给性、意思表示的政府主导性、主体的特定性、适用范围的限定性、法律适用的综合性等共性特征,通过环环相扣和层层关联而嵌套成一个行为整体,因而不能割裂开来孤立地加以看待。二是要坚守本土主义的价值立场。财政赤字货币化尽管是一个世界性现象,但深受各国财政金融体制的影响,其实施机制、法律制约强度以及行为逻辑不可同日而语。如在美国,美联储虽然素以独立性而著称,却难以掩盖其"资本代言人"的角色。从所有权结构上看,美联储的全部股份都是由参加联邦储备银行体系的各家商业银行认购,具有私人机构的特质,政府没有任何股份,但美联储 94% 的利润需要上交财政部。③ 这种制度设计使得美联储看上去是个"怪胎"。与美国的财政金融体制迥异的是,我国的财政部与央行都是党领导下的政府的组成部分,只有职能分工的不同,不存在选举政治下的利益集团和派别争斗问

---

① 鲁勇睿:《通货膨胀的货币宪法规制》,中国社会科学出版社 2016 年版,第 1 页。
② 管斌:《混沌与秩序:市场化政府经济行为的中国式建构》,北京大学出版社 2010 年版,第 22 页。
③ 王福重:《金融的解释》,中信出版社 2014 年版,第 272—273 页。

题。在我国独特的国情之下,财政赤字货币化中的政府行为选择呈现出殊异性,包括"连裆裤"体制下中央银行沦为财政的"账房先生"、财政与金融"不分家"思维惯性下的金融功能财政化、"政治锦标赛"体制下官员行为的偏好错位等。[①] 随着财政金融体制的全面深化改革,这些带有"路径依赖"式的体制痕迹会有所消退,却难以从根本上消除,必将或隐或现地影响着财政与金融关系的制度变迁。

透视财政赤字货币化中的政府行为选择,我们首先可以发现法律规避的制度逻辑。法律规避是一种常见的社会现象,在财政金融领域更甚,地方债的扩张、借壳上市的盛行、通道业务的滥觞、协议控制模式的兴起等皆为其例。以地方债为例,在《预算法》2014年修改之前,地方政府并没有债务融资的权力,但依托融资平台、影子银行、政府与社会资本合作模式可以轻松绕过法律的禁止性规定,地方债务也由此在法律框架内巧妙地"合法"存在。当中央政府意识到地方债问题的严重性并开始系统性治理之时,不得不默许地方政府的法律规避行为,甚至需要采取饮鸩止渴的方式防止问题的进一步恶化。如在2015年,中国人民银行将地方政府债券纳入常备借贷便利(SLF)、中期借贷便利(MLF)、抵押补充贷款(PSL)和商业银行质押贷款的抵押品及质押品范围,实质上是采用公债货币化的方式处置地方债务风险。[②] 作为禁止财政赤字货币化直接法律依据的《中国人民银行法》第二十九条,同样存在法律规避的制度空间,典型事例为2015年推出的"货币化棚改",即央行直接通过抵押补充贷款(PSL),将3.6万亿元货币投放给国家开发银行,再由后者向地方政府放款支持棚改建设。该举措通过"曲线救国"的方式绕开了法律禁止性规定,其实还是用货币超发的手段解决财政融资的难题,因而可视为实质意义上的财政赤字货币化。可以预见的是,如果《中国人民银行法》第二十九条不作出修改,后续

---

① 参见吕冰洋《官员行为与财政行为》,《财政研究》2018年第11期。
② 阳建勋:《论我国地方债务风险的金融法规制》,《法学评论》2016年第6期。

第一章 公司融资法的制度范式及其法理阐释

类似的政策操作还将出现。在《中国人民银行法》修订已经提上议事日程的背景下,有必要对该法进行全方位审视,强化其时代适应性,特别是提升其防范化解财政金融风险的制度能力。

财政赤字货币化中的政府行为选择,还反映出机会主义的制度逻辑,即利用所有可能的手段转嫁危机并从中获取特殊利益。公共选择理论也认为,政府是政治市场上的利己代表,政府内部的各级行政官员出于个人利己动机,最大限度地获取权力、声望、安全性以及收入,实现官员个人而不是公共利益的最大化。[①] 用该理论诠释我国的财政赤字货币化的行为动机可能有失偏颇,毕竟无论是财政部还是央行都是中央政府的职能部门,强调以人民为中心和国家利益至上。但这种看似不可争辩的带有"政治正确"式的论断,其实包含着多重逻辑陷阱:假定政府是理性的,不会选择短期行为;假定政府掌握的信息是完备的,不会盲目决策;假定政府官员大公无私,不会寻租和腐败。很显然,上述逻辑假设均和现实存在一定的脱节,低估了中国国家治理的复杂性,忽略了多层级政府的委托代理成本与道德风险问题,也回避了条块分割体制下的权力分化和利益输送问题。由于各种复杂的因素,大兴土木与土地财政、地方政府竞争与 GDP 竞赛、政治锦标赛与地方政府官员"跑部钱进"等一度甚嚣尘上,在促进经济高速发展的同时,又导致重重经济和社会问题。对于普遍存在的地方政府的机会主义行为,中央多次进行过专项整治,也曾"乱世用重典",甚至会通过讨价还价与互惠的方式与地方达成妥协,但始终无法有效解决一统体制与有效治理的矛盾。[②] 当前正值经济社会发展内外交困之时,财政赤字货币化若从设想变为现实,从逻辑上说并不值得大惊小怪,其只不过是财政风险金融化和财政机会主义的延续而已。

---

① [澳]欧文·E. 修斯:《公共政策导论》(第四版),中国人民大学出版社 2015 年版,第 52 页。

② 参见周雪光《中国国家治理的制度逻辑——一个组织学研究》,生活·读书·新知三联书店 2017 年版,第 18—20 页。

3. 小结：关注公司融资与政府融资之间的联动逻辑

与公司融资遭遇的难题相类似，政府也面临着融资的困境，特别是在我国《预算法》强化预算硬约束、规范政府融资行为的当下，政府融资可谓捉襟见肘。但政府毕竟掌控着各种要素资源，集运动员和裁判员的角色于一身，完全可以借助其权力和地位化解融资压力，最为常见的手段莫过于"财政金融化"，即以金融手段化解财政压力。这一策略看似高明，实则危机重重，最终导致的结果之一是将政府的融资压力转嫁到企业。这是因为，金融资源是公司融资的主要来源，当金融服务的对象是以政府为中心而非以企业为中心，公司融资便会陷入"巧妇难为无米之炊"的尴尬境地，近年来出现的"钱荒"等现象本质上反映出金融资金错配所诱发的公司融资困局。从前文分析来看，财政与金融的关系尚未完全理顺，财政政策与货币政策的冲突时有发生，夹杂在财政与金融之间的公司融资面临着双重约束。因此，公司融资难题的破解，需要打破"头痛医头，脚痛医脚"的思维定式，注重从财政、金融的顶层制度设计入手，注重从政府的角色转变与行为选择上寻求突破口，通过自上而下的疏导与自下而上的倒逼来渐进实现。

第三节 公司融资法的范式提炼与体系定位

历史的考察有助于理解公司融资对于公司法律制度建构的重要性，现实的观照则提醒人们在我国建构一套包容性或普惠性的公司融资法律规则体系并非易事。时至今日，公司融资法在观念认知层面上依然是含混不清的，在制度规则层面上依然是支离破碎的，亟待进行抽象提炼。本节尝试就公司融资法的制度范畴、体系定位及其特性进行归纳总结。

第一章 公司融资法的制度范式及其法理阐释

一 公司融资法的概念生成及其制度范畴

(一) 公司融资法的概念界定

什么是公司融资法？这一问题由于学界缺乏体系化的研究和归纳而难以在既有的学术论著中得到解答。按照通常的理解，公司融资法的概念，是关于公司融资法的概括性的观念，它应当能揭示公司融资法的内涵与外延，从而进一步揭示公司融资法的特征、本质、地位、体系等诸多理论问题。公司融资法若能够成为一个部门法，必须要有自己的调整对象和调整范围，进而根据大陆法系的思维，将其界定为"调整某某社会关系的法律规范的总称"。问题的关键就聚焦到了公司融资涉及哪些社会关系、需要哪些法律规范之上，而这一实质问题的解答需要对"公司融资"的涵摄范围和制度谱系进行追根溯源式的考察。

词语的内涵总是随着社会的发展而不断变化，公司融资在不同学科语境下的概念界定也非完全统一。"公司融资"的英译为"Corporate Finance"，但"Corporate Finance"的中译却有"公司融资""公司理财"[①]"公司财务""公司金融"等不同术语。我国很多高校都开设了"公司金融"（或称之为"公司理财"）这门课程，讲授的内容却以公司财务为主，但事实上"公司金融"与"公司财务"有很大的区别。公司财务属于管理学科，在内容上更注重应用和实务操作；而公司金融在内容上更注重经济学、金融学理论与实践的结合，属于经济学科。[②]就公司金融的定义而言，学界的认知存在较大分歧，如有的学者将公司金融界定为"与公司制企业有关的一切金融活动"，有的学者将公司金融界定为"公司制企业的内部资金管理"，还有学者将公司金融界定为

---

① 在罗斯教授看来，公司理财是对三个问题的研究：公司应该投资于什么样的长期资产？公司如何筹集所需的资本支出？公司应该如何管理短期经营活动产生的现金流？这三个问题分别涉及公司资产负债表的左边、右边和上半部分。参见 [美] 斯蒂芬 A. 罗斯《公司理财》（原书第 11 版），吴世农等译，机械工业出版社 2018 年版，第 3 页。

② 马亚明、田存志主编：《现代公司金融学》（第二版），中国金融出版社 2016 年版，第 6 页。

"企业的资金筹集和资金运用"。① 公司金融定义的众说纷纭,很可能与"金融"一词的内涵丰富性相关。早在1997年,我国金融学界就"金融"与Finance中译引发了一场学界大争论,实际上就是"金融"如何界定的问题。中文"金融"与英文"Finance"的外延并非完全相同,应把握不同用法的语意。② Finance的语意十分宽泛,只要与钱有关的概念就可以应用,例如"资金""财政""金融""财务"等。③ 可以说,对于现代词语"金融"的语意理解,并不是论证出来的,而是在经济活动中自然而然形成的。④ 同样的道理,公司融资也是在经济活动中自然形成的,并且随着社会发展而衍生出新的语意。

与管理学上的"公司财务"和经济学上的"公司金融"相比,法学上对于"公司融资"的内涵有着自己的理解,呈现出迥异的制度逻辑。如罗培新教授认为,公司融资是多种变量拘束下的选择结果,不仅取决于效率逻辑(融资及代理成本的最小化),还取决于制度因素,是一个国家法律框架(公司法、证券法及金融市场其他监管法律)内的市场参与主体(所有者、经营管理者、员工等)之间的博弈和互动之过程。⑤ 邓峰教授认为,公司融资、公司治理和兼并收购是现代公司法关注的三大命题,而公司融资关注的是公司的财产结构、组成和变化,比如资本化、资本发行和分配,公司债,与公司运营、税收和分配相关的会计法律制度。⑥ 李建伟教授认为,公司融资就是公司筹集资金的活动,公司融资的工具是股权融资和债权融资,前者是指公司通过发行股

---

① 张合金:《公司金融》,西南财经大学出版社2007年版,第1—2页。
② 黄达:《金融、金融学及其学科建设》,《当代经济科学》2001年第4期。
③ 在英语世界中,货币收支与筹措的所有活动都可以用Finance来表达,语词的同源性决定了很难将财政与金融截然分开。反映在现实生活中,财政与金融之间具有普遍的资金渗透性和强烈的功能互补性,缺乏金融支持的财政或者缺乏财政支持的金融都是难以为继的,因而需要将二者融为一体进行整体搭配和协调。参见李安安《财政与金融法律界分视域下的地方债务治理》,《政法论丛》2018年第3期。
④ 黄达:《关于金融学科演进的几点认识》,《中国金融》2009年第4期。
⑤ 杨飞翔:《融资之道:公司融资路径与法律风险控制》,法律出版社2016年版,序言第2页。
⑥ 邓峰:《普通公司法》,中国人民大学出版社2009年版,第43—44页。

票向投资者募集股权资本，后者是指公司通过发行债券或者向特定第三人借款而筹集债权资金。① 缪若冰博士认为，公司融资对于公司法而言是一种制度性的建构力量。② 法学界关于公司融资的理解尽管也不尽一致，但亦有共识可循，比如多强调从规范的角度，从更广阔的公司治理和风险控制的角度来思考和对待公司融资问题。

公司融资涉及公司、股东、债权人等不同参与者之间的利益变动和风险分配，必然衍生出利益冲突，滋生出风险隐患。就利益冲突而言，根据经济学的通识性原理，公司治理的基础和依据依赖于资本结构，而公司资本结构则体现和反映于公司治理结构之中，债权融资和股权融资本质上具有不同的企业所有权的配置特征，因而公司的融资过程必然伴随着股东与股东之间、股东与管理者之间、股东与债权人之间的利益冲撞，诚如有学者所言，在公司融资过程中，伴随着资金使用权和支配权的转移，融资中涉及的利益相关者必然要根据不同的融资工具的特征，对资金的使用、收益的分配以及过程的控制等有关的权利、责任和义务进行界定。③ 就风险隐患而言，公司融资始终面临着不确定性的困扰，市场波动、政策变动以及法律修订等因素都会影响公司融资的制度约束。在我国金融抑制的制度环境下，公司融资更是风险滋生的"重灾区"，层出不穷的民事风险、无处不在的行政风险以及挥之不去的刑事风险让企业家们倍感煎熬。当公司融资的利益冲突和风险隐患无法通过公司自身力量化解时，就有了法律介入的必要和法律调整的可能。在本书看来，所谓公司融资法就是规制公司融资过程中的利益冲突、协调公司融资过程中不同参与人之间利益关系进而有效控制公司融资风险的法律规范的总称。申言之，公司融资法是指调整在公司资金筹措、公司资本运营、公司盈余分配等活动中不同主体之间权利义务设定、利益和风

---

① 李建伟：《公司法学》（第四版），中国人民大学出版社2008年版，第150—151页。
② 缪若冰：《公司融资对公司基本法律制度建构的证成》，《经贸法律评论》2020年第5期。
③ 孙杰：《资本结构、治理结构和代理成本：理论、经验和启示》，社会科学文献出版社2006年版，第26页。

险分配、责任配置等关系的法律规范的统称。

(二) 公司融资法的制度范畴

公司融资的法律制度尽管在法律本文及法律实践中早就存在，但公司融资法作为一个概念的提出尚属新鲜事物，因而学界关于公司融资法制度范畴的认知可谓人言人殊。英国著名公司法学者费伦在剑桥大学开设的《公司融资法律》课程，内容主要涵盖公司法、证券监管、信用与担保三大方面，具体的内容设置是四大块，即概述（包括监管框架、作为资金筹集和财务风险管理工具的公司形态的运用和滥用、资本结构——法律、会计和融资的基本考量）、法定资本（包括股本的构成、股份发行、股份、资本维持与资本减少、股份回购和可赎回股份、对股东的分配、财务资助）、公司债务融资（担保之债）、资本市场融资（包括股权证券的公开发行、股权证券的国际发行、公司债券）。[1] 李建伟教授独撰的畅销教材《公司法学》专设"公司金融"一编，内容包括公司资本、股东出资、公司债、公司财务会计等四章。[2] 邓峰教授在其经典的学术型教材《普通公司法》中，设置"资本化和公司融资"与"资本规制"两章来分析公司融资法的知识谱系，内涵涵盖资本化、融资结构、公司价值的衡量、资本规制及其进化、出资规制、股份回购、盈余分配等内容。[3] 李莘教授编著的《美国公司融资法案例选评》，设置了"公司的资本、股份及分配制度""普通股融资的法律制度""优先股融资的法律制度""公司债券的法律制度""封闭型股份公司融资的法律制度""公众公司融资的法律问题"等六章，并在"序言"中将公司融资法界定为"研究公司资金筹措、公司资产运营以及公司在各项经营活动中，公司与公司投资人之间、各类投资人相互之间、公司董事和高级管理人与投资人之间相互关系的法律，其目的就是通过法律的手段，平衡、协调上述各类公司利益相关者的关系"。[4] 鉴

---

[1] ［英］艾利斯·费伦：《公司金融法律原理》，罗培新译，北京大学出版社2012年版。
[2] 李建伟：《公司法学》（第四版），中国人民大学出版社2008年版，第149—211页。
[3] 邓峰：《普通公司法》，中国人民大学出版社2009年版，第267—346页。
[4] 李莘编：《美国公司融资法案例选评》，对外经济贸易大学出版社2006年版。

于美国是世界上资本市场最为发达、融资法律制度最为成熟的国家,上述内容编排所隐含的制度信息无疑值得关注,其在事实上描述了美国公司融资法的涵摄范围和制度样貌。

有学者认为,由于股权结构、债权文化差异和制度变迁的路径依赖,全球并不存在普适性的融资范式可供一体遵循。[①] 但对于公司融资法这一带有典型资本驱动特征的法律而言,其较少受到国别性的道德观念和文化伦理束缚,更容易实现融合式发展和趋同化变革。[②] 因此,我们在归纳提炼公司融资法的制度范畴时,可以不再纠结于是选择学习英美法还是欧陆法,而应以中国问题为中心,将英美法、欧陆法中的公司融资共识性法律规则统合起来,建构一套符合时代精神、内蕴本土关注、适应世界潮流、切合我国国情的公司融资法规则体系。基于这一认知,本书将公司融资法的制度范畴归结如下:公司资本形成制度(股东出资、股票与债券发行、公司借贷、股东贷款等)、公司资本维持制度(业绩承诺、估值调整、担保增信、限制性条款等)、公司资本运营制度(资产重组、股份回购、增资减资、财务资助、盈余分配等)、公司融资监管制度(财务会计、信息披露与反欺诈、债券持有人组织性保护、监管执法等)。

二 公司融资法的体系定位及其学科特性

(一) 公司融资法的体系定位

公司融资法作为一套制度规则,目前零散地分布在公司法、证券法、商业银行法、合同法等各个部门法中。本书之所以苦心孤诣地提炼

[①] 杨飞翔:《融资之道:公司融资路径与法律风险控制》,法律出版社2016年版,序言第2页。

[②] 在经济全球化的大势下,全球范围的法律理念、法律价值观、执法标准和法律制度正在向趋同的方向演进。在金融领域,国际金融监管标准具有了法所需要的国家意志性、正当性和强制性,国际金融法和国内金融法的界限越来越模糊。就公司融资领域而言,各国资本市场的上市条件、信息披露、会计制度和法律适用已经出现了趋同化。相关分析可参见王贵国《国际货币金融法》(第三版),法律出版社2007年版,第534—537页;周仲飞《全球金融法的诞生》,《法学研究》2013年第5期。

公司融资法的概念范畴、构建公司融资法的理论和框架体系，实因这种散乱的制度供给模式已经跟不上公司实践发展的步伐，亟待学界先行一步进行法理思辨，达成基本的共识，形成统一的话语，从而为公司融资法相关制度的建构和完善提供理论准备。为此，首先需要解决公司融资法的体系定位问题，即其与公司法、金融法、合同法等部门法之间的关系。

从字面意义看，公司融资法似乎是公司法的下位概念。但从前文所归纳的制度范畴来看，公司融资法已经大大超越了公司法的范畴，涉及证券法、合同法等知识谱系。问题的关键是如何理解公司法的内涵与外延，公司法与证券法关系为何，而这一问题在不同国家其实大相径庭。比如在英国，公司法是历史悠久的传统法律部门，证券法通常被视为公司法的一部分，甚至2000年的金融服务市场法也被归入公司法的范畴；在澳大利亚，"大公司法"特征更为明显，公司、证券甚至其他金融产品的相关法律问题都被包容在公司法之内；而在美国，证券法的地位则相对独立，成为一个自成体系的法律部门。[①] 我国在立法模式上主要学习了美国，即将公司法和证券法分别立法，二者具有相同的法律地位。[②] 当然，中美两国的公司法、证券法也有着很大的区别，比如公司法在美国属于州法事务（每个州都有着自己的公司法，公司法的州际竞争成为独特的制度景观），证券法属于联邦事务，这明显有别于我国的统一化的制度供给模式。理解公司融资法与公司法的关系，还需要置于公司融资的动态历史中加以把握。随着商业实践的发展演进，公司融资的语意在历史上先后经历了公司发起设立筹资到公司财务再到公司金融

---

① 黄辉：《现代公司法比较研究——国际经验及对中国的启示》（第二版），清华大学出版社2020年版，第7页。

② 根据我国《证券法》第二条的规定，证券的发行和交易，适用本法；本法未规定的，适用《公司法》和其他法律、行政法规的规定。这在事实上确立了公司法作为调整证券法律关系的基本法地位。作为我国《证券法》主要调整对象的股票和公司债券均产生于公司的基础之上，因此《公司法》对公司的规范必然要涉及证券的问题。此外，我国《公司法》关于股份有限公司的股份发行与转让、上市公司、公司债券和其他与证券有关的规定，也构成证券市场活动的基本准则。参见周友苏主编《证券法新论》，法律出版社2020年版，第39页。

的不同阶段，其中公司财务的发展进程包括了依法理财与内部控制、资产财务管理与内部决策、投资财务管理、风险管理等，进入资本市场时代后，公司融资的外延不仅仅局限于微观的公司本身，也扩展到了宏观的证券市场。① 随着证券市场的发展，融资对象具有涉众性和分散性，公司治理机制不断复杂化，公司融资工具也在不断创新，资本市场的并购重组日益活跃，公司法的制度发展难以跟上资本市场融资创新的步伐。以资本市场为路标节点，公司法律制度与公司融资开始向不同方向发展：一是小型的、封闭式的有限责任公司，资金主要来源于发起人，公司法对公司融资的限制主要集中于公司成立阶段的出资规则和公司持续经营阶段的分配规则；二是大规模的、开放式的股份有限公司，大众融资、金融工具创新以及公司并购重组的经济活动，促进着公司法联合证券法、破产法等法律予以规制。② 一般来说，公司法是公司治理与资本制度的基本法，但随着资本市场的法律规制重心转移，证券法成为资本市场融资并购与证券监管的根本大法。随着资本市场的公司融资模式创新，公司融资对公司法的制度呈现不断疏离的现象，也给公司法制度的进一步修改完善提出了新的任务。③

公司融资法与金融法的关系比较复杂，因为金融法是一个混杂的规范体系，如果不能精准界定金融法的内涵与外延，遑论其与公司融资法的关系厘清。我国金融法学者构建的金融法学科体系，主要有三种模式：一是以金融主体和行为为导向的体系模式，一般包括金融组织法、金融交易法、金融调控法、金融监管法；二是以金融立法为导向的体系模式，主要包括银行法、货币法、票据法、证券法、期货法、保险法、

---

① 刘燕：《从公司融资、公司财务到公司金融——Corporate Finance 中译背后的知识谱系》，《北大法律评论》2014 年第 1 期。
② 刘燕：《公司融资工具演进的法律视角》，《经贸法律评论》2020 年第 1 期。
③ 诚如有学者所言，未来的公司法制应基于整体主义的立场和功能主义的视角，在认真检视以往我国公司制度功效不彰的根源和在深化认知的基础上，结合我国资本市场快速发展和社会结构深刻变革的现实，针对不同性质和需求的公司，确立差异化的功能定位和制度设计，实现立法体系再造和基础制度的更新。参见冯果《整体主义视角下公司法的制度调适与休系重塑》，《中国法学》2021 年第 2 期。

信托法、外汇法、涉外金融法；三是金融主体和行为与金融立法兼容的体系模式，即将两者相互结合，采用总论、分论模式，或采用金融行为吸收金融法规模式。① 如果我们从第二种模式来理解金融法，可以发现其与公司融资法的关联非常密切，担保贷款、网络平台借贷、票据贴现、股份与债券发行、衍生品交易、信托收益权融资等惯常的公司融资模式及其法律规则分布在这些金融法的二级部门法之中。如果说公司法为公司融资提供了基础性制度框架的话，金融法则为公司融资提供了具体性规则指南，因此，我们可以将公司融资法视为公司法与金融法联姻的产物，或者说属于金融商法的范畴。② 由于不同国家的融资体制或金融体系迥然有别，公司融资法与金融法的关系必然呈现不同的样貌。按照目前流行的标准，划分不同国家金融体系的模式一般是依据金融中介（主要是指银行）和金融市场在其金融体系中各自发挥的不同作用，据此可分为银行主导型金融体系和市场主导型金融体系。③ 美国是市场主导型金融体系的代表，具有非常发达的直接融资市场，其关于证券、基金、信托、期货与衍生品等方面的立法构成了公司融资法的主要内容，美国证券交易委员会在公司融资秩序建构方面发挥着中流砥柱的作用。正如有学者所言，在美国公司财务体系演变的过程中，主角就是证券交易委员会，在新政期间以及后来的日子里，其赢得了"最有能力的联邦政府监管机构"的美誉。④ 中国则是银行主导型金融体系的代表，公司融资很大程度上仰仗于商业银行，因此在中国语境下研究公司融资法，必须重点关注银行贷款、信托贷款以及影子银行等制度规则。

公司融资法与合同法的关系同样错综复杂。在现代社会，合同是民

---

① 郭锋等：《中华人民共和国证券法制度精义与条文评注》（上册），中国法制出版社2020年版，序言第5页。
② 楼建波教授将金融商法界定为"金融交易的私法规范"，认为其是建立在合同法、财产法（含担保法）、信托法甚至破产法等基础上的相对独立的法域。参见楼建波《金融商法的逻辑——现代金融交易对商法的冲击与改造》，中国法制出版社2017年版，第2页。
③ 邵明波：《法律保护、投资者选择与金融发展》，中央编译出版社2017年版，第16页。
④ ［美］乔尔·赛里格曼：《华尔街的变迁：证券交易委员会及现代公司融资制度演进》（第三版），徐雅萍等译，中国财政经济出版社2009年版，第12页。

商事交易的基本制度工具，离开了合同这一载体，公司融资寸步难行。有学者就此指出，公司融资问题除了是一个融资合同，通过合同来约定融资各方的权利义务外，其本质是资金背后产权主体相互依存、相互作用、共同构成的某种制衡机制的配置问题。① 公司融资合同不是一般的民事合同，而是典型的商事合同，是在商事交易中达成的强调对价给付的合同，典型者如对赌协议。在这样的合同中，组织秩序与契约秩序往往互相嵌入，条款的设计复杂而精妙，体现出商事实践的智慧。以风险投资合同为例，其通常囊括分配优先权条款、清算优先权条款、分期投资条款、董事选任条款、优先认购权条款、共同出售权条款、反稀释条款等。这些条款的效力模糊不清，时常引发法律争议。如果按照公司的合同理论，公司融资合同应当充分体现当事人的意思自治，条款应当是任意性的，各种特别权利条款或限制性条款都应行之有效。但这种思维模式显然忽略了公司的组织性，没有认识到公司法的组织法特性。作为组织法或团体法，公司法必须考虑融资过程中的利益平衡，特别是要关注中小股东和债权人利益保护，防止公司融资无序创新带来组织与契约的双重失序，这也就是对赌协议在司法实践中效力认定一波三折的原因所在。组织法与契约法有各自的制度逻辑，不存在优先适用或互相取代的问题，作为二者交汇产物的公司融资法需要把握好尺度，维系好"钢丝上的平衡"。

(二) 公司融资法的学科特性

前文的分析表明，公司融资法既是公司法与金融法交错的产物，又是组织法与契约法交错的产物。该体系定位意味着公司融资法不是传统意义上的部门法，而是贯穿于不同部门法之间，是一个规范集成或曰法

---

① 杨飞翔：《融资之道：公司融资路径与法律风险控制》，法律出版社2016年版，序言第3页。该论断一方面揭示了公司融资的合同属性，另一方面也暗示公司融资是一种特殊的公司治理机制。关于后者，威廉姆森曾明确提出"与其说债权和股权是融资手段，不如说两者是两种可以互相替代的公司治理结构"的判断。参见孙杰：《资本结构、治理结构和代理成本：理论、经验和启示》，社会科学文献出版社2006年版，第14页。

规范群，带有"领域法学"的特质。① 那么，能否将公司融资法视为一个新的学科呢？本书认为，在强调构建新时代哲学社会科学学科体系、学术体系和话语体系的当下，我们完全可以进行观念突破和制度尝试，将公司融资法打造为一个新的学科范畴，具体理由如下。

首先，公司融资法学科的创立具有深厚的历史逻辑。公司因资本聚合而兴，因财务舞弊而衰，② 公司的发展史某种意义上也是一部公司融资的制度变迁史。在漫长的历史演进中，公司融资的共识性理念与原则渐进生成和确立，公司融资的通识性规则体系趋于成熟，我们完全可以像在"公司治理学"基础上提炼"公司治理法"那样，在"公司融资学"的基础上提炼"公司融资法"的学科范式。③ 但需要注意的是，我国现有的公司融资学的学科体系、学术体系和话语体系是以"西方经验"或"欧美经验"为基础建构起来的，诚如有学者所言，在中国经济金融理论界，与"移植主义"阵营的"车水马龙"相比，"草根主义"旗下仍然"门可罗雀"。④ 这就意味着，从公司融资学的知识谱系中提炼公司融资法的学科范式，至少要经过两轮思维转换，即先将具有浓郁"西方经验"的公司融资学改造成为基于"东方经验"的公司融资学，然后从中抽取共识性的规则融入法律框架之中，从而建构一套东

---

① 根据刘剑文教授的观点，领域法学是以问题为导向，以特定经济社会领域全部与法律有关的现象为研究对象，融经济学、政治学和社会学等多种研究范式于一体的整合性、交叉性、开放性、应用性和协同性的新型法学理论体系、学科体系和话语体系。参见刘剑文《论领域法学：一种立足于新兴交叉领域的法学研究范式》，《政法论丛》2016年第5期。

② 每一次金融危机的爆发，基本上都和大公司的财务造假和治理失败有关，因此金融危机也可以视为公司财务危机和治理危机。有学者对此无不讽刺地指出，"会计，作为财务披露的一项伟大发明，竟然成为犀利的欺骗工具，简直荒谬至极。"参见［澳］富兰克·克拉柯、格雷姆·迪恩、凯尔·奥利弗《公司的崩溃——会计、监管和道德的失败》，薛云奎主译，格致出版社、上海人民出版社2010年版，第309页。

③ 目前，学界关于"公司治理学"的研究已经较为成熟，"公司治理法"方面的论著亦不断涌现，但关于"公司融资学"的论著凤毛麟角，以"公司融资法"为直接研究对象的论著则几乎没有。参见李维安《公司治理学》（第四版），高等教育出版社2010年版；蔡锐、孟越《公司治理学》，北京大学出版社2019年版；林国权《公司治理法制》，元照出版有限公司2013年版。

④ 张杰：《金融分析的制度范式：制度金融学导论》，中国人民大学出版社2017年版，第29页。

第一章　公司融资法的制度范式及其法理阐释

方与西方合理兼容、金融与法律融会贯通的公司融资法规范体系。

其次，公司融资法学科的创立具有科学的理论逻辑。自莫迪格里亚尼和米勒1958年发表《资本成本、公司财务和投资理论》以来，公司融资领域的学术研究蒸蒸日上，静态权衡理论、代理理论、啄序理论、公司控制理论等理论创见不断推陈出新，信息经济学和合约理论的工具更是从根本上改写了公司财务领域，同时也给美国公司法及其公司法研究带来一场革命。① 但这些源于西方的理论在解释中国的公司融资问题时不完全适用，甚至会出现逻辑上的悖论，② 因而需要批判式吸收和创造性转化。

最后，公司融资法学科的创立具有鲜明的实践逻辑。公司融资的商业实践是一个不断创新的过程，商人们总是想方设法地突破法律的限制，创设便捷高效的融资工具，设计精巧的商事交易结构，甚至以"创新"之名瓦解或改写传统的公司制度，无论是股权众筹还是对赌协议，概莫如此。③ 面对蓬勃发展的公司融资创新实践，传统的公司法或金融法往往难以有效应对甚至无所适从。正如习近平总书记在考察中国政法大学时一针见血指出的那样，尽管我国基本上形成了具有中国特色的法学体系，但目前我国法学学科结构不尽合理，传统学科克隆西方法学理论的情况比较突出；新兴学科开设不足，学科设置滞后于实践，不能回答现实问题；法学与其他学科的交叉融合不够，影响了知识空间的开拓。④ 因此，根据实践需要推进学科整合，根据公司融资商业实践的需

---

① 刘燕：《公司财务的法律规制——路径探寻》，北京大学出版社2021年版，第5页。
② 随着以中国经济为代表的新兴市场经济的成长，财富创造和积累的全球格局已经发生重大逆转，从来傲视群雄、充满自负的主流经济学家无可回避地迎面遭遇了曾经不屑一顾但又神秘陌生的"东方经验"。主流经济学家们及其众多追随者本能地拿出了那些长期屡试不爽的先进理论工具，但未曾料想，除了起初满足人们的理论好奇从而博得短暂的追捧，当面对中国经济金融变迁过程活生生的真问题时，那些生硬的模型迅即表现得有些"捉襟见肘"。参见张杰《金融分析的制度范式：制度金融学导论》，中国人民大学出版社2017年版，第30—31页。
③ 王妍：《公司制度研究：以制度发生学为视角》，《政法论坛》2016年第2期。
④ 参见张文显《在新的历史起点上推进中国特色法学体系构建》，《中国社会科学》2019年第10期。

求创设公司融资法的学科体系有着现实的正当性。

公司融资法作为一个新的学科，其呈现出两个鲜明的特性：一是知识谱系的科际整合性，二是规范性质的公私兼容性。就前者而言，由于公司融资的制度供给多来自会计、财务、金融和法律，作为整合性产物的公司融资法必然带有知识谱系的多元交叉特点。反映在实践中，公司融资的法律纠纷往往牵涉到不同部门法之间的价值理念冲突和法律适用选择难题，特别是公司法与合同法之间"剪不断，理还乱"的纠结。① 因而，研习公司融资法，需要有科际整合的思维，在外部将法律与金融、会计加以整合，在内部将公司法与金融法、组织法与契约法加以整合，从而打破学科壁垒，促进问题对象的系统观照，助推公司融资法的自我进化与现代超越。② 就后者而言，公司融资法的体系定位决定了其规范性质的复杂性，非传统的强制性规范和任意性规范所能包容。例如，关于公司的股利政策，是归入商业判断的范畴还是应设置为法律强制性规定不无争议，证监会推出的强制分红行动是否存在合法性值得商榷。再如，关于公司捐赠的行为性质、司法审查和董事责任认定，同样难有定论。③ 对于资管产品中的差额补足协议、债券契约中的消极性承诺条款等引发的法律纠纷，司法是否应当介入，司法裁判的逻辑如何取舍，也都是充满争议的话题。鉴于公司融资法规范性质的复杂性，我们没有必要束缚于传统的思维观念，完全可以创设出新的规范类型，④ 丰富公司融资的法律制度供给，从而提升公司融资法的时代适应性。

---

① 参见贺剑《对赌协议何以履行不能？——一个公司法与民法的交叉研究》，《法学家》2021年第1期；潘林《重新认识"合同"与"公司"——基于"对赌协议"类案的中美比较研究》，《中外法学》2017年第1期。

② 李安安、冯果：《公司治理的金融解释——以金融法和金融学的科际整合为视角》，《法制与社会发展》2015年第4期。

③ 参见罗培新《论公司捐赠的司法政策——从万科捐赠风波谈起》，《法学》2008年第12期；刘小勇《公司捐赠与董事的责任——美国法与日本法的启示》，《环球法律评论》2011年第1期。

④ 事实上，已经有学者在这方面进行了积极探索。如陈醇教授主张将强制性规范分为缔约性强制规范、效力性强制规范与履行性强制规范，以实现合同法与其他部门法的价值融合。参见陈醇《跨法域合同纠纷中强制性规范的类型及认定规则》，《法学研究》2021年第3期。

第二章

金融创新：公司融资法制进化的动力机制

影响公司融资法制进化的因素繁杂多元，金融的国际化、资本市场的全球竞争、世行营商环境排名的倒逼机制、信息技术的进步、金融创新的拓展等皆为其例。在这些因素中，金融创新无疑构成了公司融资法制进化的核心动力机制，这是因为正是金融创新不断颠覆既有的市场秩序和商业逻辑，不断创设新的公司组织形态和股债关系格局，不断刺激着公司融资法律的生长和变迁。金融史也一再表明，绝大部分金融创新都是为了解决公司筹资、投资中的具体问题，通过降低准入门槛和交易成本，为筹资者和投资者提供多样化的选择，进而实现资金在更大范围配置效率的最大化。① 在法学界，"金融创新"是一个内涵丰富、外延宽泛、时至今日依然不存在统一界说的概念。② 撇开争议不谈，我们至少可以从主体、工具和业务三个维度来描述和阐释金融创新在公司融资法制进化中的角色扮演与功能担当。

---

① 辛乔利：《现代金融创新史——从大萧条到美丽新世界》，社会科学文献出版社2019年版，序言第2页。
② 如陆泽峰将金融创新界定为"会引起金融领域结构性变化的新工具、新的服务方式、新市场以及新的体制"；季奎明将金融创新界定为"证券化、表外化、全球化在金融工具、金融市场、金融服务方式中所引发的重大结构性变革"。参见陆泽峰《金融创新与法律变革》，法律出版社2000年版，第4页；季奎明《金融创新视野中的商事法变革》，中国法制出版社2011年版，导论第5页。

第一节 金融主体创新与公司融资法制的进化

在金融法上,由于金融活动既包括金融规制与监管,也包括相关的金融交易,金融法主体可以类化为交易主体(即筹资者和投资者)、中介主体(即为资金供、求双方提供服务的机构)和监管主体(即处于金融市场核心、制定和监督实施交易规范、维持交易秩序的机构)。严格来讲,金融主体创新主要是针对交易主体和中介主体而言的,特别是指向交易主体中投资者的群体分化和身份转化所带来的结构性裂变。下面,以机构投资者所引发的股东积极主义以及结构化商事交易中资管计划、证券投资基金、信托计划的"客体主体化"现象为例,来分析金融主体创新对公司融资法制变迁的影响。

一 机构投资者的崛起与公司融资制度的深刻变化

(一) 投资者革命与股东积极主义的诞生土壤

进入工业社会以来,伴随着股份制公司和资本市场的助推,投资逐渐成为人类社会的一项基本经济活动,且广度和深度不断拓展。特别是近几十年来,以对冲基金、养老基金、共同基金等为代表的机构投资者强势崛起,股东法人化趋势方兴未艾,私募股权、风险投资、指数基金以及其他另类投资不断推陈出新,这些现象被学者称为"投资者革命"。[①] 与个人投资者的"理性冷漠"相比,机构投资者有着参与公司治理的强烈动机,注重利用提案权和表决权来行使股东权利,从而掀起了一轮股东积极主义的浪潮。

需要注意的是,股东积极主义并非发生在制度的真空中,积极主义的动机、成本与收益等都是由具体的制度环境所决定的。本质上,股东

---

① 冯果、李安安:《投资者革命、股东积极主义与公司法的结构性变革》,《法律科学》2012年第2期。

积极主义是对典型的公司法理论的突破甚至是颠覆。股东积极主义诞生之初，主要动因在于对代理理论下股东利益最大化的质疑。为了能够最大化保护股东自身利益，少数股东开始探索直接参与公司治理的路径，以此降低代理成本。但随之而来的问题是，股东角色的差异化导致股东并非一个利益高度统一的团体，其内部存在严重的分化甚至是压制，若公司存在控股股东，且控股股东通常与管理层同化，剩余股东的维权诉求通常得不到应有的回应。在此基础上，股东积极主义必然要求公司具备分散的股权结构，公司所有的股东在利益诉求、角色扮演、对公司的影响以及同管理层的关系等方面大同小异，其内部的分化与压制则降为最低，股东积极行动的可能性最大，因此有利于股东积极主义的诞生。

股东结构的相对分散只是为股东积极主义提供了一个可能契机，股东积极主义的真正实现尚有赖于公司法为其提供强有力的制度支撑，主要表现如下所示。（1）健全的信息披露机制。在采取积极行动之前，机构投资者需要通过大量的信息收集，理性分析积极行动采取的方式、时机以及范围，并在此基础上决定是否进行积极行动。因此，信息收集成本是积极股东会认真考量的问题。（2）法人董事的建立。允许法人担任公司的董事，能够最大限度激励法人股东积极持有公司股份以及对外投资，积极股东尤其是机构投资者通过持有公司股份成为公司股东，能够最大限度激励机构投资者采取积极行动，参与公司治理。（3）融资成本与交易成本。积极股东在寻求对公司的实质性影响之时，通常会需求外部融资，若融资成本较低，通常能够激励股东积极行动。（4）提名委员会制度。提名委员会的存在，极大地刺激了股东的参与与合作，从另一条路径解决了集体行动的问题，增加了股东相对于管理层的权力与砝码。

（二）机构投资者对股东积极主义的深化

投资者结构是研究证券市场发展的重要视角。一方面，投资者结构直接反映了证券市场投资者的成熟度，是资本市场深化改革的基准要素；另一方面，投资者结构变化反映了资本市场各参与主体的力量变化，对市场投资风格和投资理念均会产生重要影响。20世纪80年代，股东积极主义尚处于初级阶段，机构投资者引领下的股东积极主义主要表现为参加股东大会以及通过行使股东权利或者提起股东诉讼来对管理层施压；20世纪80年代至90年代，股东积极主义进入第二阶段，机构投资者开始介入公司并购市场、干预公司董事选举以及采纳不同类型的投票方式等，"用脚投票"开始得到一定的改变；20世纪90年代以后，伴随着对冲基金、指数基金等对传统养老基金的取代，以及银行理财、保险等资金的进一步发展，机构投资者的质量得到显著提升，其引领的股东积极主义开始为公司股权结构改善、代理成本降低等事项服务。有鉴于此，公司法的内容处于不断更新换代之中，公司法关于股东权利的规定不断扩充，并且为培育负责任的机构投资者而作出相应的法律制度安排。

为实现公司快速成长的目标，公司法设计出两权分离的组织架构，并通过公司治理降低代理成本，实现股东价值最大化。理论上，股东是公司的实质所有人，对公司享有最终的价值追索权，理应对公司发展更为关注。然而事实上，股东消极主义却成为常态。虽在理论上每个股东均享有所有权，但实践中没有一个股东能够低成本、高效率地实现所有权，因而造成了现实中的股东理性冷漠。股东权利强调股东应当正视其所有者的角色，通过强化权利配置、权利行使以及权利保护来实现股东对公司管理层的制约，以期降低代理成本。在此基础上发展起来的股东民主论强调股东较之于公司的主权地位，同时强调股东之间的平等以及股东的集体决策，反对一股独大以及公司任何形式的股东压制。

问题的关键在于，无论股东权利如何觉醒，股东民主论如何指导着股东积极参与公司治理，作为经济社会的参与者，股东所有的行为均是建立在经济成本考量之上的，而不是立足于某种政治架构。若股东参与公司治理的成本过高，产生的收益不足以对冲参与的成本，股东积极主义仍然不可能产生。因此，股东权利觉醒与股东民主论并非在空洞的市场环境下所产生的一种政治宣传，而是在机构投资者依然崛起的背景下，拥有信息、专业以及谈判优势的机构投资者，能够大幅降低机构股东参与公司治理的成本，同时提升参与治理的收益。在此种收益可能大于成本的基础上，股东民主论便有了立足的经济基础，如此方能指导股东积极行动进而参与公司治理。

（三）机构投资者崛起对公司融资制度的影响

投资与融资是一个问题的两面，机构投资者崛起对公司融资的影响是革命性的。千百年来，投资一直只属于那些拥有财富和权力的人们，只有社会中享有权力的群体才有资格持有并且利用资源，从而获得回报，而大多数的普通民众几乎不可能参与这种投资未来的有偿活动。[①]但随着专业投资者与机构投资者的出现，投资的历史出现了拐点，越来越多的新投资形式开始涌现，对冲基金、指数基金、私募股权与风险投资等令人惊奇的创造性工具不断产生，这使得投资管理领域越发复杂，投资者群体走向分化。[②] 这些机构投资者对风险有着特殊的偏好，热衷于设计复杂的金融投融资产品和精巧的商事交易结构，前者如股票期权、抵押贷款债券、信用违约互换、信用联结票据等，后者如结构化交易模式、资金池交易模式、契约群交易模式等。面对创新型的投融资产品和商事交易结构，传统的公司融资法制不敷适用，不得不进行制度革新，事实上倒逼着公司融资制度的变迁。有学者在分析现代商法的意涵时，归纳了其交易构成要素的变化：首先，从事经营的主体不再是商人，而是企业；其次，企业的经营不再表现为即时交易，而是某种持续性联合，这种联合在本质上是资产结合而产生的既竞争又合作的关系；最后，营业资产也不再局限于单个的物质性财产，而是众多财产性价值

---

① ［美］诺顿·雷默、杰西·唐宁：《投资：一部历史》，张田、舒林译，中信出版社2017年版，第351页。

② 金融产品的日益抽象化、复杂化和金融交易模式的日益综合化、专业化，导致金融市场投资者群体的身份转化与角色嬗变。非专业投资者或者大众投资者逐渐与消费者融合，成为一类新的市场主体即金融消费者。参见陈洁《投资者到金融消费者的角色嬗变》，《法学研究》2011年第5期。

的结合。① 可以说，公司融资法制的演进与现代商法的生成逻辑一脉相承，这也意味着在机构投资者崛起等外在因素的助推之下，公司融资法律制度不断在自我调适和适应进化之中。

在金融市场全球化的时代背景下，崛起后的机构投资者必然不会满足于国内投资，而是在世界范围内寻求最佳的投资机会。诚如有学者所言，与散户投资者不同的是，机构投资者更愿意进入外国金融市场投资，目的是通过引入外国发行人发行的金融产品，改进其投资组合的风险—收益结构，许多研究都证实了全球投资能够带来潜在的投资组合收益，这进一步加深了投资者对全球投资优势的认识。② 就我国而言，2001 年加入世界贸易组织之后，国外的机构投资者逐渐进入我国商业银行、证券公司和保险公司，通过外资并购控制了大量中国实业公司。与此同时，大量企业积极"走出去"，纷纷赴境外上市融资，证券交易所围绕上市公司优质资源的竞争加剧，为我国资本市场的国际化带来了现实压力。与美国等发达资本市场相比，我国的散户投资者尽管依然占据主体地位，但我国也正在经历金融市场的机构化过程，机构投资者崛起带给公司融资的巨大机遇得以显现。值得注意的是，2018 年 9 月，证监会修订后的《上市公司治理准则》（证监会〔2018〕29 号）专设了第七章"机构投资者及其他相关机构"；2021 年 2 月，中共中央办公厅、国务院办公厅印发了《建设高标准市场体系行动方案》，明确将培育资本市场机构投资者作为其重要一环。可以预见的是，伴随着资本市场对外开放程度的不断深入，股权国际化趋势将势不可当，上市公司的股权结构将呈现出以机构投资者为主导的多元化格局。

二 结构化商事交易中的"客体主体化"及其对公司融资的影响

主体与客体是法律关系中的基本构成要素。主流的法理学认为，法

---

① 王延川：《现代商法的生成：交易模型与价值结构》，法律出版社 2015 年版，第 65 页。
② ［美］弗兰克·J. 法博齐、弗朗哥·莫迪利亚尼：《资本市场：机构与工具》（第四版），汪涛、郭宁译，中国人民大学出版社 2015 年版，第 13 页。

第二章 金融创新：公司融资法制进化的动力机制

律关系主体包括自然人和团体人两大类，具备相应的权利能力和行为能力，而法律关系客体指向的是财产、非财产利益与行为。① 但主体与客体之间的关系不是亘古不变的，哲学上不但早就存在"客体主体化"与"主体客体化"的逻辑思辨，商事交易实践也早就跨越了法律主体与法律客体间看似不可逾越的鸿沟。这里的商事交易不是传统意义上平面型的交易模式，而是结构化的新型交易模式。所谓结构化，从外观上来看是指交易关系中有内部关系和外部关系之分，内部关系是企业、拟人化资产和企业的联合，外部关系是营业关系，其中的相对方主要是消费者。② 在结构化商事交易中，商事资产通过分割和重新组合，具备了类似于商事主体的特质，典型者如商业信托。肇始于美国马萨诸塞州的商业信托，属于习惯法上私益信托的变形。商业信托利用信托的形式，代表投资人经营事业，投资人成为信托的受益人，投资人的受益权通常可以转让，类似于公司股票，投资人也有权利选举受托人，如同公司的股东选举董事。③ 由此可以看出，商业信托和公司法人有趋同的迹象，特拉华州的商业信托法实际上塑造了一个具有法律人格且不受公司设立资本限制的商事组织，至少共同基金符合这样的定性。在资产证券化这种典型的结构化商事交易中，SPV（特殊目的载体）是一个精巧的制度设计，仅为特定目的设立，只为单宗交易或项目而存在，经营范围十分有限，在交易或项目完成后就清算解散。尽管其本质上是一个"壳"或"工具"，但并不影响主体地位，因而也可以视为"客体主体化"的一个典型例证。

我国新三板中普遍存在着资管计划、证券投资基金、信托计划持股的情况，这就是人们常说的"三类股东"现象。它们持有不少公司的股权，且在公司股东名册中甚至公司章程中有明确记载，但正是这样一个既定的事实引发了常识性的争议：财产集合可以成为股东吗？股东身

---

① 周永坤：《法理学——全球视野》（第三版），法律出版社2010年版，第119—126页。
② 王延川：《现代商法的生成：交易模型与价值结构》，法律出版社2015年版，第7页。
③ 赵廉慧：《信托法解释论》，中国法制出版社2015年版，第70页。

份是否需要穿透核查？"三类股东"是该清退还是应当容忍？之所以引发争论，是因为资管计划、证券投资基金、信托计划本质上都是资产组合，属于传统意义上的法律关系客体——财产，而股东素来被界定为基于对公司的出资或其他合法原因，持有公司资本一定份额，依法享有股东权利并承担相应义务的人，包括自然人、法人和非法人组织。当某个资管计划、信托计划甚至基金账户赫然出现在公司的股东名册且以股东的身份行使权利，总给人时空错乱的感觉，由此引发争议也就在所难免了。在"宝万之争"中，当结构性资管计划以"收购人"的身份大量购入万科股份并引起轩然大波时，尽管万科在写给证监会的举报信中言之凿凿地认为九个资管计划属于违法违规的"通道"业务，但监管层对此始终未予以正面回应。这种沉默既有对创新型融资与并购工具采取包容审慎监管的意味，也事实上反映出公司并购融资领域制度供给不足所带来的尴尬。

结构化商事交易中"客体主体化"现象的兴起，对公司融资带来了双重影响。从积极影响看，吸收资管计划、信托计划等投资入股，可以极大地拓展公司融资的广度与深度，有效改善公司的资本结构。"现代公司财务尤其是融资行为与金融市场关系密切，不仅表现在公司市场价值变化对公司资本结构的直接影响上，而且也表现在资金可得性和融资成本方面。"[①] 作为"客体主体化"主要形式的资管计划、证券投资基金、信托计划具有集合投资、专家理财的特点，具备信息获取、风险控制的专业优势，所以当其以投资者身份进入公司，可以有效地降低公司的融资成本，甚至成为公司治理结构改进的契机。从消极影响看，资管计划等集合投资一般采取"股+债"的结构化模式，交易结构复杂，容易触及法律底线和监管红线，进而诱发公司的融资风险。常见的"股+债"交易结构安排是：股权部分，债权人收购目标公司原股东（转让方）持有的目标公司股权或对目标公司进行增资，并办理股权变更登记；债权

---

① 孙杰：《资本结构、治理结构和代理成本：理论、经验和启示》，社会科学文献出版社2006年版，第357页。

部分，债权人委托银行向目标公司发放委托贷款或债权人直接与目标公司签署股东借款合同，或者通过让与担保的形式进行股权回购的特别约定。① 这种复杂而精巧的规则设计反映出商事实践的智慧，但也给法律带来了严峻挑战，诚如有学者所言，资产证券化带来的担保主体化与信托架构的流行，金融衍生品从简单风险转移工具进化为集风险管理和融资于一体的结构化票据等，过去半个世纪的金融创新对传统民商法提出了全方位的挑战，涉及商事组织法、财产法、合同法、信托法、担保法、破产法等诸多部门。② 可以说，"客体主体化"所带来的思维冲击与观念变革只是刚刚开始，留下了诸多亟待回应的问题，如证券化语境下合同与财产的重新定性、公司是"财产"还是"实体"的迷思、SPV 的法律地位、"信托计划"的认定与信托受益权拆分转让的法律态度等，均值得进一步深入研究。商事实践的创新性与复杂性提醒人们，在认知法律关系主体和客体时不能有"非此即彼"的思维，而应以发展的眼光加以审视。

第二节　金融工具创新与公司融资法制的进化

　　金融工具是指在金融市场中可交易的金融资产，通常表现为筹资者或金融机构所发行的各类信用工具，如股票、债券、票据等。以持有人权利性质为标准，可以将金融工具分为债权融资工具和股权融资工具两大类，传统的公司融资格局呈现出鲜明的股债二元结构。但随着金融创新的发展，股债混合型的融资工具不断出现，优先股、永续债等"像股的债"与"像债的股"越来越多，股与债之间的界限越发模糊不清，由此导致公司财务会计处理、公司盈余分配、公司融资监管等方面的棘

---

① 中国东方资产管理股份有限公司：《特殊机会投资之道：金融资产管理公司法律实务精要》，北京大学出版社 2018 年版，第 257—267 页。
② 楼建波：《金融商法的逻辑——现代金融交易对商法的冲击与改造》，中国法制出版社 2017 年版，前言第 1—2 页。

手难题,倒逼着公司融资法制的进化。

一 股债融合型金融工具的兴起及其挑战

(一)股债融合型金融工具的勃兴及股债关系反思

股与债的关系是一个充满迷思的话题,可谓贯穿公司法知识谱系的一条制度主线。无论是立法者还是学术界,都试图在股债之间划出清晰的边界,让股票与债券各得其所,使股东与债权人美美与共。但这一构想不仅不可行,也不可欲,优先股、永续债、可转换票据、分级基金、结构性资管计划等股债复合型的投融资工具已经瓦解了股债二元结构的理想图景。由于立法的滞后以及监管的缺位,这些创新性的金融工具在实践中容易走向异化。以分级基金为例,2007年是分级基金发展的元年,该年7月国投瑞银瑞福发行了首批规模为60亿元的分级基金。发展初期,分级基金受到追捧,因资金门槛低、投资标的丰富、无强制平仓和爆仓情况等因素不断刷新市场交易纪录,在股指期货、权证、回购等之外创设了一个新的杠杆工具,为活跃资本市场发挥着重要作用。据统计,截至2014年8月31日,我国共有114只分级基金,除债券型分级基金泰达宏利无母基金外,均为母基金与优先份额A、普通份额B相结合的形式。[①] 但在快速发展的同时,分级基金的风险逐渐暴露出来,其不断抬升的杠杆率为证券市场系统性风险的潜滋暗长埋下了伏笔。随着2015年"股灾"的爆发,分级基金经历了毁灭性打击,从无数人趋之若鹜的"创富神器"到令人咋舌的财富湮灭,令人不胜唏嘘。再以夹层融资为例,与发达资本市场的蓬勃发展相比,由于融资市场的严格管制,"看上去很美"的夹层融资似乎与当下我国的法律环境格格不入,非但未能成为缓解企业融资难题的"灵丹妙药",反而在"防风险"和"强监管"的政策背景下面临被挤出的危险。从实践看,联华信托公司2005年12月发行的"联信·保利"7号成为我国首个夹层融

---

① 周寰宇:《杠杆率视角下开放式分级基金的赎回风险研究》,《金融经济学研究》2015年第1期。

资项目；2006年2月，华平创投认购国美电器发行的1.25亿美元可转换债券和2500万美元认股权证；在2007年2月上市之前，汇源果汁通过私募基金以夹层融资的形式获得2.2亿美元融资。透视这些零散的夹层融资个案，我们可以清晰地发现，我国的夹层融资在法律制度供给方面乏善可陈，无法为夹层融资的正常开展提供基本的法律环境支持，急需在投资人主体资格、夹层投资人与其他权利人的权利冲突及其化解机制、夹层投资的市场退出等方面出台可操作的规则方案。

面对股债融合现象的兴起及其在实践中的异化，学理上亟待反思股与债的关系及其界分的边界。无论是从法律文本还是从规范教义上，股权与债权的区别都是非常明显的，具体表现在以下几点。(1) 法律性质不同。关于股权的法律性质，尽管存在所有权说、债权说、社员权说等不同观点，但公司法学界普遍接受了独立民事权利说，即认为股权是一种将目的权利和手段权利有机结合、团体权利和个体权利辩证统一、兼有请求权和支配权属性、具有资本性和流转性的独立权利类型。[①] 关于债权的法律性质，学界论述较多，如王泽鉴教授指出："债权系将债务人的给付归属于债权人，债权人亦因而得向债务人请求给付，受领债务人的给付。易言之，债权之本质的内容，乃有效地受领债务人的给付，债权人得向债务人请求给付，则为债权的作用或权能。"[②] 申言之，债权是一种典型的请求权，不具有支配权的属性。(2) 产生原因不同。股权的发生根据是双方或多方法律行为，而债权的发生原因既有行为也有事实，既有合法行为也有违法行为，既有单方行为也有双方、多方行为，不少国家民法将合同、侵权行为、无因管理和不当得利视为债权的发生根据。[③] (3) 权利内容不同。股权的内容非常丰富，包括但不限于股利分配请求权、剩余财产分配请求权、公司新增资本或者发行新股的优先认购权、表决权、知情权、诉讼权等，这些权利形态根据类型化思

[①] 范健、王建文：《公司法》（第四版），法律出版社2015年版，第275—276页。
[②] 王泽鉴：《债法原理》（第一册），中国政法大学出版社2001年版，第9页。
[③] 刘俊海：《现代公司法》（第二版），法律出版社2015年版，第283页。

维可以归入自益权或共益权、单独股权或少数股权、比例股权或非比例股权等范畴之中。与股权相比，债权的权利内容要单调得多，仅表现为请求债务人履行特定给付，除行使代位权与撤销权的特定情形外，不得介入债务公司的经营管理。(4) 存续期限不同。股权与公司相伴而生，只要公司在存续期间，股权就不会消失，即使出现了股权转让，股权也会被新继受的股东享有。但债权是一种典型的有期限的权利，需要在规定的期限内行使，否则会因为诉讼时效等因素而招致损失。(5) 法律地位不同。股权融资（equity financing）和债权融资（debt financing）是公司筹集资金的两种基本手段，股东和债权人都是公司的投资者，债权人应当和股东一样成为公司资本的所有者，享有参与公司治理的权利。只不过由于合约条款不同，债权人参与公司治理的时机和方式与股东相比有所差异：在正常情况下，债权人只拥有监督权，即监督资产的运行以保障资产的安全；在公司破产、清算、重组等非常情况下，债权人会掌握决策控制权，进行所谓的"相机治理"（contingent governance）。① 鉴于债权人与股东之间委托代理成本的客观存在以及利益冲突的无法避免，公司法通过层层制度设计来维护债权人的利益。例如，无论公司的盈利状况如何，债权人可直接请求公司履行债务，而股东只有在公司确有可分配利润并通过股利分配决议后才能分取股利。再如，在公司解散的情形下，债权人获得清偿之前，股东不得分取公司的剩余财产，即债权人在分享公司剩余财产权方面具有优先性。

上述股权与债权的区分看似清晰，实则在现实中难以自洽，因为股与债不但可以相互转化，还存在交错趋同，股债之间的关系可谓错综复杂，传统意义上区分股与债的风险标准、控制标准、信义义务标准早已在夹层融资、类别股、分级基金、结构化资管计划等反证中分崩离析。② 股与债作为公司融资法的两个基本概念，是由法律作出清晰的界

---

① 刘汉民：《企业理论、公司治理与制度分析》，上海三联书店、上海人民出版社2007年版，第163—164页。
② 李安安：《股债融合论：公司法贯通式改革的一个解释框架》，《环球法律评论》2019年第4期。

分，还是交由当事人自由约定？有学者认为，股与债是公司融资交易中的两个有名合同，在这两个有名合同之间，还存在数量众多、类型丰富的无名合同。① 如果从组织的视角来观察融资交易合同，情况会变得更为复杂，诚如有学者所言，股债融合中股权与债权经济利益状态的趋同、组织法与合同法权利行使机制的交叉，带来了股东间复杂的利益竞争，优先股合同权利空间或是被组织挤压，或是在组织中膨胀，合同与组织陷入双重失序。② 不难想象的是，丰富的商事交易实践将会催生出更多的亦股亦债型的金融产品或交易模式，股与债的界分尽管十分必要却又困难重重，需要根据实践发展不断进行法理反思和标准提炼。

（二）股债融合型金融工具催生的投融资模式

1. 明股实债模式

明股实债，又叫作名股实债，更为通俗的叫法是"名为投资实为借贷"，并不是一个严格的法律概念，而是对近年来金融实践中出现的集股权投资和债权投资于一身的新型投资工具的描述性称谓。根据中国证券投资基金业协会（以下简称"中基协"）的界定，明股实债是指"投资回报不与被投资企业的经营业绩挂钩，不是根据企业的投资收益或亏损进行分配，而是向投资者提供保本保收益承诺，根据约定定期向投资者支付固定收益，并在满足特定条件后由被投资企业赎回股权或者偿还本息的投资方式，常见形式包括回购、第三方收购、对赌、定期分红等"。也有学者将明股实债描述为"投资人参与融资企业增资或受让融资企业股东所持有的融资企业的股份，成为融资企业的股东，投资人在约定的投资期限内定期获得按预期收益率计算的收益，名为行权费、股权维持费等，投资到期后，融资企业或其股东或其他第三方对投资人持有的融资企业股份进行回购。在投资期限内，投资人仅是名义上的股东，定期获得固定收益，到期收回本金，不参与融资企业的管理决策，

---

① 许德风：《公司融资语境下股与债的界分》，《法学研究》2019年第2期。
② 潘林：《优先股与普通股的利益分配——基于信义义务的制度方法》，《法学研究》2019年第3期。

不享受融资企业的利润分红"。① 从类型化角度看，明股实债通常表现为三种形式：一是形式上附带回购条款的股权融资而实质上属于债权融资的融资模式；二是对赌协议式的明股实债，即投资方与融资方在签订协议时，双方对未来可能出现的各种不同情况进行约定，约定的条件成就或不成就时，双方均可按照约定行使不同的权利；三是有限合伙式明股实债，即融资方或其关联方出资设立普通合伙（GP），相应理财资金投资优先和劣后级有限合伙（LP），到期后由项目融资方或其关联方定期回购承诺。② 通过上述描述性定义及其类型化检视，我们不难归纳出明股实债的共性特征，包括虚假股权投资、投资收益刚性实现、规避法律限制、附有回购或对赌条款及增信措施等。当然，明股实债最为显著的特征莫过于其名义上的"股性"和实质上的"债性"相结合，当属最具代表性的股债融合形态之一。

以房地产项目为例，早期明股实债的运作方式如下：第一，银行认购信托计划，该信托计划一般为事务管理型信托和单一信托；第二，信托公司与目标公司股东签订股权转让协议，信托计划将资金投入目标公司；第三，信托公司与目标公司或其关联方签订股权回购协议，约定回购价格及期限，信托计划获得固定收益，同时，目标公司或其关联方为该回购行为提供抵押或担保（见图 2-1）。

随着运用范围扩大和参与主体增多，明股实债的交易结构不断演变，例如在 PPP 项目中，融资方引入了有限合伙的模式对资金方的资金安全进行兜底，但目前房地产项目和上市公司融资项目都较少使用该种模式。可见，明股实债并无固定的交易结构，视投资领域和参与主体等情况不同而不同，但无论何种交易结构，明股实债的项目设计中都包含以下三类合同条款。

---

① 余德厚、程进飞：《"去杠杆"背景下的金融创新——"明股实债"的性质认定及法律风险防范》，《湖南工程学院学报》2017 年第 3 期。
② 李超男：《论明股实债投资模式下股东资格确认制度的完善》，《浙江金融》2018 年第 7 期。

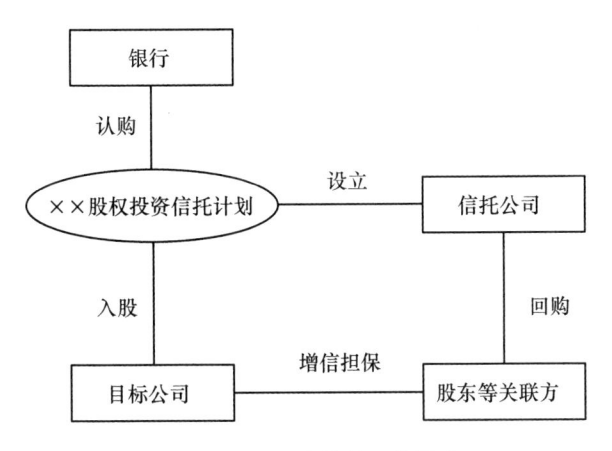

第二章 金融创新：公司融资法制进化的动力机制

```
        银行
         │
        认购
         │
   ××股权投资信托计划 ──设立── 信托公司
         │                      │
        入股                    回购
         │                      │
      目标公司 ──增信担保── 股东等关联方
```

图2-1 明股实债的运作模式

第一，股权投资。这里的股权投资包括股权转让、上市公司定向增发等方式。在上述股权投资形式中，资金方与融资方不仅签订了股权投资协议，也履行了其余相应的股权投资程序，如股权转让中的章程变更、工商登记等，资金方与融资方的股权投资关系真实存在。但与通常的股权投资相比，明股实债项目又存在着两处显著不同。（1）资金方入股时并不对目标公司的股权进行价格评估，股权的具体价格由资金方和融资方双方协议商定。（2）资金方不参与目标公司的经营管理，仅仅关注重大财产担保等影响目标公司财务状况的事项。这是因为，一方面资金方自身不具备股权投资能力和业务经验，另一方面资金方的收益不与目标公司经营业绩挂钩。

第二，股权回购。资金方的收益来源于目标公司股东等关联方的溢价回购。鉴于我国公司法对公司回购自身股份存在限制性规定，回购条款中的回购方一般为目标公司的股东等关联方，非目标公司自身。股权回购是明股实债项目架构中最重要的合同条款，是"明股"向"实债"转换的关键性要素。这是因为，股权回购名义上和股权投资相关，实际上约定的是一种债权关系。（1）股权回购的价款固定。通常的股权投资项目中，股权转让的价格由买卖双方在转让时聘请第三方评估或按照公司净资产价格确定，而明股实债中资金方与回购方在回购合同中即约定了回购溢价率，回购价款由回购溢价率、回购本金、资金占用天数三者相乘得出，计算方式与借款利息相同，且金额可确定。（2）回购价款的支付时间定期。回购价款不是在资金方退出投资时一次性支付，而是由回购方按月或按季定期支付给资金方，支付方式也与借款利息相似。（3）回购义务是无条件的。合同中通常约定回购方的回购义务不受股权实际价值变动影响，回购方也不得以回购价款显失公平或其他任何理由请求人民法院变更或撤销回购合同。综上所述，股权回购给资金方带来的是固定收益，而非与目标公司盈利情况相关的浮动收益。

第三，增信担保。虽然股权回购为资金方设定了固定收益，但该收益的实现与否依赖于回购方的履约能力，因此，为了追求无风险的收益，资金方会要求融资方提供相应的担保。提供担保的主体包括目标公司自身、融资方的股东等，担保的方式既有物的担保也有人的担保。同时，资金方通常会将担保合同的生效作为支付款项的前提条件。

经上述分析可见，明股实债项目中存在两个相互矛盾的法律关系：一是资金方与融资方之间的债权法律关系，二是资金方与目标公司之间的股权投资法律关系。因明股实债兼具股权和债权的法律属性，当项目出现风险时，资金方即主张项目为债权关系要求融资方还款，但融资方以资金方是股权投资为由拒绝，二者无法调和即诉诸法院，对此，实践中法院有不同的做法。在新华信托与诸城市江峰房地产开发有限公司借款合同纠纷一案①中，重庆市高级人民法院基于股权转让价格与市场价格不符、当事人办理财产担保手续等事实，着重厘清当事人签署相关协议的真实意愿，判定当事人之间为借贷关系。而在新华信托诉湖州港城置业有限公司破产债权确认纠纷案②中，浙江省湖州市吴兴区人民法院则以担保物权的设定不能推断出主债权存在、商事外观主义原则等理由，判决新华信托的行为系股权投资行为，非借贷行为。面对法院的不

---

① 具体案情详见重庆市高级人民法院（2014）渝高法民初字第00010号民事判决书。
② 具体案情详见湖州市吴兴区人民法院（2016）浙0502民初1671号民事判决书。

同裁判思路,我们应当认识到,明股实债具有复杂的交易结构和多元的制度面向,涉及合同法、公司法、税法和金融监管法的多层法律调整,法院既要考量股权转让比例、公司控制权是否变化、收益安排的固定性和支付情况、股权转让价格的高低、缔约磋商过程、是否存在担保等私法因素,也要考虑到"防风险""去杠杆"政策语境下的金融秩序稳定等公法因素,因此只能采取个人审查的方式,难以形成统一的裁判思路。在"明"与"实"的转换之间,明股实债既被打上了融资创新的标签,也不可避免地存在规避法律的意图,因此,对于如何认识股债融合的法律性质,是遵从商事外观主义认定其为股权投资,还是根据"实质重于形式"的原则认定其为债权投资,如何进行价值判断和利益衡量,成为学界和司法实务亟待回应的挑战。

2. 协议控制模式

协议控制模式涉及"协议控制"与"可变利益实体"两个概念。协议控制借助合同文本在两个或两个以上独立的法人企业之间建立了控制与被控制的关系,可变利益实体(Variable Interest Entity, VIE)则通过合并报表整合了不具有股权控制关系的多家实体的经营利润。而协议控制模式将两者在实践中进行杂糅穿插,在商业层面完成了多层次法律主体的整合,巧妙规避监管的同时,实现了企业境外间接上市的目的。

采用该模式实现境外间接上市一般至少涉及三个法律主体,包括境外上市主体,由境外上市主体控股的外商独资企业(WFOE),以及境内运营实体。以典型的协议控制模式为例(见图2-2),本书尝试对该模式下所涉及的各方实体和权利义务责任的配置作出进一步解释,以期厘清协议控制模式下各方主体的法律关系。(1)境内运营实体的创始股东在英属维尔京群岛、开曼群岛或其他被境外资本市场接受的离岸国家建立创始人壳公司。(2)境外(拟)上市的主体是由创始人壳公司在开曼群岛所创立的一个特殊目的公司,其股东主要是境内运营实体创始股东、战略投资者如风险投资(VC)、私募股权投资(PE)等。(3)基于避税等目的,境外上市主体多会在香港设立一个或多个子公司。(4) 境外上市主体通过香港全资子公司将资金运送至境内,建立外商独资企业。(5) 创始股东、境内运营实体和 WFOE 通过签署一系列控制合同,剥离股东权利的同时,由 WFOE 实质享有境内运营实体的可变利益、控制权和表决权,以满足域外特定国家或地区会计准则的报表合并要求,最终实现境外壳公司转移获取内资企业营业利润的目的。

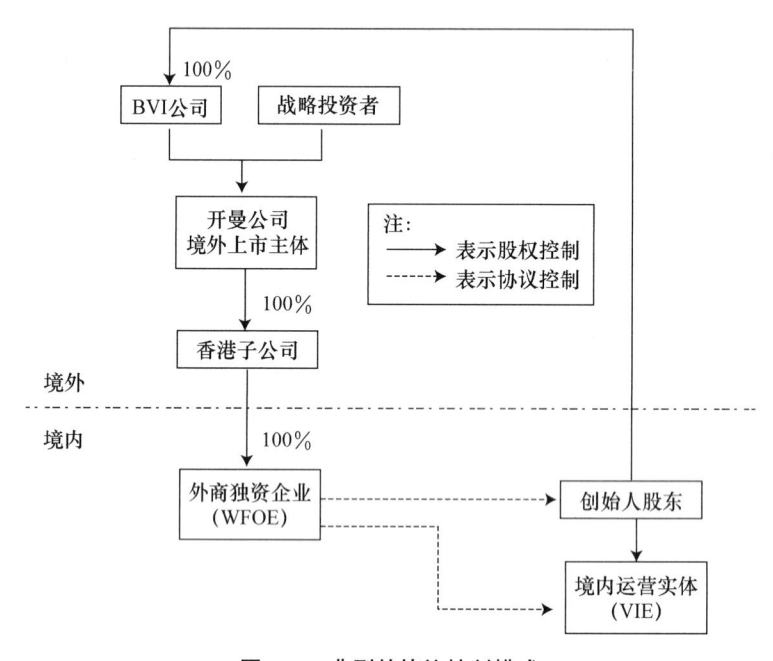

图 2-2 典型的协议控制模式

搭建协议控制模式需要签订众多协议,其目的是通过合同约定的方式迂回实现"股权投资"的效果。具体而言,根据最终目的可将 VIE 协议划分为两大类:一是实现资金流动融通的协议;二是实现控制权转移的协议。

协议控制模式搭建的根本动因是获得境外融资,借款协议可将境外资金融通至境内运营实体,满足境内公司在特定情况下的营运资金需求。例如,太平洋网络集团(HK:00543)在招股说明书中与广州英鑫

第二章 金融创新:公司融资法制进化的动力机制

(境内运营实体)约定,将给予其人民币 5700000 元借款,仅作为广州英鑫的初始启动资金,借款期限为 10 年,第一次期间届满后可再延长 5 年。一般而言,借款协议多会明确约定借款目的、借款数额、借款期限、借款利息等事项,若自然人股东使用该资金的行为与借款目的不符,WFOE 有权以书面通知的方式宣布该借款到期并要求其立即还款,最终实现将资金注入 VIE 公司的目的。

借款协议实现了资金的流入,而独家技术咨询与独家服务协议则完成了资金的流出。WFOE 为境内运营实体提供技术咨询或独家服务,向境内企业支付足以涵盖全部经营利润的高额报酬,从而实现境内资金的外流,而协议的具体内容需根据境内公司实际经营范围确定。例如,在新浪(NASDAQ:SINA)2000 年年报中,北京四通利方信息技术有限公司提供的是服务器维护升级、软件广告咨询等独家服务;而在香港主板上市公司腾讯(HK:00700)招股说明书中,采用的是知识产权许可协议,即外商独资企业提供域名特许权、商标特许权等权利,以确保内资企业的经营利润顺利转移至境外上市公司。

最具有代表性的控制权转移合同是表决权委托协议,其设立的目的是将股东的选举投票权、重大事项表决权、委任董事等权利让与外商投资企业,完成境内企业股东权利的剥离和转让,确保境外上市主体对内资公司的实质性控制。允许 WOFE 在不直接持有其股权的情况下,间接通过投票等行为来控制境内运营实体,从而最终实现代持的目的。例如,阿里巴巴集团在招股说明书中关于表决权委托作了类似规定,"软银公司(委托人)将其股份所对应的表决权无条件、不可撤销地授权马云(受托人)代理行使,表决事项包括但不限于指定、选举、罢免公司的董事、监事,决定聘用、解聘总经理、财务负责人等高级管理人员"。

这种与传统委托代理存在较大差异具有"中国特色"的表决权委托可谓专业人士的"自主创新"。表决权是公司所有与公司控制的连接点,它维系着公司所有者与经营者的关系,是股东争夺控制权的工具之一。诚然股东可以委托代理人行使表决权,但显然协议控制模式下所签署的表决权委托协议并非传统意义上的委托代理法律关系。首先,不同于《民法典》合同编所规定的"委托人或受托人可以随时解除委托合同……",此类协议可约定不可撤销条款,即"委托方股东不可单方撤销表决权委托",因此相较于一般委托合同能有效保障 WFOE 在约定期限内行使内资企业的表决权;其次,此类表决权委托协议体现的"委托"是指按照受托人的意愿进行投票,无须事先通知委托人或征得其同意。这使得表决权的行使脱离了境内运营实体公司股东的掌控范围,VIE 公司股东在一定期限内不再事实享有自身股份所对应的权利,昭示着股东所持股份与其具体权利相分离的趋势。基于此,协议控制模式运用契约安排搭建了公司法框架之外的"股权",使得境外上市公司能够掌控境内运营实体的权益。

3. 资产收益权信托模式

资产收益权信托有广义和狭义之分。广义的资产收益权信托就是一个类似于贷款化的过程,而狭义的资产收益权信托是资产证券化过程。[①] 我国第一个集合信托计划也就是广义的资产收益权信托是 2003 年上海爱建信托投资公司将信托资金用于购买上海外环隧道建设公司的股权,爱建信托将多个管理资金的信托集合起来,整合具有一定投资实力的信托资金组合,再将资金投入上海外环隧道建设公司用以建设上海外环隧道,而其会受让部分上海外环隧道建设公司股东的股份。该信托期限为三年,收益来源于股权赎回和利润分配,最具特色的是其部分收益来源于政府补贴,具有稳定性的特点。概言之,广义的资产收益权信托是信托公司先募集资金,再将资金投入项目的过程。狭义的资产收益权信托在我国的第一例是 2003 年华融资产管理公司的不良信托贷款信托分层项目。

爱建信托将资金用于购买上海外环隧道这一信托计划是我国第一个

---

① 缪因知:《资产收益权信托之法律定性的三维度》,《南京大学法律评论》2019 年第 2 期。

第二章 金融创新：公司融资法制进化的动力机制

真正意义上的信托计划，也是第一起广义上的资产收益权信托，其实现了建设方、投资方、民众和政府的共赢，也开启了资产收益权信托的新时代。昆山纯高案中的信托产品是狭义上的资产收益权信托，其运作模式与传统的狭义资产收益权信托又有所不同。在该案中，昆山纯高为筹措资金，其实际控制人与安信信托签订了信托合同，合同中约定信托财产是对基础资产（在建工程）的收益，收益包括管理、处分、使用、出卖等。而安信信托则将基础资产的收益权进行证券化，先将其结构化为优先受益权和一般受益权，然后发行信托给投资人。为提高信托产品的信用等级，昆山纯高作为一般受益人以在优先受益人不能获得足额收益时予以补偿。安信信托支付的对价则是从投资者处得来的资金以贷款的形式返还给昆山纯高，而此项贷款是以该土地使用权和在建工程为抵押担保的。① 昆山纯高和安信信托的安排形式上表现为信托和借款的双重法律关系，第一层合同为信托合同，第二层合同却将信托融得的资金作为贷款返还给昆山纯高，并且以第一层合同中已经交付的基础资产作为抵押物。昆山纯高案的第一个争议之处就在于该案为信托纠纷还是借款纠纷，不赞成定性为信托纠纷的学者秉持的主要观点是信托财产是未来的收益，而该收益具有不确定性，不满足信托财产的确定性要求。② 亦有学者指出根据资产证券化的过程来看，基础财产的风险和管理权利并没有转移到受托人之处，并不是实质意义上的信托。③ 本案法律关系的混乱之处在于财产所有权不明、信托条件不确定所带来的信托与借款关系定性之困境，若本案为信托关系，基础财产应由受托人即安信信托进行管理，财产所有权也应当由安信信托所有，然而在其后的贷款合同中昆山纯高又将本应为安信信托享有所有权的信托财产作为抵押物用以贷款，这也就导致了信托关系与借款纠纷的混同，使此案难以定性。即使学界有观点认为信托财产只要维持其自身的独立性，是否转移所有权

---

① 参见（2013）沪高民五（商）终字第11号民事判决书（安信信托与昆山纯高案）。
② 缪因知：《资产收益权信托之法律定性的三维度》，《南京大学法律评论》2019年第2期。
③ 董庶：《试论信托财产的确定》，《法律适用》2014年第7期。

并不影响信托关系的成立，信托财产的不确定性也使资产收益权信托的法律定性存在争议。

虽然股权收益权信托的出现有规避限售股政策之嫌，但经过多年发展和完善，已经逐渐成为信托市场上不可或缺的融资类型之一。市场根据股权收益权所处信托环节的不同，分为股权收益权财产信托和集合资金信托。股权收益权财产信托就是以股权收益权作为信托标的，委托给受托人管理的信托。委托人股东将股权收益权委托给受托人，但保留对公司的经营决策权，受托人获得股权收益权，可以请求分配收益，并对其进行管理，最终将收益全部归于受益人所有。但这也是股东进行融资的一种方式，股东将股权收益权作为基础财产委托给信托公司，信托公司再将信托收益权分割证券化后转让给投资人，以此获取的对价再交给股东。以股权收益权作为信托财产设立信托的最大难题就是股权收益权是否满足信托财产确定性的要求，以及股权收益权的基础依附即股权不归受托人管理运用，受托人的管理财产功能受到桎梏。对信托财产的管理在于使其安全和增值，而股权收益权的价值和安全却主要受到股权价值的影响。

集合资金信托是以资金作为信托标的，由受托人通过自身的专业知识选择股权收益权进行投资，从日常的分红和股权收益权回购溢价中获得收益的过程。申言之，信托公司将受让的股权收益权证券化后设立信托计划，投资人以资金作为信托财产，获取受托人特定的管理投资方式，投资于股权收益权。在金融市场中，集合资金信托的出现时间比财产信托晚，却有后来居上之势，目前信托市场中存在的多是集合资金信托。2016年的世欣荣和案（见图2-3）就是典型的集合资金信托，以该案为观察对象，可知股权收益权集合资金信托的运作程序。

实践中，信托公司会以特定的信托计划吸引委托人，世欣荣和案中长安信托即以股权收益权作为信托计划的标的与信托委托人订立合同。在此类股权收益权信托中，受托人会将股权收益权结构分层，分别对应优先受益人、普通受益人和次级受益人，优先受益人的利益保护处于第

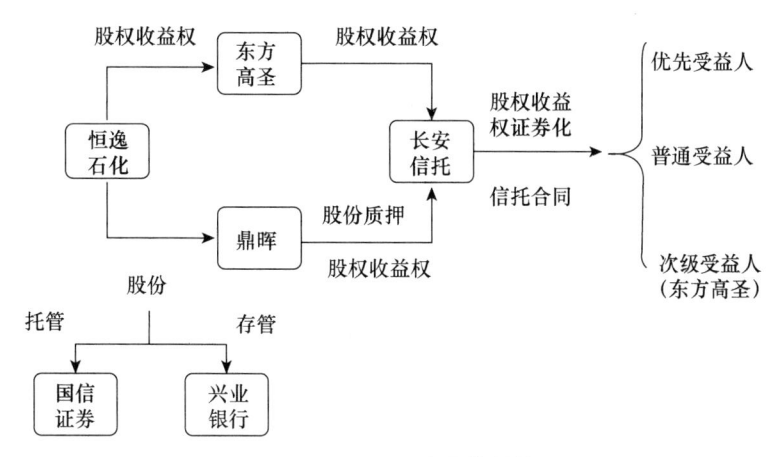

第二章 金融创新：公司融资法制进化的动力机制

图 2-3 股权收益权集合资金信托的运作程序

一顺位，即当信托计划亏损时，会优先保护优先受益人的利益。当信托计划盈利时，次级受益人的收益会更可观。受托人与委托人签订信托合同受让信托资金后，购买信托计划中的股权收益权，标的股权收益权包括处置股票的收益、股息红利、配售等，与财产相关的权利之外的知情权、投票权等其他权利由融资股东享有。为了担保协议的履行，信托公司往往会与出让股权收益权的股东签订担保合同，以标的股票作为质押物进行担保。除此之外，受托人还会与出让股权收益权的股东签订回购协议，约定在一定期间后溢价回购股权收益权，此种溢价收益也归属于股权收益权范围。以股权收益权作为交易对象的信托中，信托财产为资金，股权收益权是信托计划的标的而非信托标的。受托人与出让股权收益权的股东签订股权收益权转让合同、股权质押合同均为其管理信托财产的方式。在此类信托中，不涉及信托财产的独立性和确定性，只涉及受托人的管理义务是否尽职履行以及股权收益权作为股权权能分离出来转让的合法性问题。

（三）股债融合型金融工具对公司融资制度的挑战

前文提及，直接融资和间接融资的二元结构长期主导着公司融资实践，被认为具有自洽性，但由于"融资市场的发达是公司制度变迁的内在动力，这是公司法演进的规律之一"，① 创新型的公司融资方式不可能止步于直接融资和间接融资的二元框架，夹层融资等股债融合型融资方式难以划入股权融资抑或债权融资的阵营。股债融合型金融工具对于公司融资制度的挑战，具体表现如下所示。

1. 财务会计处理的难题

传统意义上，股权投资与债权投资的财务会计处理规则迥然有别，前者的投资回报取决于公司的经营状况，后者则意味着本金和相对固定的投资回报，对于兼具股权和债权性质的可转换债券、零息债券、永续债券和优先股而言，如何确认其收益的性质，可谓相当棘手。以可转换债券为例，如果认为其是由债券和期权两个金融工具共同组成为基础，则必然对各自所产生的收益分别认定为利息收入和股权投资收益，分别适用不同的税收规则；但如果认为可转换债券具有单一的法律性质，则必然对其所取得的收入统一认定为权益性投资收益或债券性投资收益，从而适用相应的税法规则。② 再以"明股实债"为例，尽管现行的《企业会计准则——基本准则》规定，企业应当按照经济实质原则进行会计确认、计量和报告，但由于"明股实债"还涉及商事外观主义以及交易相对人的信赖利益保护问题，再加上选择权（option）和回购协议（repurchase agreements）的巨大争议，投资的法律形式与经济实质存在明显差异，因而"明股实债"既可能被认定为股权投资也可能被认定为债权投资，进而导致同一行为定性和会计处理的不一致。国家税务总局《关于企业混合性投资业务企业所得税处理问题的公告》尽管试图解决明股实债的财务会计处理难题，但其严格的适用条件导致诸多股债融合型投资方式难以涵盖其中。

2. 公司利润分配的难题

公司的利润分配也称股利分配，是指由公司的董事会，根据公司有

---

① 朱慈蕴、沈朝晖：《类别股与中国公司法的演进》，《中国社会科学》2013 年第 9 期。
② 汤洁茵：《金融创新的税法规制》，法律出版社 2010 年版，第 51 页。

第二章 金融创新：公司融资法制进化的动力机制

关规定，并结合本公司的财务状况和经营成果，制订出公司当年的税后利润分配方案，提交股东会或股东大会审议批准，并依法组织实施的公司基本法律制度。① 在英美法上，股利分配一般是根据公司的偿付能力、负债比率和流动比率进行，何时分配及分配多少属于董事商业判断的范畴，但我国的公司法采取了较为谨慎的态度，以公司的资产负债表作为股利分配的标尺，将审议批准公司的利润分配方案和弥补亏损方案职权赋予股东会和股东大会行使，分配需要遵循"弥补亏损—提取法定公积金—交付优先股股利—提取任意公积金—支付普通股股利"的顺序。但对类别股而言，其在股利分配中的顺位却不乏争议。例如，根据《国务院关于开展优先股试点的指导意见》，其股份持有人优先于普通股股东分配公司利润和剩余财产，且必须在公司章程中做出"在有可分配税后利润的情况下必须向优先股股东分配股息"的规定。这实质上剥夺了上市公司管理层在利润分配问题上进行商业判断的权利，属于利用强制性规范硬性要求上市公司进行利润分配，② 容易诱使管理层利用会计政策做空利润进而规避强制分配利润之规定。由于优先股股东和普通股股东争夺公司同一且有限的财产资源，二者的利益冲突不可避免，优先股股东结合了债权人身份的限制和普通股股东身份的风险，相比于债券持有人处于更软弱的地位，其享有的优先权也难以得到信义义务规则的事后救济。③ 鉴于此，仅仅将支付优先股股利置于支付普通股股利之前是不足以保护优先股股东利益的，除了需要完善分类表决机制外，还有必要将优先股股利支付置于提取法定公积金之前甚至赋予优先股股东类似于债券持有人的地位。④

---

① 冯果：《公司法》（第三版），武汉大学出版社 2017 年版，第 261 页。
② 曾凡宇：《优先股与上市公司利润分配困局刍议》，《湖北警官学院学报》2014 年第 9 期。
③ 刘胜军：《类别表决权：类别股股东保护与公司行为自由的平衡》，《法学评论》2015 年第 1 期。
④ 关于法定公积金提取的强制性规定，有学者认为其是一个各方皆输的非效率设计。参见傅穹《公司利润分配规则的比较分析》，《法学论坛》2014 年第 3 期。

3. 公司融资监管的难题

无论是股权融资还是债权融资，都涉及复杂的监管制度设计，而将股权融资和债权融资结合起来的复合型融资方式尤其考验着监管智慧。股债融合不仅意味着分级、嵌套和对赌，还时常与杠杆、做空机制及程序化交易相捆绑，由于立法缺漏严重及监管规则滞后，股债融合型投融资工具的监管往往面临严峻的考验。严格而言，在2018年《关于规范金融机构资产管理业务的指导意见》（以下简称《资管新规》）出台之前，我国资本市场上出现的分级基金、结构化资管计划、收益权信托、明股实债、夹层资本等基本上处于监管的真空地带，即使在资管新规出台之后，不少股债融合型投融资工具依然逃离在监管之外或者面临极大的法律争议。以当下炙手可热的穿透式监管为例，尽管其必要性得到肯定，但如何防止行政自由裁量权的扩张，如何把握主体穿透、产品穿透、嵌套层级穿透的法律边界，仍颇费思量。

二 股债融合型金融工具的制度构造：基于法律关系的分析视角

法律关系的认知主要存在"权利—义务—责任"和"主体—行为—责任"两种模式，前者一般适用于私法领域，后者在公私法领域均可以适用。由于股债融合型金融工具这一论题横跨公私法，关涉市场自治与国家干预的冲突及平衡，因此遵从"主体—行为—责任"的分析范式具有妥适性。

（一）主体论视域下的股债融合型金融工具

法规范人的行为，而行为总是由主体实施，故主体制度属于部门法中的基础性制度。[①] 由于股债融合型金融工具的法律调整是由合同法、公司法、证券法、信托法、期货法、证券投资基金法、税法等部门法共同完成，不同部门法语境下的主体制度不尽相同，从而使得主体论视域下的股债融合型金融工具呈现出不同的面向。但应当注意到，各部门法

---

① 焦海涛：《经济法主体制度重构：一个常识主义视角》，《现代法学》2016年第3期。

主体的特殊性,并非在于其创造一种新的主体,而是基于本身调整任务、调整对象的特殊性,而从各个不同的层面赋予主体以特殊的权利义务,从而形成一种不同于其他部门法的法律主体制度。① 因此,我们没有必要纠结于如何穷尽部门法之下的主体类型,只需基于共性原则,将股债融合型金融工具的发起者(融资者)和实践推动者(主要表现为投资者)予以归纳和阐释即可。

由于股债融合型金融工具的具体表现形态各异,不同类型工具的发起人和投资者必然存在显著差别。其中,夹层融资产品的发起人多为实力雄厚的国际投行、资产管理机构、私募股权投资基金和大型的房地产企业,投资者的构成从早期的以保险公司为主,逐渐转变为以基金和商业银行为主,投资银行、养老基金和对冲基金等金融机构也在不断增加对夹层资本的投资。② 类别股份的发行人无疑是股份公司的特权,当然在特殊情形下国有企业也可以发行类别股份(英国公司实践中出现的"金股"即为其例),类别股份特别是优先股的投资者则以 PE 和 VC 为主,这些以获取短期投资回报为目的而不谋求公司控制权的新型投资者一般会在投资协议中嵌入优先分红权、优先认购权、优先购买权、优先清算权等特殊条款。分级基金的发行人比较单一,在我国只有证券投资基金管理公司才有资格发行,其投资者一般具有风险偏好,只有申请权限开通前 20 个交易日其名下日均证券类资产不低于人民币 30 万元的个人投资者和机构投资者才能认购,引入了投资者适当性管理制度。③ 结构化资管计划的发起人是各种金融机构,包括银行、信托、保险、基金、期货等资产管理机构,其接受投资者委托,对受托的投资者财产进行投资和管理。这里的"投资者"就是提供货币或非货币资产的委托人,其与资管人之间的关系是结构化资管计划中的核心法律关系,法律效果涉及被管理资产与委托人的归属关系和风险隔离及委托人行为的合

---

① 李友根:《论经济法主体》,《当代法学》2004 年第 1 期。
② 孙景安:《夹层融资——企业融资方式创新》,《证券市场导报》2005 年第 11 期。
③ 参见《上海证券交易所分级基金业务管理指引》第十六条。

规性。① 从我国近年来暴露出来的结构化资管计划案例来看，商业银行理财资金和保险公司资金是最为主要的资金来源，其中夹杂着各种"通道业务"的运用。资产收益权由于类型繁多，难以一一列举所涉及法律主体，但仅就与股债融合关联最密切的股权收益权信托计划而言，无论是融资方还是投资方，均是实力雄厚的金融机构或上市公司。以旭日东升股权收益权信托计划为例，融资方为 DX 光电科技股份有限公司和 DX 蓝天新能源股份有限公司，均为上市公司，发起机构为中粮信托。再以天晟新材股权收益权集合资金信托计划为例，融资方为上市公司常州天晟新材料股份有限公司，发起机构为中融信托。"明股实债"的法律关系主体较为复杂，其中在涉及回购条款的案例中，往往夹杂着对赌协议的作用，法院一般会区分公司的固定收益承诺和股东的固定收益承诺、公司的回购条款和股东的回购条款，融资方一般为实力雄厚的股份公司，投资方一般为专业的投资机构。例如，在海富公司与世恒、香港迪亚等增资纠纷案②中的投资方海富公司机构性质为 VC，在苏州周原九鼎投资中心诉蓝泽桥等投资合同纠纷案③中的投资方九鼎投资中心是在上海证券交易所上市的私募股权投资与管理机构。在不涉及回购条款和对赌协议的"明股实债"纠纷案件中，投融资双方也一般属于上市公司和金融投资机构，这可以从联大集团诉安徽高速股权转让纠纷案、德美投资有限公司诉建生建筑工程有限责任公司股权转让纠纷案、北京时光房产公司与新华信托、兴安盟时光房产公司合同纠纷案等案例中得到验证。④

通过对股债融合型金融工具典型样态所涉及法律主体的条分缕析，我们可以发现股债融合型金融工具基本上是股份公司（尤其是上市公

---

① 缪因知：《资产管理内部法律关系之定性：回顾与前瞻》，《法学家》2018 年第 3 期。
② 参见最高人民法院（2012）民提字第 11 号民事判决书。
③ 参见最高人民法院（2015）民申字第 295 号民事裁定书。
④ 参见最高人民法院（2013）民二终字第 33 号民事判决书；北京市顺义区人民法院（2012）顺民初字第 2075 号民事判决书；最高人民法院（2014）民二终字第 261 号民事判决书。

司）和金融机构合力推动的产物，二者共同构成了股债融合型金融工具法律关系的通识性主体。对于股份公司而言，无论是发行类别股还是推出股权收益权信托计划，均是出于股权多元化配置的需要；对于金融机构而言，无论是创设夹层基金和分级基金，还是推出结构化资管计划以及做出"明股实债"的交易安排，均旨在通过金融创新提升产品吸引力和市场竞争力，进而赚取更多利润。将股份公司和金融机构连接在一起的场域是各种金融市场尤其是直接融资市场、并购重组市场与公司控制权市场。因此，只有充分关注股份公司和金融机构在这些市场上的角色定位，才能更深入地理解股债融合型金融工具的商业逻辑与法律逻辑。

（二）行为论视域下的股债融合型金融工具

股债融合型金融工具作为一种带有"结构性交易模型"的商法现象，有着复杂的行为规则体系，委托、借贷、理财、保证金质押、让与担保、证券分级、股权回购、股份代持、风险补偿、提供通道、构筑资金池、让渡表决权等皆是股债融合型金融工具运作过程中的常见行为。本书不可能也无意于对这些行为类型面面俱到展开论述，而是选取配资和嵌套这两种学理争议大、学术研究薄弱的行为加以重点探究。

配资有场内配资与场外配资之分，我国证券市场2015年的"股灾"使得场外配资备受关注，因为其被普遍认为是导致这场灾难的最重要肇因。从规范意义上讲，场内配资是指纳入金融监管的融资融券业务，即投资者按照法律规定，在买卖证券时只向有资格的券商交付一定的保证金，由券商提供购买证券的资金或出卖的证券来进行的交易，是一种以证券公司为特别参与方的证券交易活动，也是一种放大证券交易规模和风险的交易活动，必须设置担保，受到严格监管；[①] 场外配资则是指融资融券业务之外的未被纳入金融监管的配资，即客户缴纳一定额度的保证金，配资公司按比例为其垫资，该客户拿着所配资金买卖股票，而股

[①] 周友苏主编：《新证券法论》，法律出版社2007年版，第265—269页。

票账户由配资公司提供并掌控。① 从具体模式看,场外配资包括民间借贷配资、P2P借贷配资、私募配资、银行理财产品配资、伞形信托配资、员工持股计划配资、证券公司撮合配资等,其中的不少配资模式均与股债融合型金融工具密切相关。以分级基金为例,优先份额(A份额)与普通份额(B份额)的设置,实质上就是A份额为B份额提供配资支持。这是因为,在定期折算日,如果基金净值高于阀值,则A份额获得本金和约定的利息收入,剩余收益全部归B份额所有;如果基金净值低于阀值,则B份额一无所有,剩余收益全部归A份额,这时A份额可能也有损失本金的风险。可以看出,B份额类似一份看涨期权,可获得杠杆化的超额收益。② 再以结构化资管计划为例,不同类型的委托人/受益人之间事实上也是一种配资关系,即优先级委托人向劣后级委托人提供资金,由劣后级委托人进行管理处分,优先级委托人获得相应的风险补偿。这些加杠杆行为游离在监管之外,极易引发"集体非理性",诱致股票收益权互换、单账户结构化、伞形信托等不合规配资模式的滥觞,撬动大量资金违规进入证券市场,从而为系统性风险的爆发提供了土壤。正如有学者分析的那样,自2014年下半年开始,逐渐火爆的股市刺激了场外配资业务的快速发展,正逢其时的互联网P2P融资平台以及证券业(包括基金子公司、证券公司、期货公司等)的资产管理计划纷纷搭建起场外配资渠道,并借助HOMS系统等技术平台构建了强制平仓机制,对接体量巨大的银行理财资金作为最终资金来源,合力打造出"千军万马加杠杆"的股市新格局,最终也因股市泡沫的破灭以及连环解杠杆的惨烈过程而留下一地鸡毛,其中尤以杠杆率最高的P2P配资平台以及线下民间配资公司为最。③ "股灾"发生后,一场

---

① 参见中国证券法学研究会课题组:《配资业务及相关信息系统之法律规制》,《金融服务法评论》(第7卷),法律出版社2015年版,第203页。

② 黄瑜琴、成钧、李心丹:《免费的午餐:分级基金溢价的案例研究》,《财贸经济》2012年第7期。

③ 刘燕:《场外配资纠纷处理的司法进路与突破——兼评深圳中院的〈裁判指引〉》,《法学》2016年第4期。

第二章　金融创新：公司融资法制进化的动力机制

大规模的清理整顿场外配资的活动随即展开，分级基金被叫停、通道业务被限缩、《资管新规》的推出都是这场系统性清理运动的重要组成部分，股债融合型金融工具由此进入了一个从规制缓和到严格监管的转型期。

股债融合型投融资工具的一个典型特征是多层嵌套，一方面表现为主体嵌套，即交易结构中涉及券商、基金、信托、银行等多层法律主体，在提供多元化融资通道的同时带来了职责划分不清的问题；另一方面表现为合约嵌套，即交易结构中涉及各种协议、契约、承诺、合同、声明、募集说明等，导致权利义务关系混乱以及风险、收益、责任之间的不匹配问题。主体嵌套与合约嵌套交错裹挟在一起，共同造成了股债融合型金融工具多层次的网状交易结构。例如，股权收益权本来只是股权的一项权能，但将其从股权中抽离出来嵌套上信托计划之后，一个涵盖股权、债权、物权和信托收益权的多层次网状交易结构就产生了。随着金融创新的日新月异，嵌套结构中又被加入了衍生工具，结构化金融产品越发复杂，非常人所能理解。多层嵌套的目的具有多元性，既有通过金融创新吸引投资者的正当动机，也有规避法律、逃离监管和制度套利的不法企图。据统计，在券商资管、基金公司及子公司专户、私募基金产品中，超过60%的为银行理财资金的通道和嵌套业务，这些通道和嵌套产品有的是为了延长资金链条，规避监管部门对底层资产的核查，将资金投向资质较差、无法通过正规渠道申请到贷款的企业，或者是房地产、地方政府融资平台和"两高一剩"等限制性行业，而更多的则是为了规避200人上限及合格投资者要求以及投资范围约束。[①] 金融产品的过度包装或层层套嵌，容易引发资产价格泡沫和不公允关联交易，导致"金融空转"和"资本狩猎"现象滋生，因而有必要穿透核查底层资产和最终投资者，穿透核算股债融合型投融资工具的杠杆水平，穿透识别股权债权交易的资金来源和流向，从而确保投资风险、收益与责

---

① 苟文均：《穿透式监管与资产管理》，《中国金融》2017年第8期。

任相匹配，权利与义务相协调，未雨绸缪地防范化解金融市场系统性风险。我们注意到，"穿透式监管"这一概念自提出后就不乏争议，有学者质疑全面扩张穿透式监管的适用范围，会扭曲制度本意，可能形成更严重的系统性损害。① 本书认为，对于多层嵌套的结构性股债融合型金融产品而言，引入穿透式监管的理念与制度规则是十分必要的，但要把握尺度，考量监管成本与监管收益之间的关系，确保金融监管与金融创新的竞争性平衡。

（三）责任论视域下的股债融合型金融工具

丹宁勋爵曾言："个人的自由必须用个人的责任予以平衡。"② 发达的法律责任总是包含着制裁、补救、强制等内容，三者共同构成了阻却义务之不履行的防御体系。由于股债融合是一种创新型的商事交易现象，立法不可能与时俱进加以回应，必然会留下诸多法律调整的真空地带，从而有可能导致不法行为人逃避制裁、受损当事人权益无法得到补救、规避法律和有损公益的行为免予被强制的后果。站在理性经济人角度看，其将单一的股权或债权包装成股债融合的形式，造成一种"乱花渐欲迷人眼"的效果，难免夹杂着"浑水摸鱼"的私利，该私利可能表现为不当利益的获取，可能表现为增加社会交易成本和监管成本，也可能表现为自身责任的减缓甚至逃逸。商事交易主体之所以存在这种操作空间，是因为股权和债权是两种在责任性质方面截然不同的权利类型，将股债融合型投融资工具认定为股权还是债权对于当事人而言利益攸关。例如，在"新华信托诉港城置业案"中，如果"明股实债"被认定为股权投资，则投资人不能主张还本付息，得不到定期收益，但如果被认定为债权投资，投资人可以参与破产财产的分配。该案的背后，实质上反映出信托是一种法律规避的手段，即违反原银监会《关于加强信托公司房地产信托业务监督有关问题的通知》中关于"集合资金信托计划发放信托贷款"的强制性规定，将"明股实债"作为变通的方

---

① 邓峰：《审慎对待"穿透式监管"》，《财经年刊（2018 预测与战略）》，第 64—67 页。
② 周永坤：《法理学——全球视野》（第三版），法律出版社 2010 年版，第 238 页。

式，这也解释了为何新华信托不与湖州置业签署借款合同而是采取股权投资方式。① 同样，在层出不穷的结构性资管计划中，其法律关系是认定为"委托"还是"信托"对于当事人的责任配置有着重大影响，由于缺乏统一的裁判尺度，司法实践中的做法差别较大，法律规范的统一适用问题亟待解决。②

事实上，我国资产管理行业的基础法律关系割裂由来已久，委托路线、信托路线、混合路线常常争执不休。其中，委托路线常见于银行理财产品。商业银行理财产品的基础法律关系是委托代理关系受到官方认可，司法裁判当中也多偏好《民法典》等民商事法律的适用。比如以"银行理财""投资"为关键词，限定"民事案由""民事案件""判决书"等，对 2021 年全年案件进行检索，剔除无关案件可得到 42 份合格样本，所有案件的裁判理由均涉及《民法典》，仅有 14 份裁判理由中提及了相关监管规则，包括涉及适当性义务（11 件）、勤勉义务（4 件）、忠实义务（1 件）、信息披露义务（2 件），约占 33.3%。

信托路线主张将所有资管产品基础法律关系统合为信托关系。事实上，即便是对信托路线持有疑虑的学者也承认信托路线在资管产品构造效果上远优于委托路线，③ 主要体现为以下四点。(1) 信托关系中的受托管理人对所托资产享有自由裁量权。这正是调动受托管理人主动性、积极性与创造性的制度关键，而委托代理关系中，如委托人有所指示，那么代理人必须依据委托人的指示行事。(2) 信托关系中的受托管理人承担义务的标准更高。受托管理人对信托事务享有自由裁量权，居于优势地位；投资者利益受损后难以救济，处于劣势地位。因此信托受托

---

① 贾杰：《明股实债：形式与实质之争——兼论新华信托与湖州港城置业破产债权确认纠纷案》，《广西政法管理干部学院学报》2017 年第 3 期。

② 有学者建议完善《信托法》来统一规范理财业务的当事人，扩张《证券法》的适用范围来统一规范理财产品的公开发行与流通。参见季奎明《论金融理财产品法律规范的统一适用》，《环球法律评论》2016 年第 6 期。

③ 参见缪因知《资产管理内部法律关系之定性：回顾与前瞻》，《法学家》2018 年第 3 期；郭金良《资产管理业务中受托管理人义务的界定与法律构造》，《政法论丛》2019 年第 2 期。

管理人承担义务的标准更高。（3）信托作为基础法律关系更为稳定。信托不因投资者或者受托管理人的死亡、丧失民事行为能力、依法解散、被依法撤销或者被宣告破产而终止。而委托人存在上述情况的，委托代理关系就此终止。投资者不得随意撤销信托行为，而委托人显然能够随时撤销对代理人的委派。（4）信托财产高度独立。信托财产区别于投资者的其他财产，也区别于受托管理人、托管人的固有财产，甚至可以豁免强制执行。信托受托管理人在处理信托财产时，需要单独管理、单独记账。上述论断是基于对传统信托与委托比较。如果我们将参照物限缩到金融信托，委托路径与金融资管产品的水土不服更加突出。金融信托通常是由受托管理人预先设计金融产品，而后募集投资者，一般都是签订格式合同，明确将受托资金用于预定范围内的投资。[①] 资管产品受托管理人已经超越传统民事信托受托管理人的纯粹受托角色，强势主导资产管理全流程，只留给投资者接受抑或不接受两个选项。因此，很难说资管计划的受托管理人是在履行代理人的职责，更难谓贯彻委托人的意志。

第三节 金融业务创新与公司融资法制的进化

传统观念认为，金融法的核心任务是监管和规制，以强制性法律规范为主。但近年来的主流观点认为，金融消费者保护是金融法的核心目标，服务应当成为金融法的出发点和落脚点。正如有学者所言，金融危机的爆发使人们认识到金融立法的核心内容和性质在于"服务"，金融服务比规制更清晰地反映出金融法律关系的完整链条，更符合现代金融法的发展趋势。[②] 金融法从监管法（或规制法）到服务法的转型有赖于金融业务的推陈出新，而金融业务的不断创新又推动了公司融资法制的

---

① 刘少军：《金融法》，中国政法大学出版社2019年版，第227页。
② 杨东：《金融服务统合法论》，法律出版社2012年版，第29—31页。

第二章　金融创新：公司融资法制进化的动力机制

进化，这可以从结构化融资业务与金融资产管理业务的例证中得到清晰揭示。

一　结构化融资业务

结构融资也可以称为资产融资，是有别于股权融资和债权融资的一种相对新颖的融资方式，主要指向资产证券化、保理和包买票据等。保理即保付代理，是指保理商从供应商处买进对债务人的应收账款，并负责信用销售控制、销售分户账管理和债款回收的综合性服务。我国《民法典》合同编中的第十六章专门规定了"保理合同"，将其界定为"应收账款债权人将现有的或者将有的应收账款转让给保理人，保理人提供资金融通、应收账款管理或者催收、应收账款债务人付款担保等服务的合同"。包买票据也称福费廷，是指包买商从出口商那里无追索权地购买已经承兑的，并通常由进口商所在地银行担保的远期汇票或本票的业务。在这些结构化融资业务中，资产证券化无疑是最为重要也是最值得讨论的内容。

一般认为，资产证券化是将资产从发行人转让至破产隔离主体并由此创设资产支持证券的过程，其最富有创意的地方是关于"真实出售"和"破产隔离"的设计。在一个典型的资产证券化融资过程中，一家寻求募集资金的公司会将其特定资产转移至一个特殊目的机构或信托架构（即SPV）之中，该SPV按照破产可能性极低的方式来选择组织形式，资产转移的目的是将资产与发起人自身风险分离。发起人往往对资产转移进行精心设计，从而构成"真实出售"，以便在破产法之下将资产从证券化发起人的破产资产中移除。[1] 对于公司而言，通过资产证券化进行融资，所获得的益处是显而易见的，即将不具有流动性的资产（如应收账款）转化为证券，既可以通过"真实出售"获取低成本资

---

[1] ［美］斯蒂文·L.舒瓦茨：《结构金融：资产证券化基本原则》，倪受彬、李晓珊译，中国法制出版社2018年版，第3—4页。

金，又可以通过"破产隔离"实现风险锁定。正因如此，资产证券化被赋予了"炼金术"的美誉，甚至被美国证券与交易委员会视为最为重要的资本形成的手段，"如果你有一个稳定的现金流，就将它证券化"的华尔街名言足以反映出资产证券化在美国资本市场流行的程度。证券化给金融市场带来的最主要好处是它将金融机构投资组合中的那些流动性严重不足的资产创造成流动性强的可交易的证券，进而可以降低代理成本，让金融市场运转更加有效，同时提高基础金融负债的流动性，降低金融系统的流动性风险。① 作为国际资本市场上发展最快、最具活力的创新金融活动之一，资产证券化对于公司融资法制的进化影响深远。结构融资超越了股权融资与债权融资的二元结构传统，从根本上改变了公司的资本结构，前所未有地拓展了公司融资的疆域，可以说带来了一场公司融资革命。诚如有学者所言，资产证券化作为一项金融创新，其实质是融资方式从传统的借款人信用向资产信用的转移，即将借款人名下能够带来未来稳定现金流的资产独立出来，构造为融资主体，发行债券或权益凭证进行融资，由此创设出的特殊目的载体极大地拓展了借款人群体的构成，改变了传统融资方式下的基本结构。② 具体而言，资产证券化对于公司融资所带来的益处在于：融资管道增加；分散融资集中度、深化资产负债管理；资金筹措不受企业现行财务状况影响；可弹性调整财务结构，提升资金周转率，改善财务结构；降低资产筹措成本，提高资本充足率；锁定银行授信风险的上限，促进风险管控，促进银行资产组合的最适配置；成为"金融中介者"，降低风险承担程度；促使非公开发行企业更有机会进入直接金融市场筹资，取得直接金融与间接金融比重的均衡。③ 正因为其对公司融资的革命性影响，资产证券化的"炼金术"美名可谓名副其实，甚至被学者誉为"以往

---

① ［美］弗兰克·J.法博齐、弗朗哥·莫迪利亚尼：《资本市场：结构与工具》（第四版），中国人民大学出版社2015年版，第605—606页。
② 楼建波：《金融商法的逻辑——现代金融交易对商法的冲击与改造》，中国法制出版社2017年版，第157页。
③ 李宇：《商业信托法》，法律出版社2021年版，第61页。

第二章　金融创新：公司融资法制进化的动力机制

20 年间最重大的金融创新之一"。①

与美国相比，资产证券化在我国的发展一波三折，2005 年启航，2008 年中断，2012 年重启，近年来进入发展快车道的同时，产品违约与中介机构违规操作等问题也不时见诸报端。② 在我国目前的金融监管体制下，特殊目的载体只能采取信托的形式，而信托天然的灵活性必然会促使资产证券化的创新性越发突出。但受监管体制的影响，我国的资产证券化从一开始便是按照分立的模式进行试点，形成了三套立法模式，分别是证监会主导的企业资产证券化模式、中国人民银行和原银保监会主导的信贷资产证券化模式、银行间交易商协会主导的资产支持票据模式。这种立法模式尽管有制度竞争的优势，但不可避免地造成了立法资源和监管资源的浪费，贻误了资产证券化市场的深度拓展。未来的发展方向是从分散立法走向统一立法，尽快填补法律真空，当务之急需要关注的问题包括：信贷资产证券化"越界"至交易所市场发行及流通；证券公司与基金管理公司子公司资产证券化模式下实现破产隔离的要件、形式及法律后果在《破产法》上的认定；基础资产实现"真实出售"在会计与法律上的标准设定；资产证券化交易涉及的税务处理；批量转让债权及附属担保物权的公告生效制度；信用评级机构的风险评级方法、利益冲突规则、应尽的审慎义务和责任等。③ 在立法补足后，可以预见的是，资产证券化在我国具有广阔的发展前景，在"降成本""去杠杆"的供给侧结构性改革中大有可为，也有望在从资本信用走向资产信用的公司资本制度改革进程中得到更广泛的运用，从而不断优化公司的融资结构。

---

① Josepj C. Shenker & Anthony J. Colletta, "Asset Securitization: Evolution, Current Issures and New Frontiers", *Texas Law Review*, Vol. 69, 1991, p.1369.

② 例如，2016 年 5 月，"大成西黄河大桥通行费收入收益权专项资产管理计划"无法如期兑付收益，成为资产证券化首例违约事件；2017 年 7 月，恒泰证券在管理"宝信租赁二期资产支持专项计划"过程中，因存在违规行为而受到纪律处分。参见洪艳蓉《双层 SPV 资产证券化的法律逻辑与风险规制》，《法学评论》2019 年第 2 期。

③ 郭强主编：《中国资产管理：法律和监管的路径》，中国政法大学出版社 2015 年版，第 261 页。

二 金融资产管理业务

（一）《资管新规》出台前的资管业务发展概况

早期资产管理业务脱胎于普通民事行为，受托管理人往往是受信赖的个人，由民事无偿受托活动逐渐发展到商事有偿受托服务。现代资产管理业务是金融发展的产物，由"代人理财"转向"代客理财"，受托管理人仅限专业金融机构。我国现代资产管理业务演变历程可以大致分为三个阶段：以营业性信托为代表的萌芽阶段、大资管时代的爆发阶段以及向"代客理财"回归的成熟阶段。

在以营业性信托为代表的萌芽阶段，2001年出台的《信托法》首次从法律上确定了资产管理的基础法律关系，首开资管业务之先河。《信托法》在条文表述、制度设计上存在委托代理关系与信托关系的高度杂糅，而且基于分业经营、分业监管的限制，信托牌照稀缺，营业性信托的受托管理人范围被限缩到信托公司与证券投资基金公司，分别由中国人民银行和证监会监管。实际上，营业性信托业务与随后兴起的银行理财业务并无实质差别。2005年，原银监会发布《商业银行个人理财业务管理暂行规定》首次准许银行拓展资产管理业务。后续伴随我国金融市场的繁荣发展，资产管理业务机构与产品种类陆续增多，比如企业年金的基金管理服务，开展业务的机构就扩展到了信托机构、商业银行、保险公司、企业年金理事会等四类。

以2012年为分界线，我国对《证券投资基金法》等一系列法律法规的修改标志着原"一行三会"监管机构对资管业务的松绑，揭开了混业经营大资管时代的序幕。这一阶段，开展资管业务的金融机构和资管产品都呈现井喷式增长，资管业务所涉资金规模庞大。（见表2-1）根据光大银行于2023年5月发布的《中国资产管理市场报告（2022—2023）》，我国资管市场资金规模2022年达到133.8万亿元，预计2030年市场总规模将达到275万亿元。

第二章 金融创新：公司融资法制进化的动力机制

表 2-1　　大资管时代资产管理机构类型和业务梳理

金融机构	资产管理业务
商业银行	私人银行业务、银行理财产品
证券资产管理公司	专项资产管理计划
基金管理公司及其子公司	公募基金、各类非公募资产管理计划
信托公司	单一资金信托、集合资金信托
保险资产管理公司	万能险、投连险、养老保险、管理企业年金等
私募机构	私募证券投资基金、私募股权投资基金、创业投资基金
期货资产管理公司	期货资产管理业务

这一阶段，各金融机构的资管业务已形成一种以收费为基础的独立的买方业务，区别于承销、经纪等传统买方业务。资管业务的"遍地开花"也并非全然好事，许多业务空有资管产品之名，实质是附加有刚性兑付条件或者通道业务，与"代客理财"似有渐行渐远之意，甚至成为"影子银行"，集中展现了利益驱动下资管领域金融创新与金融监管的对垒。这一时期，金融业增加值规模占 GDP 的比重从 2008 年的 5.7%上升至 2016 年的 8.4%。金融业同比增速在 2014—2015 年最高达到 16%，明显快于 GDP 同比增长。①"影子银行"快速扩张的表象之下是利益驱动下资管产品无序创新，资金热衷于在金融系统内空转而非投向实体经济。而金融链条过度延长、短期流动性风险增加势必进一步积累金融系统内的整体风险。

以 2013 年为分界线，商业银行的"影子银行"业务呈现由"资管产品（商业银行）→通道业务（非银金融机构）→非标资产"模式向"同业链条（商业银行）→委外投资（非银金融机构）→债券市场"模式转向。在 2008 年到 2013 年，商业银行偏好"资管产品（商业银行）

---

① 王喆、张明、刘士达：《从"通道"到"同业"——中国影子银行体系的演进历程、潜在风险与发展方向》，《国际经济评论》2017 年第 4 期。

→通道业务（非银金融机构）→非标资产"模式，即商业银行将发行资管产品所收集的资金通过银信合作、银证合作、银基合作、银保合作等单独或者嵌套的通道业务投向信贷、票据、受益权类等非标资产。其中，通道类业务中非银金融机构表面上是受托管理人，实则不承担资产管理职责，初期比较常见的是信托、证券公司提供资管产品。但后来由于监管口径收紧，银基合作、银保合作成为通道类业务主流。"资管产品（商业银行）→通道业务（非银金融机构）→非标资产"模式的终点是2013年原银监会发布的《关于规范商业银行理财业务投资运作有关问题的通知》，该通知要求商业银行对理财资金投资非标资产进行总量控制，禁止资金池业务。

2013年之后，商业银行转向"同业链条（商业银行）→委外投资（非银金融机构）→债券市场"模式。在同业链条之中，同业理财是核心业务，资金来源主要是商业银行的自营资金或者理财资金。实践中往往是城商行、农商行、股份制银行等中小银行通过同业理财附加隐性担保吸收大型商业银行的资金，表现为这一阶段中小银行理财产品资金规模的迅速扩张。上述模式中的委外投资，一般是商业银行作为委托人将理财和自营资金委托外部资产管理机构进行主动投资管理。在"同业链条（商业银行）→委外投资（非银金融机构）→债券市场"中往往存在两层及以上的杠杆，无疑推高了资金风险。

（二）《资管新规》对资管业务的引导规范

党的十九大将防范化解重大金融风险作为最重要的任务之一，而《资管新规》正是在这一背景下出台的。《资管新规》由"资产管理"概念厘定入手，对受托管理人范围、资管产品种类以及资管业务本质以及受托管理人承担"诚实守信、勤勉尽责"义务都作了明晰，迈出了从行业监管转向产品监管的步伐，立下打破刚性兑付、限制通道业务的红线，旨在遏制资管产品的过度创新，引导其回归"代客理财"的本质。

《资管新规》对于"资产管理"的概念界定解决了学术界争议不休

的许多问题。一是资管业务中受托管理人的范围。《资管新规》第二条明确了资管业务的合格受托管理人包括银行、信托、证券、基金、期货等金融机构。《资管新规》强调受托管理人必须具备专业知识和技能，明确资管业务是一项"收取相应的管理费用"的金融业务。这也符合英美法的观点，即现代资管业务脱胎于投资银行为其合伙人或者相关人员提供的特定资产管理活动，后续泛化为向金融消费者提供的金融服务。概言之，资产管理必须是受托管理人的日常业务，这正是现代资产管理业务与传统民事资产管理行为的区别所在，也是构筑统一严密的受托管理人信义义务体系的基础。

二是资产管理产品种类。《资管新规》第三条列举"资产管理产品"包括但不限于以下三类：（1）银行非保本理财产品；（2）资金信托；（3）证券、基金、期货、保险以及金融资产投资公司等金融机构发行的资产管理产品。《资管新规》仅将资产证券化业务和养老金产品排除在资管产品之外。单纯从语义表述上，《资管新规》所说的"资产管理产品"并不等于"集合投资计划"，因为"资金信托"仅将财产信托排除在外，并未排除单一资金信托。因此，上文在"同业链条（商业银行）→委外投资（非银金融机构）→债券市场"模式中所提到的同业理财、委外投资等都应属于《资管新规》规定的"资产管理产品"。

三是资产管理业务本质。资管业务的本质就是代客理财，体现为目的、行为、结果等一系列要素的集合。《资管新规》第二条规定金融机构"为委托人利益"则是目的要素。《资管新规》强调金融机构接受投资者的委托，对投资者财产进行投资和管理，是行为要素。"主动管理+自由裁量权"是受托管理人信义义务的构筑基础。联系到《资管新规》第二十二条禁止通道业务和受托管理人亲自管理的相关规定，通道业务中资金方可以自行决定资管计划设立、投资标的选择以及资产管理处分，而通道方并不具备自由裁量权，仅进行风险提示、账户管理等事务性事项，属于被动管理。不满足"主动管理+自由裁量权"要素，不宜认为通道方负担信义义务。《资管新规》要求投资者自担投资风险和收益，金融机构开展资管业务不得承诺保本收益，是结果要素。联系到《资管新规》第十九条禁止刚性兑付，可知受托管理人对管理资产承担过程责任，而非结果责任，即受托管理人在资产管理过程中只要符合资管业务开展规范、履行相应的信义义务与合同义务，对于资产管理后果不承担保底收益的责任。为此，《资管新规》第十五条还限制了资金池业务，并重申信托财产的独立性，进一步规范受托资产的管理过程。

四是受托管理人承担信义义务。《资管新规》第二条明确受托管理人需要承担"诚实信用、勤勉尽责"义务。一般认为，这是对受托管理人承担信义义务的总括规定，而不宜认定受托管理人信义义务仅限于忠实义务与勤勉义务。《资管新规》第六条、第七条、第八条、第十二条、第二十四条进一步细化了适当性义务、忠实义务、勤勉义务以及信息披露义务。可以说，资管业务受托管理人信义义务规制雏形已现。第二十三条还回应了应用智能算法情况下受托管理人需要对投顾算法运行全过程承担提示算法风险、密切账户监控、强化留痕管理、必要时人工干预等额外信义义务。

(三) 资管业务发展繁荣带给公司融资的影响

经过十余年的发展，资管规模已经蔚为大观，一场资管盛宴席卷华夏大地，"大资管时代"可谓名副其实。资管行业的异军突起，加剧了金融机构之间的多元竞争，消解了分业经营和分业监管的制度藩篱，也助推着金融体系发生结构性裂变。应当说，《资管新规》对资管行业的塑造是革命性的，其关于规范资金池、打破刚性兑付、消除多层嵌套和统一监管标准的规定可谓切中要害，对于引导资管行业回归本源、推动"影子银行"治理、降低社会融资成本将产生深远的影响。当然，这并不意味着经过系统性改造的资管行业已经完全走上了健康发展之路，资管新规中诸多关于风险隔离、嵌套与分级等方面的禁止性规定在实践中可能出现反弹，突破市场准入、增加投资范围、突破资本约束的冲动可能暗潮涌动。即便是在学理上，"资产管理"仍然是一个备受争议的概念，且始终面临着大资管的上位法之究问以及资管内部关系是委托关系还是信托关系的争辩。① 一般认为，资产管理是专业资产管理机构就客户委托的资产进行专业投资管理或提供相应服务，以实现资产增值或其他特定目标，并以此收取相应报酬的行为。② 这里的"专业资产管理机构"包括证券公司、商业银行、保险公司、信托公司、期货公司以及私募基金管理人等；这里的"资产"既包括现金、证券、衍生品等传统金融资产，也包括由基础资产衍生而来的相关债权、收益权、受益权等所谓的"非标"资产；这里的"投资"强调类型的多样化，如股票、债券、房地产、私募股权、对冲基金甚至贵金属、艺术品等；这里的"服务"强调专业化，金融服务的提供者必须具备相应牌照和资质，并注重对投资者的适当性管理。尽管《资管新规》没有明确资产管理的法律关系，但学界的主流声音是回归信托。③ 诚如有学者所言，"受人之托、代人理财"呼吁的是大资管行业诚信制度的建设，着眼于信义义务的生长。④

金融资产管理业务的繁荣对于公司融资的影响是显而易见的，最大的影响莫过于在传统的股权融资、债权融资之外开辟出了资管计划融资这一全新的融资方式。资管计划也可以称为资管产品，是对募集而来的投资者的资金进行管理，从而达到投资升值目的的金融产品。实践中的资管计划几乎遍布整个金融业，尤以信托资管计划为盛。这是因为，信托以其优越的风险隔离功能、广泛的适用范围、灵活的交易结构以及法律上的独立性和安全性，成为覆盖面最广、运用最灵活的投融资方式。资产管理业务无论是采取信托型、有限合伙型还是公司型，本质上都是

---

① 参见刘燕《大资管"上位法"之究问》，《清华金融评论》2018年第4期；缪因知《资产管理内部法律关系之定性：回顾与前瞻》，《法学家》2018年第3期。

② 郭强主编：《中国资产管理：法律和监管的路径》，中国政法大学出版社2015年版，第5页。

③ 一种反思性的声音认为，对信托制度的错误理解和错误运用，是我国大资管领域与信托业困境的制度根源。解决之道在于建立一个开放的信托制度，将信托法从金融牌照的束缚中释放出来。参见沈朝晖《企业资产证券化法律结构的脆弱性》，《清华法学》2017年第6期。

④ 刘光祥·《大资管与信托实战之法》，中国法制出版社2018年版，第300页。

管理人基于信义关系为投资者管理财产的业务，在功能上都具有信托的属性，资管产品命名上的混同，其实是说明了资管业务对于信托的态度是"去其名而用其实"。① 资管计划基本上都是结构性的商事交易安排，往往将借贷合同、委托合同、担保合同杂糅在一起，充斥着融资借贷关系、委托关系、保证金质押关系、让与担保关系，因而常会引发效力认定的难题和法律规制的困境。对于融资方而言，应当特别注意资管计划融资所带来的风险控制问题。

---

① 王道远等：《信托的逻辑》，中信出版社2019年版，第100页。

第三章

金融创新诱致的公司融资法制难题

金融创新从来就是一把"双刃剑":一方面,它是贯穿于现代金融史的主线,其最终目的是通过市场、机构、产品和工具的设计,实现资源的最有效利用,以及更安全地面对不确定的世界;另一方面,在金融创新为经济社会带来高效和便利的同时,又由于创新工具背后的理念与动态市场的矛盾,以及现实世界各种复杂因素的互动与影响,也会带来意想不到的灾难。[①] 对于公司融资法制而言,金融创新的双重效应同样存在,即其在推动公司融资法制进化的同时,也会诱发公司融资法制的诸多难题。

第一节 金融创新的法律困局及其对公司融资的影响

金融业的发展史其实就是一部关于创新的历史,金融创新贯穿于金融史的始终。从法律角度探究金融创新对公司融资的影响,离不开"法律与金融"这一话语体系和叙事范式。如果将法律与金融视为两个变量,则二者之间存在明显的互动逻辑。从历史维度看,金融发展构建了现代民主、法治的基石,内生化了市场对法律制度、民主宪政制度供给

[①] 辛乔利:《现代金融创新史——从大萧条到美丽新世界》,社会科学文献出版社2019年版,第759页。

的需求。反过来，法律通过内在的公司治理、外在的司法被动保护和国家的主动干预，深刻影响着金融的变迁。① 在我国，金融与法律之间的关系更为错综复杂，政府主导下的金融创新远远超过市场诱致性的金融创新，公司融资所面临的制度约束更为强烈。

一　有法律无秩序：金融创新的法律环境之检视

由于金融业态多元，不同金融业别的金融创新难以同日而语，因而当我们审视金融创新的法律环境时，厘清金融创新的具体指向和范围极为必要。笔者曾以资本市场的规则体系为例，分析了我国金融创新法律环境存在的弊病，包括以危机防范为导向的规则体系压缩了金融创新的制度空间、以外生性机制为导向的金融创新模式难以为继、金融创新的司法审查过于严苛、金融创新成果的知识产权法保护滞后、金融创新产品的法律责任缺位等。② 时至今日，这些论断依然是成立的，这些结构性问题之所以迟迟得不到解决，根源在于金融创新的进化已经形成了根深蒂固的路径依赖，特别是危机防范导向型的立法模式和外生性机制导向型的金融创新模式有着强大的制度惯性。就前者而言，由于防范化解金融风险被认为是一种"政治正确"，危机防范导向型的金融立法模式似乎带有天然的正当性，以至于金融领域"预防性立法"色彩浓郁，而"促进型立法"的味道淡化。诚如有学者分析的那样，我国金融业监管充斥着风险厌恶倾向，监管当局经常混淆管制与监管的界限，习惯于事前管制，忽视事中与事后监管。③ 金融与风险天生为伍，风险预防的必要性毋庸置疑，但风险预防一旦脱离了比例原则和最后手段原则，则会压缩金融创新的制度空间，甚至使得本来正常存在的金融风险也被

---

① 参见谈李荣《现代法治与民主宪政的金融解释》，《法学家》2010年第6期；缪因知《法律如何影响金融：自法系渊源的视角》，《华东政法大学学报》2015年第1期。

② 李安安：《祛魅与重构：金融创新的法律困局及其突围——以资本市场为中心的观察》，《证券法苑》（第九卷），法律出版社2013年版，第605—609页。

③ 沈伟：《风险回应型的金融法和金融法制——一个面向金融市场的维度》，《东方法学》2016年第2期。

认为无法容忍。特别是在当前强调"牢牢守住不发生系统性金融风险底线"的背景下,针对金融风险的监测、预警、处置的制度设置显得越发重要,《金融稳定法(草案征求意见稿)》的推出更是将风险预防推向了极致。需要指出的是,一旦风险不存在了,金融也就失去了根基,因而对风险预防切忌走向机械式理解和盲目式遵从,而应注意政府干预金融市场的边界,为金融创新预留足够的空间。从深层次上讲,金融法制除了承载着风险预防的功能,还内蕴着发展促进与发展保障的功能,通过包容性、赋权性规范设计助推金融创新可谓金融法的重要使命。诚如张守文教授所言,无论经济法学抑或发展法学领域,都要特别关注如何通过法律的制度安排,特别是权益分配、负担调整等,在法治的框架下促进经济、社会等各个领域的发展。[1] 就后者而言,政府主导型的金融创新一般能够行稳致远,典型例证为自贸区、自贸港中的金融创新式改革,市场主导型的金融创新则容易走向异化,典型例证为以P2P为代表的互联网金融创新。通过对比观察,人们对政府主导型的金融创新这种外生性的制度模式便会更加信任,而对于市场主导型的金融创新这种内生性的制度模式则会存疑。与此同时,监管实务中对市场型的金融创新,无论是采取选择性监管路径、规则扩张式监管路径,还是试验式监管路径,均难以有效解决规范与现实之间的矛盾。[2] 在管制型立法和运动式执法等多重因素的影响下,市场导向型的金融创新似乎难以摆脱"一管就死,一放就乱"的困境,陷入了"有法律,无秩序"的悖论之中。

"法律制定者如果对那些会促成非正式合作的社会条件缺乏眼力,他们就可能造就一个法律更多但秩序更少的世界。"这是埃里克森在其经典论著《无需法律的秩序》中最为重要的一句话,其描绘了非正式规范在法律秩序塑造中独特性功能的理想图景。对于熟人社会间的金融交易而言,上述论断或许有其合理性,因为通过非正式规则的软法治理

---

[1] 张守文:《发展法学——经济法维度的解析》,中国人民大学出版社2021年版,第43页。
[2] 邢会强:《市场型金融创新法律监管路径的反思与超越》,《现代法学》2022年第2期。

更有助于维系熟人社会的信用基础，以更小的成本换取更大的社会效益。一个吊诡的现象是，在社会转型期，熟人社会的信用体系同样面临着被解构的风险，建立在民间信用基础之上的民间金融乱象丛生，以至于国家不得不出台严刑峻法予以规制，但并没有换来一个良好的民间金融生态，法治秩序的生成举步维艰。民间金融如此，互联网金融同样如此，市场自发形成的金融创新总是会遭遇类似的困惑。我们应当认识到，"纸面上的法律"与"现实中的法律"不可等量齐观，法律的供给与秩序的形成没有必然关联，影响金融创新的因素除了法律制度外，还有产权、文化、政治等方面的因素。仅就法律制度而言，立法、执法与司法对金融创新的影响各有侧重，比如滞后性的金融立法导致金融创新的调整出现法律真空，选择性执法会诱发金融监管寻租及金融不公行为，恪守成文法思维的金融司法在审查金融创新时则存在"削足适履"的倾向。总体而言，我国金融创新的法律环境不容乐观，由此对公司融资也产生了深刻影响。下面以永续债的交易课税为例，来说明金融创新的法律困局给公司融资秩序带来的挑战。

二 金融创新的法律困局对公司融资的制约：以永续债为例

永续债是我国金融市场中近年来异军突起的一种带有股债融合特性的创新型金融产品。永续债在投融资市场中发挥着补充资本缺口、修饰财务报表、稳定企业评级、锁定融资成本、调整风险配置等作用，加之利率市场化改革导致商业银行利差压缩、表外资产回归表内形成补充资本金的充分需求以及国家降杠杆等政策引导下金融市场破刚兑、对收益风险再定价而产生结构性"资产荒"的大环境，其在我国得到迅速发展。永续债的股债混合特征一方面满足了企业投融资需求，另一方面也给我国税法规制以及税收征管提出诸多挑战。

（一）永续债的兴起及其课税困境

1. 永续债的界定及其发展

众所周知，传统的债券均有还本付息的期限限制，债券利益的支付时间和金额在发行时就已经确定。但永续债的出现打破了这一根深蒂固的认知，其付息时间不确定，发行人可以自由决定是否延期。从规范意义上看，永续债就是指没有固定期限的债券。2013 年，我国国内第一只永续债发行，永续债市场得到初步发展并在 2015 年快速扩容。永续债的发行期限，以 "3+N" 与 "5+N" 为主，故从 2017 年 8 月开始，永续债开始陆续进入首次赎回和延期的行权期。2018 年 12 月，央行发出《关于银行业金融机构发行资本补充债券有关事宜的公告》（中国人民银行公告〔2018〕3 号），鼓励符合条件的银行用 "无固定期限资本债券" 补充资本金。2019 年以来，银行永续债得到政策的大力支持，央行票据互换（Central Bank Bills Swap）将主体评级不低于 AA 级的银行永续债纳入中国人民银行中期借贷便利（MLF）、定向中期借贷便利（TMLF）、常备借贷便利（SLF）和再贷款的合格担保品范围，提升了永续债的流动性。银行永续债的发行进一步扩大了可投机构范围，银行理财、银行表内资金以及境外的部分机构可以投资永续债产品，永续债资金融通方面的作用愈加明显。2021 年首只转股型银行永续债（21 通商银行永续债 01 号）成功发行，银行永续债品种得到创新。不同于减记型永续债，在无法生存触发事件发生时，发行人可将转股型永续债的本金部分全部转为普通股，从而参与剩余资产的分配，一定程度上降低了投资者对无法生存触发事件的抵御能力，增强了永续债产品的吸引力。目前，我国永续债存量规模不断扩大，品种不断创新，发行主体不断扩容，基于永续债的低风险优势加上商业银行补充资本的长期性需求，永续债成为在流动性合理充裕的背景下市场青睐的低风险品种，未来永续债发行规模可期。

2. 永续债交易课税的制度困境

永续债的条款设计使得产品交易的收益归属与费用风险的承担模糊化，导致税收负担难以准确分配，未能真正体现投融资双方试图通过发行永续债实现的价值和功能。由于对纳税义务的内容、标的、主体结构、目的及范围的规定不清，金融主体难以预测实际税负，税负缺乏计算可能性，实际金融交易成本出现偏差，甚至导致市场非理性投资扩张，扭曲价格机制的资源配置机能。同时，难以对永续债是否存在利用特殊的交易结构设计而实现脱法避税行为加以定性，没有建立区分合理商业目的与恶意避税之间明晰的标准。

目前，我国关于永续债的立法供给呈现分散化、碎片化的特点，立法途径基本为一个领域出现新的永续债产品，相关部门公开征求意见稿，然后由多方监管部门联合发布相关事项的通知，同时参考现存的规范文件，作为新领域发行永续债的法律规范。这种立法调整模式容易滋生法律法规的嵌套适用现象，适用规范的边界充满弹性，难以形成清晰的适用标准。同时，股债性质模糊使得永续债未来现金流量的变动情况难以得到准确判定，进一步促使纳税额、纳税主体、纳税时点等征税要素也变得难以确认。由于多层次结构设计，永续债税款的核定包含了更加复杂的技术性难题，税收征管人员不仅要了解税法稽征规则，也需要掌握诸如现金流贴现、风险套利、投资的风险报酬及利息率等专业知识。目前，银行永续债的发行需要经过金融监管总局审批、中国人民银行复批最终的额度，可续期企业债、永续中票、可续期公司债分别由发改委、中国人民银行和银行间市场交易商协会以及证监会与证券交易所进行监管，这种分业监管的模式难以抵御监管竞争的压力，容易滋生监管漏洞。永续债的种类不断增多，金融行业交叉趋势不断加深，在不同规则的规制之下，交易信息的不对称性，监管部门对永续债交易原理认知的局限性都将进一步显现，诱致监管衔接不当、监管"真空"等问题。

（二）问题的症结：永续债的会计定性标准与法律区分标准之纠结

1. 永续债的会计定性标准

根据我国企业会计准则，对金融工具的定性应该遵循"实质重于形式"原则，按照投资所反映的经济实质而非法律形式来进行股债区分。企业进行财务处理，在初始确认阶段就应当明确区分金融工具的债权属性和权益属性，若在会计期间企业所持金融工具属性发生变化，应当按照会计变更的相关规定重新计量。如果将永续债按照权益工具计量，在发行人资产负债表中将其计入"其他权益工具"科目,并且永续债的利息计提与支付在所有者权益中变动而不是在利润表中体现,如此便可以减少永续债变动对企业利润表现的影响,同时实现降低资产负债率的目的,所以发行方多倾向于将永续债归类为权益工具。根据财政部《永续债相关会计处理的规定》(财会〔2019〕2号),发行方的会计分类需要充分考虑到期日、清偿顺序、利率跳升和间接义务等方面,判定的核心要点在于确认发行方是否承担了交付现金或其他金融资产的合同义务。同时需要结合合同条款,关注股利制动机制或股利推动机制、优先清算权、投资者保护条款或有结算条款等具体规定,从而探究发行方是否可以自主决定支付利息、是否能够自主地控制触发投资者保护条款以及或有结算条款的权利。实践中,绝大多数发行人将永续债认定为权益工具,商业银行发行永续债的主要目的是补充一级资本,通常会要求设置清偿顺序劣后于普通债务、必须含有减记条款或转股条款、利率跳升机制以及其他赎回激励等约束性条件,故银行永续债通常可以认定为权益工具。非金融机构基于降低资产负债率、修饰财务报表、锁定融资成本等目的,也倾向于将永续债计入权益工具。而在投资端,银行自营与理财部门、公募基金、除保险资管外的其他资管公司等主流的投资机构都倾向将永续债计入债权工具。

2. 永续债的法律区分标准

其一,以风险作为区分标准。股权投资与债权投资的不同选择本质上是利益与风险权衡的结果。股权投资需要承担被投资方的经营风险,所以其收益的不确定性强,收益的波动幅度较大。而债权人不愿意承担企业的经营风险,便通过对高额回报机会的让渡来获取稳定小额的回报,即股权投资与债权投资收益的差距就是风险资本的回报。[①] 故而判定投资方是否承担被投资方的经营风险成为区分永续债股债性质的应有之义。实践中,对投资方是否承担经营风险的判定问题,法院一般是根

---

① David P. Hariton, "Distinguishing between Equity and Debt in the New Financial Environment", *Taxas Law Review*, Vol. 49, 1994, pp. 499-502.

据投资协议的条款认定。① 本书认为，以风险作为区分标准时除了应关注投资协议本身的风险划分，更应关注风险与收益的平衡情况。例如，若被投资方将隐性的合作机会等作为收益的支付形式，通过使投资方获取另一个项目的投资资格来获取高额回报，投资方实质上承担了被投资方的经营风险。企业以股东利益最大化作为财务管理目标，项目之间难以完全实现独立盈亏自负，大规模资产组合之间存在明显的风险转移和抵销作用，如果一项交易存在高风险，那么该项目的经营损失会使得其他项目的经营风险急剧增加。

其二，以权利作为区分标准。首先，关于本金回收权和固定收益权。投资行为在投资收益的数额、收益取得方式与时点、收益实现的保障方式等方面是税法所需评价的权利基础，应当成为判定债权与权益性投资的税法属性的核心认定因素。② 如果一个混合金融工具享有本金回收权和较为确定的利息回报，即存在"保本"性质，则应该判定为债权投资，这里需要注意的是，确定的利息回报不只表现为通常债权投资的固定利息，也应该包括通过溢价方式进行回购时，溢价的金额或者其他实质上构成确定利息回报的金额。一旦投资方的本金回收和利息获取与企业的经营成果挂钩，就应该更加偏向将其认定为股权投资。在判断一项混合金融交易是否具有保本性质时，在初始交易环节与后续持有期间，当事人双方可以自由设置一些规避交易本质属性的条件来实现自己的商业目的，故永续债的一般性条款难以识别其真实的权利义务承担情况，但交易双方往往会选择与其真实交易属性接近的退出形式。其次，关于优先清偿权和剩余财产权。公司破产清算时，在清偿公司债务、支付清算费用和职工工资、缴纳所欠税款等之后股东才享有剩余财产的分配权。若一项投资的清偿顺序是劣后于一般的无担保债权且可以通过剩余财产分配获取补偿，则应当认定为股

---

① 参见北京市高级人民法院（2017）京民初 54 号民事判决书。
② 汤洁茵：《金融交易课税的理论探究与制度构建——以金融市场的稳健发展为核心》，法律出版社 2014 年版，第 184 页。

权投资，反之则为债权投资。我国大部分类型的永续债在偿还顺序上没有次级属性，即永续债在企业破产清算时更多是适用于债的清偿顺序，呈现出明显的债权属性。在某些触发事件发生时，永续债会出现类似于提前清偿的条款限制，例如在发行文件中约定减记条款。在减记条款的约束下，当事先约定的触发事件发生时，发行人核心一级资本充足率下降到某个事先约定的事件，发行人可以在未得到投资人同意的前提下，在执行特定程序后，即可做出减记公告，并将已发行且存续的永续债按照票面总金额进行部分或全部减记，发行方对债券的已减记部分不再有偿付义务。在此情形下，包含减记条款的永续债通常被判定为权益工具而不是债务工具。

3. 会计定性标准与法律区分标准之间的关系

会计的技术性特征背后体现的是法律关于义务与责任、委托与受托的基本理念。[1] 会计准则关于金融负债与权益工具的总体区分规则为永续债股债区分奠定了基础，利率跳升机制、股利推动机制对永续债的股债区分起着举足轻重的作用，资本弱化程度、外部融资能力、偿还义务的盖然性、资本约束性监管等因素都影响着永续债的定性。按照会计准则编制企业财务报表，在企业财务报表层面对永续债进行列报，从而确定永续债的会计分类，并且通过审计师的外部审计核查，能够进一步规范永续债的股债性质认定。

会计区分标准将永续债的经济实质呈现出来，成为法律规制的基础，从而推动税法征管的明晰。与会计准则相比，税法具有更大的强制性，会计准则借助于税的密切联系也能够更好地实现规制目的。微观层面对永续债股债区分会计准则秩序的构建将会便利法律层面的规范细化，同时促进税收征管、信息披露及监管等方面法律规则的制定。永续债法律区分标准主要以规范性文件的形式对相关的规则进行阐释，但内容多为原则性规定，没有形成明晰的区分标准，使得税法稽征管理过程

---

[1] 刘燕：《公司财务的法律规制——路径探寻》，北京大学出版社2021年版，第148页。

出现诸多模糊不清的地带。此时，司法机关便会试图从会计区分标准出发，寻求相关的理论支持，会计规范实际凌驾于法律规范之上，成为实际的司法裁定准则。而法律区分规则的不确定性，使得企业在对永续债进行会计分类时，有税收筹划与税后套利的动机，会计区分标准的适用由此附加了更多的税法考量因素。

（三）永续债交易课税的法理反思与税法考量

1. 永续债税法规制与税负增减的背离

金融产品与工具不同的排列组合方式能够取得相同的经济利益而产生不同的税收后果，促使交易主体不断创新以税负最小化为目的的金融产品，进而使得各种金融工具的特点不断融合，导致金融工具原本泾渭分明的界限变得模糊不清。[1] 而企业选择永续债等股债混合型的投融资模式，除了税收考量，还涉及资本结构调整等多方因素，通常都在税盾收益与财务困境成本之间权衡，通过对比二者之间的边际收益与边际成本的大小，最终实现利润最大化的核心目的。目前，我国法律规定在满足一定条件的情况下，允许企业对永续债进行税务与会计差异化处理，给企业预留了一定条款设置与税收筹划的空间，但企业出于优化资本结构、调节资产负债率、降低融资成本等其他方面的需要，通常会弱化对税收因素的考量，使得税收成为被忽视的"隐性成本"。实务中，企业发行永续债的对象不同，税收处理的选择也不同，向关联方发行永续债时，不同性质的企业享受着不同的税收优惠政策。同时，由于投融资双方的股债偏好不同，在永续债税收处理一致性的规范限制之下，投融资双方的税收成本博弈便会通过永续债市场定价得到体现，资本市场在确定价格时实际上已经考虑了名义税率、税收优惠等税收待遇，从而产生"隐性税收"（implicit tax）和"税收资本化"问题。[2] 加之特殊的条款设置，实践中出现了诸多与经济实质不相符的永续债法律形式，交易双

---

[1] 汤洁茵：《金融创新的税法规制》，法律出版社2010年版，第5页。

[2] Alvin C. Warren, "The Requirement of Economic Profit in Tax Motivated Transactions", *The Tax Magazine*, December, 1981, p.987.

方难以准确预见实际税负,使得整体成本无法得到准确、全面的计算,从而改变投资者对此项创新型金融交易形式的未来收益预期,影响永续债的市场评估价值。

2. 永续债下的法价值冲突

2013年7月,国家税务总局发布了《关于企业混合性投资业务企业所得税处理问题的公告》(以下简称"41号公告"),该公告成为解决我国混合型金融工具的税收处理问题的最重要规定之一。为了进一步细化对永续债的税收适用,《财政部、税务总局关于永续债企业所得税政策问题的公告》(以下简称"64号公告")将可以按照债券利息适用企业所得税政策的判定条件扩展至9个,满足其中5条,发行方即可将永续债利息支出在企业所得税税前扣除,投资方的税务处理与发行方保持一致。64号公告明确企业可以不机械统一按照会计处理,给了企业自主选择永续债处理方式的权利,并同时体现了OECD关于税基侵蚀和利润转移(BEPS)行动方案中"混合错配"的反避税理念。需要注意的是,64号公告规范的是永续债持有期间的利息股息归集处理的税收问题,永续债的转让、赎回或回收、清算等环节的税收处理仍没有明确规定。

由于41号公告并未对混合型金融交易的股债性质做出界定,因而难以在股债界分语境下解决永续债的增值税稽征问题。64号公告明确适用于企业所得税法,未对永续债利息的增值税处理作出规定,故而关于永续债增值税的处理,只能参照增值税现有规则。目前,永续债增值税规定集中在分析条款设置是否存在保障收益与本金的约定,即使工商登记承认其为股权,只要其具有保底性质,仍然按照相应的利息收入缴纳增值税。永续债利息按照企业所得税的方式进行稽征处理虽有利于实际操作,但其蕴含的逻辑链条在于以企业所得税以及会计处理结果作为增值税的认定基础,而企业所得税和增值税的税基与税理完全不同,难以天然接轨。企业所得税要求满足64号公告的五条规定以上,而增值税只需满足"被投资企业对该项投资具有还本义务"即发生纳税义务。永续债在纳税义务认定上有不同的标准，而在利息处理层面上，增值税则是适用企业所得税的处理规则，出现前后宽严标准不一致的矛盾，存在潜在的纳税风险。

印花税的主要争议点在于是否要缴纳印花税以及若需要缴纳税款，应当按照何种税目以及何种税率征收。如果永续债被认定为债权投资，非金融企业之间签订的借款合同以及企业与自然人之间签订的借款合同都不在印花税调整范围之内，难以确定税率。如果被认定为股权投资，税法层面也并未明确双方进行工商变更登记时是否需要按照营业账簿征税，我国现行印花税法取消了"具有合同性质的凭证"的规定，并在税目税率表中明确合同指书面合同，而《民法典》第四百六十九条中规定的合同书面形式涵盖范围更广，同时《关于印花税若干事项政策执行口径的公告》（财政部、税务总局公告2022年第22号）中只针对"明确买卖双方权利义务的订单、要货单等单据"是否需要缴纳增值税做出了规定，由此在实践中存在对"具有合同性质的凭证"的征税适用差异问题。

第二节　金融创新的实践异化及其对公司融资的影响

在公司融资实践中，总会出现一些打着"创新"之名而事实上却游离于法律边缘的新型融资方式，其共性特点是法律性质模糊，价值真伪难辨，充满争议并容易滋生各种法律问题，典型代表者包括挂靠式融资、通道式融资与平台式融资。对于这些异化的"创新"型融资方式，不能诉诸简单粗暴的运动式执法，更不宜秉持机械僵化的"一刀切"式思维，而应因势利导，分类处置，将其对公司融资秩序的负面影响降至最低。

第三章　金融创新诱致的公司融资法制难题

一　价格双轨制路径依赖下的挂靠式融资

（一）问题与背景

2020年1月6日，由中科院全资持有的中科建设开发公司（以下简称"中科建"）发布公告称因债券大面积违约，已被债权人申请破产重整，实力雄厚的大型国企突然跌至破产重整的境地，引起舆论一片哗然。然而更令人感觉蹊跷的是，根据破产管理人披露的信息，收到债权人申报的699.23亿元（不排除有重复申报）债权中，近500亿元未能找到对应台账，而且中科建集团下有400多家子公司，但上交印章与证照的数量不足百份。经管理人调查后发现原来中科建下属的400多家子公司中仅极少数是真实并购而来，其余都为外部挂靠的项目公司，挂靠的公司多为中小型民营企业。① 这些民营企业与中科建签订挂靠协议，通过缴纳固定管理费得以成为中科建名义上的子公司，可借用中科建的名头与国资背景融资，而公司的资产、运营仍由民企掌控，中科建对子公司不具有控制力，甚至不知晓子公司的财务和经营状况。在此种挂靠模式下，除中科建自身为借新还旧或者收购项目融资外，挂靠企业也利用国企这块"金字招牌"大肆融资，其中不乏采用民间借贷等非正规、高风险的融资方式。更为严重的是，挂靠的子公司间也会相互担保，整个集团间债务相互勾连，牵一发而动全身，中科建作为最上层的控股公司，承担了集团绝大部分的负债和担保责任，一旦挂靠公司到期无法偿还债务，单个公司违约风险便可能迅速传导至整个集团，最终引发整个集团的债务危机。

在当前企业融资难的社会现状下，中科建挂靠乱象并非个案。根据2021年10月国资委公布的假冒国企名单，挂靠的民企多达353家，公司注册地遍及31个省份和5个计划单列市，挂靠国企经营这条捷径在市场中早已不是秘密，风靡于20世纪80年代的挂靠制度死灰复燃，并

---

① 参见《中科建700亿债务迷局：内部人自曝400多家子公司存在大量挂靠》，《21世纪经济报道》2020年6月20日。

被民企巧妙改造为一种借助国企的背景优势得以低成本获取金融资源的新型融资方式。尽管此种模式在一定程度上可缓解民企融资困境，但中科建的债务危机更是清楚地暴露该模式的问题与风险。受制于挂靠关系的隐蔽性，监管机构与市场难以分辨市场主体是否利用挂靠融资，进而出现规制上的失灵，未来这种融资方式将会成为国企与民企合作的新方式、解决民企融资困境的新出路，还是会成为拖垮国企的罪魁祸首，引发实体企业破产与金融风险的根源？本书尝试从制度发生演进与合法性审视的角度进行探究，在法治化改造下充分发挥该新型融资模式的制度优势，将制度风险消弭于法治化框架中。

（二）寻根溯源：挂靠式融资的制度发生学解释

挂靠制度产生于改革开放初期观念未解放之时，其作为特殊历史背景下的产物，在法律上并未有严格的界定，其基本内涵是私营企业与公有制企业协议约定前者通过支付一定的管理费获得以后者的名义对外从事经营活动的权利，私营企业自主经营、自负盈亏，只是以金钱换取被挂靠方名义的使用权。挂靠式融资模式是在传统挂靠制度基础上改造而来便利民企融资的一种经营形式，是挂靠制度的新型衍生物，尽管实践中挂靠国企进行融资的案例不乏少数，但目前学界并未关注到此模式背后的问题。探究挂靠融资模式的制度演进史与制度根源，实际上也是在回溯经济政策的转变史、金融改革的发展史。

1. 挂靠式融资的制度演进史

（1）1978年至1988年：规避政策风险

改革开放初期，挂靠因被用于规避政策风险而出现。在1956年完成社会主义改造后，我国实现了生产资料私有制向公有制转变，非公有制企业被认为是资本主义私有制的范畴而被禁止，直到实行改革开放破除传统所有制观念束缚，才再次为非公有制经济发展打开了大门。尽管这一时期有政府的肯定与政策的引导，可市场对于非公有制经济始终存在激烈的争论，且由于政策仅提及个体经济，对于由个体经济发展而来的规模较大的私营经济来说,其合法性地位更是悬而未决。① 出于对国家政策变动的担忧与保障产权安全合法的考量,许多私营企业选择挂靠在具有合法地位的乡镇企业、集体企业或单位下经营,这些企业也被俗称为"红帽子企业",挂靠于公有制单位,相当于进了"避风港",获得了合法安全感。

(2) 1988 年至 20 世纪末:获取经营优势

20 世纪 80 年代末期,私有制经济虽在政策上被充分肯定,但其所享有的市场地位与经营资源远逊于国企,此时挂靠制度演化为私营企业获取经营优势的工具。尽管 1988 年从宪法层面确立了私营经济的合法地位,但市场上"红帽子"企业不减反增,个中缘由便在于政府虽赋予了私营企业法律上的承认,却忽视了其他领域针对不同所有制企业而区别对待的政策。财政部、国家工商行政管理局、国家经贸委、国家税务总局印发的《清理甄别"挂靠"集体企业工作的意见》中提到私营企业挂靠的目的是享受国家有关集体企业的优惠政策、取得有关的生产和经营资格、保持在生产经营活动中的信誉、便于获取有关证明材料或求得经济上的利益。由此观之,此段时期内"红帽子"企业存在的主要原因在于我国从计划经济向市场经济转变过程中推行双轨制改革所带来的市场主体地位的不平等,经商的一般性禁止、登记特许制、行政性垄断、市场准入等制度塑造了依据所有制类型而定的差别待遇。②

(3) 21 世纪后:跨越市场门槛

进入 21 世纪后,传统挂靠制度逐步扩展应用于其他领域,挂靠目的也日趋多样化,如加快的城市化进程与高涨的房地产经济催生建设工程资质挂靠,旅游业蓬勃发展引发的旅游业资质挂靠。行业准入门槛、资质套利的可行性与市场主体的趋利性赋予了挂靠制度顽强的生命力。自 2013 年公司法修改放宽公司资本制度、2014 年提出"双创"政策

---

① 郭朝先、李成祎:《新中国成立 70 年来我国民营企业发展成就及未来高质量发展策略》,《企业经济》2019 年第 9 期。

② 参见郭锐《"挂靠"企业的历史和语法》,硕士学位论文,中国政法大学,2004 年。

后,市场上掀起了全民创业的浪潮,在国内经济增速放缓、国际贸易摩擦等因素的影响下,大量民企自成立就一直面临资金短缺问题,民企不得已创设出挂靠融资新模式以跨越融资的隐性门槛。新型的挂靠式融资模式既保留了传统挂靠模式中最核心的交换关系,同时也在挂靠结构与范围上进行了改造。目前市场实践中,挂靠式融资模式包括子公司形式的挂靠融资与分公司形式的挂靠融资两种类型,前者通过国企代持股权的方式将民企过渡为国企子公司,民企实际出资的股东行使子公司经营管理权,由此得以在控制权不变的同时实现民企背景的提升;后者则是采取民企与国企合作成立项目公司的路径,由民企将业务资产注入项目公司而实质上成为国企分公司,公司的运营管理仍由民企股东操控,此后经营融资可直接使用国企名义进行。新型挂靠式融资模式在实际操作过程中涉及供给、需求及中介三方:供给方包括国企、研究院等具有国资背景的企事业单位;需求方为有融资需求的中小型民企;中介方则是在挂靠协议达成过程中提供介绍、撮合等居间服务的主体。当前挂靠中介方提供的服务不仅局限于提供挂靠资源信息,而扩展到挂靠代理服务,即作为民企的代理人与国企谈判、办理挂靠手续;或作为国企的代理人出售挂靠资源,与民企谈判协商;更有甚者为挂靠双方出谋划策、见招拆招,提供规避法律的操作服务等。鉴于挂靠制度合法性存疑,市场中从事挂靠中介服务的主体多在暗处交易,业务操作的不明为挂靠式融资模式带来巨大的法律风险与后续隐患。

2. 挂靠式融资生成的制度根源

一个被广泛承认的事实是,处于全方位转轨过程中的中国市场所承载的复杂性和不可测性是其他经济体不可比拟的,正因如此,对任何经济现象的研究都不能简单地依循抽象的理论原则和单一逻辑,而要在宏观制度演变视角下挖掘现象背后的制度根源。[①] 挂靠式融资制度是民企用于纾解融资困境、获取融资便利的工具,其最直接的生成根源在于民

---

① 黄韬:《"金融抑制"与中国金融法治的逻辑》,法律出版社 2012 年版,第 3 页。

企金融供给的匮乏，即金融压抑政策下的融资价格扭曲与利率双轨制造就供应民企的资金短缺、信贷配给与信贷约束紧缩了民企信贷融资，计划经济制度惯性带来的所有制区别对待使得民企无法与国企公平分享融资权，多重因素的叠加严重恶化了民企融资环境，必然会倒逼市场出现另类融资机制以弥补正规金融市场信贷配给不足带来的融资问题，而挂靠式融资模式正是在此背景下应运而生。

（1）金融抑制下融资渠道堵塞

以是否受到金融监管当局的监管为标准，金融市场可分为正规金融和非正规金融两类。① 过去40余年的经验反复说明中国正规金融体制难以支持民营经济的发展，② 其缘由在于我国经济转轨过程中，政府采取了以金融压抑和金融排斥为特征的强金融控制政策，扭曲了资源配置效率与金融交易价格，使得金融体系结构无法与企业发展的现实需求相契合。政府干预下的金融抑制造就了国有银行一家独大的金融体制格局，而尚未完全市场化的资本市场高准入门槛又封堵了中小民企直接融资的道路，加剧了民企融资形式的单一化。目前，我国民企融资仍主要依赖国有银行的担保贷款，以规模效益为导向的国有银行在经营目标上与中小民企难以形成共振，求大求全的同质化发展思路也抑制了其为民企提供借贷的动力，由此产生对民企"惜贷"思维。除此之外，利率管制导致信贷资金价格与金融资源配置效率的双重扭曲，特别是针对不同所有制类型企业的融资约束造成了扭曲性影响效应。③ 利率管制造就的利率双轨局面下，正规金融市场与非正规金融市场出现利率价格差，国企与民企适用的融资利率也不同，政府管制压低正规利率水平，使得正规融资市场资金供不应求，在政府控制的银行信贷市场中国企享受优先融资权，民企则被排挤到非正规融资市场中去。④

---

① 邢会强：《金融法的二元结构》，《法商研究》2011年第3期。
② 史晋川主编：《中国民营经济发展报告》，经济科学出版社2018年版，第169页。
③ 张杰：《金融抑制、融资约束与出口产品质量》，《金融研究》2015年第6期。
④ 纪洋、谭语嫣、黄益平：《金融双轨制与利率市场化》，《经济研究》2016年第6期。

(2) 信贷配给约束下民企信贷紧缩

即使在单一信贷融资模式下，因信息不对称与道德风险等因素引发的信贷配给和双重信贷约束问题也影响着银行对民企的信贷态度。Stiglitz-Weiss 信贷配给均衡模型①认为银行在作出贷款决策时主要通过贷款利率和风险权衡来实现预期收益最大化，信息不对称使得银行难以评估风险，为了回避借款人投资高风险项目以及"贷款偿还选择"带来的道德风险，银行会通过控制信贷配给以降低道德风险。基于此，在信息不对称方面，受制于国有产权体制以及严格的信贷管理举措，信贷人员缺乏激励和动力对民企进行详细的背景调查以尽可能消除因信息不对称产生的信贷风险，加之民企内部普遍存在管理不规范、信用缺失等合规问题，严重削弱了银行对民企信贷支持力度。② 在道德风险层面，不良资产率标准与风险规避的要求使得银行更青睐于实力更优者，鉴于民企经营风险较高且很难提供优质的担保资产，银行出于风险考虑会控制对民企的贷款额。此外，实践中政府对国企预算软约束的影响使得国企借贷风险得以外部化给政府，银行对其违约风险的敏感性降低;③ 而对于民企来说，风险内生加之经营高风险使得银行对民企信贷风险实施硬约束态度，更倾向于紧缩对民企的信贷。一段时间以来，政策当局不断表示要改革和完善金融机构监管、考核、激励等机制，急切地督促银行提高风险容忍度，推动银行业金融机构对民营企业"敢贷、能贷、愿贷"，④ 侧面也印证了当前信贷领域对民企的资金紧缩现象。

(3) 所有制差异下融资次序劣后

改革开放后从计划经济转轨至市场经济这一重大转向开启了中国持续至今的双轨制发展局面，受计划经济制度惯性的影响，双轨运行下所

---

① Stiglitz J. E. & Weiss A., "Credit Rationing in Markets with Imperfect information", *American Economic Review*, Vol. 53, 1981, pp. 393-410.
② 刘小刚：《我国民营企业融资问题研究》，北京理工大学出版社 2017 年版，第 148 页。
③ Faccio M., Masulis R. W., McConnell J. J., "Political connections and corporate bailouts", *The Journal of Finance*, Vol. 61, 2006, pp. 2597-2635.
④ 项后军、周雄、郑斯钿：《经济增速放缓、银行竞争与流动性囤积》，《湖南科技大学学报》（社会科学版）2021 年第 5 期。

有制并存引发了融资便利的差异化，主要表现为金融资源的可得便利性不同。其中，作为公有制主体的国企和集体企业在融资方面享有优先权，民企则因经济实力等原因处于劣后位次。国企作为国家调节经济的产物，自其产生便与政府有着密不可分的关系，在父爱主义观念、产权联系的意识形态和利益集团的作用下，政府对国企所带来的政治经济收益有着一定的"收益幻觉"，[①] 同时由于国企负有吸收就业、稳定经济等社会职责，政府通常会采用追加投资、提供财政补贴等手段为国企兜底，政府潜在信誉担保提升了信贷机构对国企的信赖度与认可度。[②] 此外，计划经济遗留的公有制优先的思想并未肃清，"国企优位"的观念催生了信贷领域中一系列"金融潜规则"，银行通过滥用对内部标准的自由裁量权拔高法律规定的放贷条件，使用"多重标准"优待国企，严重损害民企的公平融资权，如运用刚兑的逻辑评估审批对国企的贷款、对国企违规放贷责任更轻、针对不同所有制企业实行资金价格双轨制等。相较于可强制的制度变迁，思想变迁只能自发完成，国企优于民企的思想无形中左右着每一个信贷决策，并在市场体系中被无限放大，最终固化为信贷资源配置中的所有制差异。

（三）拨开迷雾：挂靠式融资的合法性审视与正当性追问

1. 法律性质之争

"挂靠"作为特殊历史背景下的产物，并非严格意义上的法律术语，多年来其法律性质一直未有定论。20世纪80年代末，中国人民大学法律研究所与法律系民法室联合召开的挂靠企业产权问题理论讨论会上曾就企业挂靠关系的性质出现两种对立的看法。[③] 佟柔教授主张行政性的隶属关系说，认为挂靠是在不平等不等价的基础上进行的。由于该

---

① 黄少安、李睿：《二元产权结构、父爱主义和利率双重双轨制》，《社会科学战线》2016年第1期。

② 叶松勤、黄瑾：《国有企业政策性负担对信贷资源配置效率的影响》，《江西社会科学》2020年第4期。

③ 参见佟柔、魏振瀛、郑立、郭锋、赵中孚《挂靠企业产权性质归属问题讨论》，《中国法学》1989年第4期。

观点有着深刻的时代背景,已明显不再适用市场经济下平等主体间的挂靠。魏振瀛教授则认为挂靠关系是一种平等的民事法律关系,是无名合同关系。笔者基于对挂靠关系的整体考量,认为挂靠关系虽然是平等的民事合同关系,但已超越单一合同关系,而表现为由契约关系与其他社会关系所构成的关系性契约。①"关系性契约"理论由美国学者麦克尼尔提出,该理论区别于新古典微观经济学交易范式下的除单纯的物品交换关系外不存在任何关系的个别性契约,而提炼出一种除交换关系外,还涉及了团结、信赖、等级等社会关系的现代契约,并从角色保全、关系保持、关系中冲突的协调与超契约规范四个角度呈现契约中关系性规范。② 关系性契约作为一种以契约之外的社会关系为关注重点的长期契约与隐含契约,其自身的不完备性为社会关系的介入留下了空间,由此类比,挂靠关系所具有的长期性、隐蔽性、复杂性等特征使得仅依赖契约关系无法全面、具体地界定挂靠主体的权利义务关系,同样也需引入其他社会关系加以调整与强化。关系性契约在挂靠关系中所彰显的内涵详见表3-1。

表3-1　　　　　挂靠制度中关系型契约的组成与内涵

关系类型	组成要素	具体内涵
契约关系	权利类契约关系	信用借用;国资背景借用;挂靠管理费收取……
	产权安排类契约关系	股权代持;股权转让;股权赠与;资产业务注入;资产出售……
	管理类契约关系	授权许可;经营活动的动态监管;信息披露;证照管理;重大事项报备;用章审核;禁止性业务清单……
社会关系	信赖关系	中间方的介绍与担保;双方的了解与磨合……
	团结关系	一致行动　高于附随义务的必要协助　经营过程中的配合……

---

① 鉴于"关系性契约"理论采用"契约"一词,为了保证概念的名称统一,因而本书中"契约"与"合同"两词互相通用。

② [美]麦克尼尔:《新社会契约论》,雷喜宁、潘青勤译,中国政法大学出版社2004版,第59—64页。

搭建挂靠关系以达到特定目的，挂靠协议中至少要包含以下事项。第一，确定挂靠方有权使用被挂靠方名义的事项范围以及挂靠费用数额，此类事项属于表3-1中权利类契约范畴。在挂靠式融资模式下，民企借用国企名义所能从事的活动范围通常限定为融资类事宜。第二，确定子公司或分公司成立时的出资问题及挂靠关系终止时的产权安排，此类事宜对应表3-1中的产权安排类契约。通过股权代持协议搭建的子公司式挂靠融资模式在挂靠关系终止时可通过隐名股东显名的路径或股权赠与的方式重新安排民企股权归属，而分公司式挂靠融资需要在挂靠协议签订时对所注入项目公司的资产实际所有权归属进行约定，并在关系终止时进行资产剥离与返还。第三，界定挂靠过程中被挂靠方的管理权限及挂靠方接受管理的义务范围，此类事项对应表3-1中管理类契约。尽管挂靠方自负盈亏，被挂靠方不干预挂靠方经营是挂靠制度的核心权利义务安排，但在分公司挂靠融资模式中，挂靠方签订融资合同时必然要经过被挂靠方形式或实质的审核，为避免挂靠方过度融资带给母公司风险，被挂靠方通常会保留一定的管理权限。

上述三类条款组成的契约关系搭建了挂靠关系的基础框架，明确了挂靠双方基本的权利义务，承载了挂靠制度最核心的内涵。但由于挂靠制度融合股权与债权、真实意思与虚假意思表示等多种法律关系，且易受到监管政策的松紧变动、双方经营状况好坏等外部因素的影响，挂靠主体间关系较为复杂与微妙，仅依据纯粹的契约关系难以保障挂靠关系的持续稳定，因此还需要信赖关系、配合关系等社会关系的加持，这些社会关系主要是在挂靠关系形成的各个环节中发挥着保障契约的缔结、推进与履行的重要作用。通常来说，一项挂靠协议的达成包含以下流程：需求方寻找供给方—挂靠双方协商—挂靠协议签订—挂靠关系维持—挂靠关系终止。由于挂靠具有隐蔽性和意思表示的对称性，寻找合适挂靠主体存在很高的信息成本，因而挂靠双方从早期接触到谈判再到达成合意的进程中，一般都需要有中间方"牵线搭桥"，中间方的介绍与撮合实质上为挂靠关系的达成提供信誉担保，加深双方间的信赖信任关系。在签订挂靠协议阶段，由于挂靠协议具有长期性和不完备性，协议关于权利义务的约定通常是模糊和动态的，各条款安排需要根据后续协议履行情况，以及双方磨合进度与匹配度进行完善或修正。在挂靠关系维持阶段，由于挂靠履行需要以行为协同性为保障，以互利共赢为目标，因此挂靠双方不再限于为对方提供最低限度的附随义务，而需要相互间有配合与协作，这种配合关系将贯穿整个挂靠期间并在挂靠持续过程中呈现动态依赖性，只有在双方已深度了解并适应彼此的行事习惯后，挂靠关系才趋于稳定与和谐。此外，挂靠关系受双方间信任信赖关系的影响较大，挂靠双方信任度越高，挂靠关系则越稳固，同时也为双方未来更深入的合作奠定了基础；如果信任度不够，则可能出现产权纠纷、经营干预等一系列矛盾冲突，导致不完全合同的漏洞集中爆发，最终摧毁整个挂靠关系。

2. 规范依据之惑

尽管挂靠制度从产生起便带有规避法律的意味，也曾被相关部门集中打击过，在正式法律层面，却少见对挂靠有清晰的合法性评判与规制依据，纵有挂靠关系甄别困难与法律滞后等原因，但面对可能引发集团债务风险的新型挂靠式融资模式来说，给予明确的法律评价和规范依据实属必要。笔者将以挂靠关系的契约类型为分析脉络，针对性地提炼出挂靠式融资合法性判断要点，利用现有散乱的部门规范窥见与推敲法律的态度。

首先，在权利类契约中，合法性判断要点在于国企名义以及国资背景可否被出卖用于融资。现有法律规范中可供参考的条文主要有国资委改革局下发的《关于中央企业加强参股管理有关事项的通知》中提到国有企业不得将字号、经营资质和特许经营权等提供给参股企业使用。分公司形式的挂靠尽管不同于参股企业，但相较通过合法透明的方式获得国企参股的企业，挂靠制度下的分公司合法性更低，鉴于其在后续融资时也会用到国企的字号、资质等专属权利，举轻以明重，分公司形式的挂靠融资违法风险更高。其次，根据《企业法人登记管理条例》的规定，企业法人营业执照不允许出借、转让或者出卖，否则将面临行政处罚或刑事处罚。在实际操作中，挂靠的分公司以国企的名义签订融资合同时，国企必须要向其提供营业执照、组织机构代码证、账户、印章等经营中必要的资料和文件，必将涉及对该规定的违反，因此从实际操作的角度看，分公司式挂靠融资也不具有合法的可行性。对于子公司形式的挂靠融资而言，虽然在外观上挂靠制度下的子公司属于参股企业，但其融资时使用的国资背景并不能扩大解释进字号、资质等特有权利的范围内，因此不应适用该条款。在无明确禁止的情况下，法律对于通过子公司形式的挂靠出卖国资背景的态度仍需要从风险、价值等方面考量。

其次，在产权安排类契约中，合法性判断要点在于是否允许通过股权代持成立子公司或者虚假设立分公司的形式实现挂靠。根据最高人民法院《关于适用〈中华人民共和国公司法〉若干问题的规定（三）》中对于股权代持协议的认可以及《民法典》总则编中对虚假意思表示下隐藏行为的处理方式可知，股权代持行为与虚假意思表示下隐藏行为具有法律效力；此外，根据国资委《关于深化中央企业内部审计监督工作的实施意见》中关于要求国有企业要将通过股权代持或虚假合资等方式被民营企业挂靠等情况纳入内部审计重要任务的规定，能够明确地推测出国资委对于股权代持成立子公司与虚假意思表示下设立分公司挂靠模式并未采取禁止态度，只是从内部审计的角度要求国企加强对其监督管理。

最后，在管理类契约中，合法性判断的要点在于国企限缩管理权限的行为是否违反相关内控规定。根据《国务院办公厅关于建立国有企业违规经营投资责任追究制度的意见》的规定，国有企业经营管理有关人员在投资参股后未行使股东权利，造成国有资产损失以及其他严重不良后果的，应当追究责任。挂靠制度要求被挂靠方自主经营，盈亏自负的基本内涵与国企股东不能放弃行使股东经营管理权的规定产生了明显矛盾，虽然此款仅属于国企内部经营管理规定的范畴，并不能据此认定挂靠违法，但法律对于国企经营风险的过分关注难以使得一方不拥有经营管理权限的挂靠具有正当性。在分公司形式的挂靠下，外部责任的承担主体首先是国企，目前通说认为对于挂靠企业产生的外部责任，应由被挂靠人与挂靠人承担连带责任，其内部约定的责任分配条款因具有相对性不能成为国企免责的"护身符"。此外，近年来国资委在融资担保、对外投资、资金管理等方面不断加大监管力度，严格限制国企对内外提供融资担保，将下属子公司、参股企业投资经营、资金利用事项纳入整体管控。因此，在国企内部经营严监管的趋势下放弃对分公司经营的干预，明显违背规范国企内部管理、加强内部风险防范的政策导向。

综上所述，尽管目前立法态度比较模糊，但通过对各类型契约关系对应法律规范的分析，可知以借用国资背景形式的子公司式挂靠融资合法属性更高，风险隔离效果也更好，具有被合法化改造的潜力；而以借用国企名义形式的分公司式挂靠融资在实际操作上明显违反相关规定，且该结构透明度更低、对市场欺骗性更强、蕴含更多的冲突和风险，因而不具有合法性。

3. 价值取向之辩

通过在法律层面合法性规范的检验，可知子公司形式的挂靠式融资模式并未受到现行法律的明确禁止，仍在合法性框架之内；判断该模式未来是否会被法律排除以及是否存在排除的必要，需要对其所蕴含风险、制度价值及可替代性等要素进行比较衡量。

（1）挂靠式融资模式的风险蕴藏

在挂靠式融资模式下，民企获取了国企名头下的信用与国资背景来解决融资问题，被挂靠的国企也能以此收取高额的管理费，无须承担经营风险而在短期内增强实力，双方各取所需，互利共赢。但利益与风险总是相伴而生，挂靠式融资模式背后同样潜藏众多风险。对于民企来说，为获得国资的背景，将股权转让给国企代持后，缺失对抗外部善意第三人的所有权效力，存在国企侵吞私有产权的隐患，中科建就曾与旗下挂靠公司鑫控集团就中科建虚假增资部分的股债定性产生纠纷。① 国企管理层的频繁更换以及不同管理者对挂靠融资的不同态度会严重影响挂靠关系的稳定，一旦双方关系恶化，可能出现国企利用代持的股权干预公司经营管理的状况。对于国企来说，挂靠公司若出现过度融资、非正规融资或公司间债务互相担保等情况极易引发整个集团的债务风险。挂靠企业对内独立核算时出于自身利益的考虑，可能采取对自己有利的会计政策，提供虚假的财务信息，隐瞒其财务风险。② 若国企与民企在挂靠模式经营过程中财务区分不明，出现互相占用资金的情况导致民企法人格被否认，国企作为股东须对民企的债务承担连带责任；作为股权代持方，国企也承担着民企实际出资人未履行出资义务时补足出资的风险。挂靠过程中的利益驱使为国企职工腐败受贿提供机会，不仅损害了公职人员的廉洁性，还容易造成国企内部管理混乱。对于市场来说，由于挂靠具有隐蔽性，市场主体难以根据公示的股权结构判断交易主体的真实背景，虚假的股东背景将影响企业信用评估，影响市场交易者与金融机构的经营决策。目前，提供挂靠服务的主体多半是生产经营效率较差或名存实亡的国企，这类国企依靠国资背景出售主营业务，不仅加剧了国企"空壳化"现象，引发国有资产流失，而且会继续扩大国企的债务链，进一步引发地方债务危机，加剧金融运行的不稳定性。此外，挂靠式融资模式使得不同企业在融资领域无法处在同一起跑线，可能会扰乱融资领域的公平竞争秩序，引发新一轮对市场公平竞争的损害。

（2）挂靠式融资模式的制度价值

尽管挂靠式融资制度存在上述众多风险，但该模式仍在市场暗处疯狂蔓延，侧面说明了挂靠式融资模式符合市场主体的利益需求。从制度本身的作用来看，在目前无法做到市场主体平等享有金融资源的情况下，允许民企通过子公司式挂靠的方式分享国企的金融资源可被视为一

---

① 参见《中科建收取民企挂靠费，专家：这是"伪国企"典型案例》，《第一财经》2020年12月10日。

② 姚启平、蒲勇健：《不对称信息下"被挂靠企业"监管行为分析》，《建筑经济》2008年第5期。

种重要的过渡措施，对于有发展潜力，但限于融资难而没有发展机会的企业来说，挂靠式融资不失为一种缓解资金困境的选择。只借用国资背景的子公司式的挂靠融资并不占用国企授信，也不需要国企为其提供担保责任，不仅未加重国企融资风险，反而会倒逼金融机构弱化对国资头衔与所有制的关注，更强调项目本身的资金流与融资企业实际偿还能力，间接推动我国信贷制度的完善。对于挂靠融资模式给国企带来的融资风险、人格否认以及腐败等问题均可通过加强对挂靠公司的控制管理、规范本公司内部合规经营等手段有所避免，这不仅是法律对于国企经营的要求，也是挂靠融资法治化改造关注的重点。随着"法律赋权消除贫困""民生金融"等理念日益深入人心，确保社会弱势群体金融服务的可获得性、将信贷权视为一项基本人权成为全社会的价值共识，实现金融法制的结构嬗变与制度转型，推动金融排斥走向金融包容成为难以阻挡的历史潮流，而合法化改造后的挂靠式融资制度正是促进我国包容性金融体制发展的助推力量。① 综上所述，相较其蕴藏的风险，挂靠融资模式在缓解中小企业融资困境、推动信贷体制完善、彰显金融包容理念层面的制度价值显然更高一筹。

（3）挂靠式融资模式的不可替代性

当前国企混合所有制改革正在如火如荼地进行，国企通过参股、合并等方式入资民企为其摆脱发展困境带来了福音，许多提供挂靠服务的中介也打着国企混改的旗号，以此为噱头招揽业务，并将此作为挂靠融资合法的依据，打消民企的担忧，那国企混改是否能够取代挂靠以解决民企融资困境呢？笔者认为，国企混合所有制改革无论从目的还是效果上都不能完全替代挂靠式融资制度，这是因为参股作为混合所有制改革的主要方式，是国有企业完善现代公司治理结构的关键，目的在于盘活国企活力、提升核心竞争力从而推动国民经济向好向上发展，② 带动民

---

① 冯果、李安安：《包容性监管理念的提出及其正当性分析——以农村金融监管为中心》，《江淮论坛》2013年第1期。

② 周绍妮、王中超、张红芳：《民营参股、市场化进程与国企市场竞争力》，《北京交通大学学报》（社会科学版）2020年第3期。

企发展只是这一举措的副作用。国企参股企业的数量毕竟有限,对于未被国企挑中的民企来说仍面临着融资困境,需要自谋生路。因此,在解决中小企业融资困境方面,国企参股与挂靠式融资可互补却不可取代。普惠金融体系的建立需要一定的时间成本,特别是在目前我国民企贷款保证保险业务与以服务中小型企业为主的地方法人金融机构的培育仍处在初期阶段的情况下,短时间内很难彻底解决民企融资问题。因此,挂靠式融资模式不失为目前缓解民企融资有利的武器,通过对其法治化改造,将其纳入法律框架内实现透明、规范的运行,同时也有助于压制"影子银行"、非法集资、民间借贷等非正规金融活动的泛滥。

(四) 正本清源:挂靠式融资法治化改造的路径选择

1. "疏"胜于"堵":挂靠式融资法治化改造的基本立场

挂靠式融资现象的普遍化客观上说明该模式符合市场主体的利益需求,所有制差异下对国企与民企一系列区别对待为挂靠式融资提供了创设空间,金融抑制与信贷约束的融资环境加速了这一模式的普及,目前挂靠式融资正处在法律模糊性评价和现实需求斗争中生存的尴尬地位。不可否认的是,融资挂靠模式具有双面性,其既能在缓解民企融资困境,促进中小民企的发展方面起到推动作用,但同时也易成为企业恶意规避法律、逃脱金融管制的工具,引致金融风险的积累。由于挂靠式融资模式具有隐蔽性,若想杜绝该模式带来的风险,单纯依靠法律的否定性评价严加禁止并非上策,只要市场有需求,与之功能类似的金融漏损融资模式仍会源源不断被创造出来。此外,在拓宽金融供给方面,挂靠式融资制度与民间非正规金融贷款作用相类似,若将挂靠式融资的途径封堵,有可能反向刺激非正规民间借贷的泛滥。因此在信贷领域的国企优先的观念未转变、国企的隐性优势未完全消除之前,挂靠式融资制度无法"一刀切"式的禁绝,制度的改进与观念的转变都存在一定的时间差,在问题未解决且没有适当的替代举措时,对于市场主体迫切需求的挂靠融资模式宜疏不宜堵,通过法治化的改造规范挂靠关系,减少制度运行风险应当是最合理的处理方式。综上所述,笔者认为目前对于挂靠式融资的态度应结合该模式制度根源与自身风险，坚持"宏观体制改革"和"微观法治改造"双管齐下的处理方式。宏观层面要进一步深化现有金融体制改革，打破体制性金融垄断，构建多层次金融体系，形成融资市场的竞争性供给。① 其次，还应破除国企优位的观念，加快肃清市场中计划经济思想残留，在理念、规范和具体制度三个层面上实现有机统一，促进企业公平融资与银行信贷自主、政府金融监管之间的协调。② 最后，金融改革的推进和完成需要通过金融法制变革得以实现，这就要求金融法制按照金融改革的基本面向完成制度调整和创新，平衡金融法制行政主导色彩和管制中心主义倾向，从金融抑制走向金融深化，从金融排斥走向金融包容。③ 微观层面则要积极回应现实问题，通过梳理挂靠融资操作流程与挂靠关系类别，结合挂靠制度价值与风险，对挂靠式融资进行合法性改造。

2. 挂靠式融资法治化改造的具体路径

（1）审批管理挂靠中介业务，依据等级评定指标规范中介机构业务经营

民企对于挂靠融资的强烈需求催生市场出现一个通过打通国企内部关系，明码标价倒卖国企挂靠资源的地下利益链条，提供挂靠服务的中介机构基于内部关系而获得挂靠资源，且存在层层转介绍的情况，这种挂靠中介经营首先存在挂靠资源来源合法性问题，凭借私人关系获取的挂靠批准并不能代表国企决策层一致作出的经营决定，将国企资源明码标价出售、层层转介绍的业务模式更倾向属于倒卖国企资源的行为，偏离了提供信息、撮合交易的中介业务本质。另外，出于利益的考量，为推进挂靠交易的完成，有些中介方完全忽视了对挂靠双方的事先调查与

---

① 安强身、姜占英：《市场失灵还是政府失灵？——基于主成分分析的金融漏损实证研究》，《财经论丛》2015年第5期。
② 冯辉：《普惠金融视野下企业公平融资权的法律构造研究》，《现代法学》2015年第1期。
③ 冯果、袁康：《走向金融深化与金融包容：全面深化改革背景下金融法的使命自觉与制度回应》，《法学评论》2014年第2期。

质量把控，这也为后续挂靠风险的出现埋下了隐患。因此，引导挂靠制度的健康发展首先需要由市场监管部门出具规范指导意见划定其经营边界，要求从事挂靠业务的中介机构在进行工商登记时明确披露其经营范围，将挂靠中介业务纳入审批管理，对合规经营的中介方给予相应的资质与业务空间，将其置于阳光下接受市场的监督。其次，市场监管部门可通过细化监管指标，将挂靠融资中的违法行为纳入等级评价否定性指标，对中介方违反经营规范的行为，监管者可取缔其挂靠中介的业务资格。最后，有关部门可以制定中介机构的业务规范，具体规定可细化为如下：为保证中介方所持有的挂靠资源来源合法，要求中介方需取得国企管理层审批同意的有效证明文件后才可推介；要求中介方在促成挂靠交易完成前对挂靠的民企进行必要的背景调查，谨防以规避法律为目的挂靠；要求中介方员工严格遵守法律规定和从业规范，严禁通过贿赂手段非法获取挂靠资源，确保在经营范围内从事挂靠信息提供与介绍业务，不得明码标价出售挂靠资源、不得协助任何一方进行非法挂靠行为。

（2）建立挂靠筛选机制与内部公示制度，出台挂靠融资协议范本予以指引

国企在接收民企挂靠前，应对其挂靠意图、自身适配度、民企经营状况与发展潜力进行充分的了解与调查，筛选出优质民企提供挂靠，同时国企内部也应建立挂靠企业关系公示制度，便利上级的统一管理与内部信息披露。此外，挂靠协议是挂靠关系成立的基础，挂靠协议的完备与否与挂靠风险呈正比，对挂靠双方来说，在挂靠协议磋商阶段，要尽量细化双方的权利义务与责任承担，重点明确民企所借国资背景融资的额度、可采取的融资方式、挂靠费数额与缴纳方式、民企股东实际出资时间以及挂靠关系终止后资产分割与股权转让相关事宜，为防止在外部责任承担时挂靠各方推卸责任，明确违约事件及责任承担也至关重要。对于挂靠协议的规范可参考商品房买卖合同的做法和经验，由监管机构出台挂靠式融资标准合同范本，将监管要求植入合同条款作为法定必备

内容,①这样不仅便于当事人以较低的成本达成交易,同时可以规范挂靠活动。从权利救济的角度看,司法机关对挂靠纠纷的审理应以挂靠协议为主要依据,重点审查挂靠协议内容是否违反强制性规定以及挂靠协议目的是否意欲规避法律,如不存在上述情况即应认定协议有效,由此即可为挂靠双方构建合法有效的挂靠式融资模式提供行为指引,且不损伤意思自治与市场创新活力。

（3）严格国企融资审核与财务风控的管理责任,通过"事先承诺"的手段进行激励性规制

如前所述,挂靠式融资风险很大一部分来源于挂靠方对被挂靠方的管控不力,国企对挂靠民企缺失相应的管理权也是挂靠式融资合法性争议的焦点。对国企来说,挂靠融资交易中最大的风险来源于被挂靠企业过度或不合规融资,而这也是信贷机构经营风险与金融市场系统性风险的根源之一。因此,为加强风险隔离、严格保障主体人格独立,法治化改造下的挂靠式融资必然要赋予挂靠方对被挂靠方一定的管理控制权。在目前挂靠实践中,国企通常只保留知情权与监督权,从中科建事件中可知国企在实际运用中约束力并不强,未来的制度改造中还需要进一步加强国企的管理权限,具体举措可由国资委出台文件细化国企对下属企业的日常管理,要求国企参与挂靠方融资相关事项的审核,赋予国企要求挂靠方进行重大事项报备、按期提交总结报告等管理权限,或在内部治理架构上要求国企派驻监事或审计人员对挂靠方的融资行为实施动态监管;禁止国企向挂靠方签发常年委托证书、做到一事一签发;加强国企的资质证照管理,建立完善的资质证照使用与审批制度;对挂靠方可能出现的财务风险、法律纠纷进行事先防控等。与此同时,国企也要主动完善自身的内控机制与公职人员的廉政道德建设,定期进行自检自纠。为推动国企建立和完善挂靠管理机制,监管部门除采取追责处罚等刚性监管手段外,也可进行柔性监管,即将外部施加的监管与内部自发

---

① 参见鲁篱《论金融司法与金融监管协同治理机制》,《中国法学》2021年第2期。

的响应有机结合起来进行激励相容,通过"事先承诺"的方式要求国企每年度就对挂靠公司的管控风险进行保证,如违反承诺则主动接受惩罚,若达到承诺目标则可以获得相应的奖励。如此一来,监管机关可由过程监控转为结果监控,得以分出更多精力进行全面监管,国企则有精力激励主动改进内部经营管理,规范挂靠关系。

二 资本脱实向虚背景下的通道式融资

近年来,资本脱实向虚演变为我国经济社会发展的一大"痛点"问题,以至于全国金融工作会议连续多次就抑制资本脱实向虚问题做出顶层设计。其中,2012年的第四次金融工作会议提出"确保资金投向实体经济"和"防止虚拟经济过度自我循环和膨胀";2017年的第五次金融工作会议将服务实体经济视为金融工作的三大任务之一,将回归本源视为金融改革的四大原则之一;2023年的中央金融工作会议提出"坚持把金融服务实体经济作为根本宗旨"。在推进重大金融风险防范化解攻坚战和防止资本无序扩张的顶层设计背景下,治理资本脱实向虚的紧迫性毋庸讳言,关键性的问题是哪些金融活动应当纳入整治的范围?针对这些金融活动整治的力度、节奏和边界该如何控制?这其实涉及金融创新与金融监管的动态平衡问题,更涉及以什么样的态度看待资本的问题。如果将资本视为万恶之源、将防止资本无序扩张走向极端化,则会贻误金融监管并挫伤金融商事创新。例如,在资本管制的政策驱动下,即使没有法律依据,创新型的并购融资工具也可能被叫停,甚至被打上污名化的标签。"宝万之争"过程中,监管者警告资产管理人不当"奢淫无度的土豪""兴风作浪的妖精"和"坑民害民的害人精",给予"门口的野蛮人"当头棒喝,资管计划参与公司并购的通道被关闭,我国资本市场第二轮公司并购浪潮很快烟消云散。可以说,在机械式理解、盲目式遵从以及运动式执法的多重因素影响下,防止资本无序扩张公共政策被严重扭曲,以至于资本流动的正常秩序被破坏,资本市场再次被低迷的气氛笼罩。

资本脱实向虚最为重要的表现形式之一是金融资金的体制内循环，外化为通道业务的泛滥。从字面意义上看，通道业务至少涉及两方金融机构，即为了规避监管或基于其他因素而将资金从某一金融机构转向其他金融机构，典型现象为商业银行与信托公司之间的通道业务。规避监管可以说是通道业务产生的根源，其所规避的对象既可能是外部的监管指标，也可能是内部的自控"红线"。监管规避行为不一定就是违法行为，而是处于"灰色"地带，但在金融司法监管化的背景下，通道业务也可能因"以合法形式掩盖非法目的"或"损害社会公共利益"而被认定为无效行为。[①] 值得注意的是，2018年的《资管新规》第二十二条规定"金融机构不得为其他金融机构的资产管理产品提供规避投资范围、杠杆约束等监管要求的通道服务"，由此可以看出监管者并没有采取"一刀切"式的处理方式，对通道业务采取的是限制而非禁止的态度。在著名的"资管新规第一案"中，法院本着"法不溯及既往"的精神，依据《资管新规》过渡期的规定，没有否定涉案合同的效力，遵循了"违反监管政策并不当然导致合同无效"的思路。[②] 但在《资管新规》过渡期已经结束的当下，通道业务的合规风险进一步加大，商业银行与信托公司等金融机构在开展信托通道业务时所面临的不确定性进

---

① "金融司法监管化"是一个备受争议的概念，随着2018年"天策公司案"而进入讨论视野，2019年的《九民纪要》为其提供了合法性支撑。参见钱弘道、刘静《金融司法监管化：形成、争议与未来》，《社会科学战线》2022年第1期。

② 2011年10月8日，包商银行与光大兴陇信托签订《单一资金信托合同》，包商银行通过设立单一资金信托方式，委托光大兴陇信托以信托贷款形式指定出借给北大高科公司信托贷款2.8亿元，本金和利息收入均归包商银行享有；光大兴陇信托向包商银行收取信托费用。由此，2011年10月9日光大兴陇信托与北大高科公司签订《信托资金借款合同》。2011年10月9日，领锐公司与光大兴陇信托签订《信托资金保证合同》，领锐公司对上述贷款提供无限连带责任保证；2011年10月9日，北京天桥公司与光大兴陇信托签订《信托资金抵押合同》，北京天桥公司对上述贷款提供抵押担保。合同签署后，2011年10月11日，光大兴陇信托依约向北大高科公司一次性发放信托贷款，但是北大高科公司到期未能依约履行还款义务，由此形成本案诉讼。此案由最高人民法院于2018年6月29日做出判决，是《资管新规》出台后法院在案件判决文书中对《资管新规》内容进行直接认可和援用的第一案。参见沈心怡《资管新规第一案评析——规避监管型通道业务中的合同效力认定》，《金融法苑》（第102辑），中国金融出版社2020年版，第38—51页。

一步加剧。特别是在"防风险"的政策语境下,通道业务所具备的风险隐忧需要引起足够的重视。

上述担心并非空穴来风,而是有着沉重的历史教训。在不承担风险和管理责任且能收取不菲"通道费"的诱惑下,信托公司逐渐偏离了"受人之托,代人理财"的本源性定位而热衷于投机取巧,通道业务一度占据其业务总量的半壁江山。如果仅仅满足于收取"通道费",信托公司并不会衍生出太大的风险,但信托本身偏偏带有"离经叛道"的不安分基因,总是想方设法绕开监管,寻求"创新",创设出伞形信托、结构化理财工具等高风险投融资产品,以至于酿成了"股灾"等灾难性后果。诚如有学者所言,信托通道业务作为中国的"影子银行",可能为金融市场制造系统性风险并使国家的产业政策目标落空,因而需要对其强化金融监管。① 事实上,信托制度在我国的移植和变迁过程始终伴随着理论上的争鸣与现实中的诘问,历经多轮整顿而难言秩序的形成,"异化"似乎成为信托制度难以摆脱的标签。② 实践中的通道业务已经蜕变为资本内卷化的代名词,假如任由金融部门凭借牌照资源坐享其成,则无异于对实体经济的戕害。笔者曾撰文指出,信托通道业务的法律规制必须立足于风险防范,从信息披露、受托人信义义务、穿透式监管规则等方面进行制度回应。③《资管新规》的出台为治理通道业务提供了基本遵循,但后续仍有一系列的问题亟待破解,比如信托通道业务的私法构造与合同条款的效力、司法权与金融监管权的协调、穿透式监管的扩张边界等。每一次信托整顿之后,公司融资的制度环境会变得更为严峻。如何矫正通道式融资的异化并处理好后续所衍生的公司融资难题,均值得进一步深思。

---

① 杨秋宇:《信托通道业务的私法构造及其规制逻辑》,《北京理工大学学报》(社会科学版) 2021 年第 3 期。
② 孙义刚、郑阈:《信托制度异化论——对我国现行信托产品法律结构之评判》,《法律科学》2009 年第 2 期。
③ 黄维平、李安安:《风险防范视角下信托通道业务的法律规制》,《学习与实践》2017 年第 12 期。

三 非理性繁荣趋向下的平台式融资

近年来,以分享经济、平台经济、微经济为代表的新经济模式异军突起,很大程度上重塑了当前的经济和社会面貌。如果说旧经济是以企业为中心、以银行账户体系为基础、以柜台经济为表征、以生产为侧重,那么新经济则是以个人为中心、以网络资金账户为基础、以平台经济为表征、以交易为侧重。① 从柜台经济走向平台经济,是经济模式变迁的关键一步,以数据为中心的平台经济模式正在颠覆传统并塑造未来。这里的"平台",按照《关于平台经济领域的反垄断指南》之界定,是指"通过网络信息技术,使相互依赖的双边或多边主体在特定载体提供的规则下交互,因此共同创造价值的商业组织形态",由此可以认为平台经济是一种依托于平台及平台经营者的新型组织方式和商业模式,是互联网平台协调组织资源配置的一种经济形态。自生成以来,平台经济的发展可以用"一日千里"来形容,在购物、社交、咨询、出行等领域均产生了革命性影响。在公司融资领域,互联网金融平台的崛起所带来的冲击同样突出,甚至被誉为超越传统间接融资和直接融资的"第三种金融融资模式"。一时间,互联网金融被赋予了太多的光环,为之鼓与呼的言论铺天盖地漫卷而来,常见的话术是"互联网金融的发展已是不可逆转的时代潮流""中国互联网金融革命正在爆发,且势不可当""现有金融体系的根基已经开始动摇,以互联网为基础的新金融体系正在重建"。② 但人们难以预料的是,互联网金融经历了一场非理性繁荣,很快走向异化并衍生出诸多金融乱象,其所谓的神话伴随着国家开展的互联网金融风险专项治理行动而灰飞烟灭。其中,P2P平台的异化最为典型,几乎沦为了民事欺诈甚至刑事诈骗的代名词,经过整顿和市场出清后,行业经历了大洗牌,合规稳健的平台所剩无几;股权众

---

① 周子衡:《变轨——数字经济及其货币演进》,中信出版社2021年版,第133—140页。
② 余丰慧:《互联网金融革命——中国金融的颠覆与重建》,中华工商联合出版社2014年版,第2页。

筹平台尽管"看上去很美",但由于立法缺失,极易与非法集资牵扯在一起,在整顿过后可谓偃旗息鼓;以支付宝为代表的第三方支付平台,伴随着蚂蚁金服被三次约谈以及整体申设为金融控股公司后被纳入金融监管范畴,由其支撑的花呗、借呗、余额宝等信用消费工具、信用贷款产品、货币市场基金等不再游离于法律边缘。由此,平台式融资的非理性繁荣景象一去不复返,矫正其制度异化的新征程已经开启。

互联网金融平台的异化从侧面反映出整个平台经济的扭曲,其中一个备受诟病之处在于大平台利用数据优势从事垄断行为,排挤或限制竞争对手,利用国家包容审慎监管的政策红利大肆进行资本扩张,甚至出现了"平台资本主义"的倾向。[1] 当人平台的视角伸向金融业,权力与资本的勾连就难以避免,平台经济偏离实体经济的宿命就此生成。正如有学者所指出的,平台经济的金融化表明金融资本试图构建一种新的金融化格局,金融资本以平台为中介,将实体经济置于金融资本的支配之下,由此加深了金融资本投机逻辑与实体经济健康发展之间的矛盾。[2] 平台式融资的异化有着深刻的制度根源,包括金融抑制与金融排斥的惯性、社会信用的缺失、立法与监管的滞后等。对互联网金融平台的清理整顿有助于保护投资者利益,维护健康稳健的金融秩序,因而有着正当性的社会心理基础,但悖论在于,由于这样的清理整顿具有鲜明的运动式执法色彩,不可避免地带有简单粗暴的执法风格,事实上损害了法治权威,也恶化了平台经济的法治环境。特别是在"强化反垄断与防止资本无序扩张"的现实政策语境下,针对平台经济的执法力度被刻意强化,以至于这一新经济模式在兴起不久即陷入风雨飘摇之中。运动式执法因缺乏恒常性的规则而使得法治秩序难以建立,市场主体因缺乏稳定

---

[1] 平台资本主义不仅是一种组织和管理经济的模式,还是人的社会权力关系的重构方式,其以数字化的方式深嵌于社会领域,以数据、技术、资本、权力的互动为逻辑主线,是以数据权力和算法权力为内核的资本权力控制社会的一种新模式。参见王卫华、董逸《平台资本主义:历史演进、现实逻辑和基本特征——基于政治经济学批判视角》,《理论月刊》2022年第3期。

[2] 齐昊、李钟瑾:《平台经济金融化的政治经济学分析》,《经济学家》2021年第10期。

的法律预期容易滋生出投机主义。正如有论者所言，由于运动式执法的仓促性、被动性、临时性和事后性，其治理绩效往往备受诟病，民间谚语"按下葫芦浮起瓢"即生动地反映出此种执法模式无法根治公共安全风险隐患、对潜在违法主体严重缺乏有效威慑的本质弊端。① 因此，推动规制范式的转型势在必行，在此背景下，引入信息规制理念与制度的必要性便彰显出来。

目前，"信息规制"这一概念在环境保护、食品安全、消费者权益救济、格式条款的法律控制、共享经济的法律治理等领域得到了广泛使用，但其内涵在不同语境下有所差异。根据安东尼·奥格斯的权威界定，信息规制主要包括两个方面：一是信息披露，即供应者有义务提供有关商品的价格、身份、成分、数量或质量方面的信息；二是控制错误或误导性信息。② 该描述性定义显然是从消费者权益保护的视角做出的界定，无法成为本研究的立论依据。有学者认为信息规制是指规制主体即政府公布信息或者规定信息处于强势地位的一方应向信息处于弱势地位的一方提供商品或服务的详细、准确的信息，以减少信息偏在带来的负面影响的规制方式。③ 也有学者认为，信息规制的内涵包括"对信息的规制"和"用信息的规制"，前者是用法律的手段对信息进行调整，实现信息的有序流转，保障信息收集的准确性和有效性，降低社会整体的运行成本，后者是以信息作为规制工具对社会关系进行调整，为国家适度并有效干预市场提供支撑，实现社会政治经济决策的有效实施。④ 在本书语境下，信息规制是指运用各种信息工具对互联网金融平台进行引导、规范和治理等活动的统称，指向的是"用信息的规制"而非

---

① 吴元元：《双重博弈结构中的激励效应与运动式执法——以法律经济学为解释视角》，《法商研究》2015年第1期。
② [英]安东尼·奥格斯：《规制：法律形式与经济学理论》，骆梅英译，中国人民大学出版社2008年版，第123页。
③ 方桂荣：《信息偏在条件下环境金融的法律激励机制构建》，《法商研究》2015年第4期。
④ 徐超：《"三权分置"下土地经营权登记制度的缺陷及完善——以信息规制为研究路径》，《农业经济问题》2017年第9期。

第三章 金融创新诱致的公司融资法制难题

"对信息的规制"。关于该概念的理解，有两点需要强调。其一，互联网金融平台信息规制的关键环节在于信息规制工具的选择和配置。信息规制存在直接规制与间接规制、强制性规制与激励性规制的类型化区分，不同类型信息规制所涵摄的信息工具自然有所差异。例如，强制性信息规制的工具包括强制信息披露、强制信息留存、强制信息共享等，而激励性信息规制的工具包括信息交流、信息保护等。① 不同类型的信息规制工具应当进行恰当的配置，促进适时替代和良性互动，进而提高互联网金融平台法律规制的有效性。其二，与传统意义上以"命令—强制"为特色的行政规制相比，互联网金融平台的信息规制具有鲜明的柔性特征，其不是对行政规制的完全替代，而是对行政规制的必要补充。近年来，学界对于互联网金融平台的规制模式反思较多，倾向于放松行政管制，引入更具有市场化、更富有弹性化的规制模式。例如，有学者建议针对互联网金融风险的本质，通过强化收益端和风险端的法制建设，化解、转移信息不对称风险，使其回归传统金融交易风险定价的基本逻辑，在具体路径上要确立原则导向监管方式，倡导软法治理先行的规制进路，引入国外"监管沙箱"范式，以鼓励创新并控制风险。② 有必要认识到，行政规制尽管存在诸多弊病，但信息规制亦非十全十美，将互联网金融平台的法律规制寄希望于软法不一定契合我国的现实国情。恰当的做法是发挥行政规制和信息规制的比较优势，取长补短，形成合作规制的法律架构，共同致力于互联网金融平台的有效治理。

关于互联网金融平台信息规制的工具配置，学界尚未有系统性研究，因而也就谈不上工具配置的原理性共识问题。结合互联网金融平台的特性，本书认为互联网金融平台的信息工具配置应遵循如下原理。首先，信息规制的工具配置应以互联网金融平台的整体性需求为考量基

---

① 参见张效羽《互联网分享经济对行政法规制的挑战与应对》，《环球法律评论》2016年第5期；金自宁《作为风险规制工具的信息交流——以环境行政中 TRI 为例》，《中外法学》2010年第3期。

② 张斌：《互联网金融规制的反思与改进》，《南方金融》2017年第3期。

点，秉持系统性配置的理念。互联网金融平台的法律规制涉及复杂而敏感的利益调整，修修补补的碎片化改革已经难以为继，注重全局视野的系统性改革成为必然选择。作为互联网金融规制体系的一个组成部分，信息规制工具不可能脱离其他规制工具而独立存在，唯有按照整体性协同原则将信息规制工具嵌入互联网金融规制的"工具箱"，由监管部门根据市场整体需求进行动态选择，促进各种规制工具的适时替代和良性互动，如此才能保持互联网金融平台的规范弹性和应有活力。这里"整体性需求"的判定，需要考量信息规制工具选择的成本、收益、激励与约束机制、时机与切入点等因素。

其次，信息规制的工具配置应注重发挥比较优势，通过信息规制工具之间、信息规制工具与其他规制工具之间的适当组合与配比降低交易成本，提高互联网金融平台的规制效率。在解决信息问题上，信息规制工具无疑是具有比较优势的，"信息披露和甄别是对信息不对称的最佳回应"，[①] 但也存在规制力度弱、实施效果存在群体差异等局限性。特别是随着信息公开在深度与广度上的拓展，"信息爆炸"削弱了公众的注意力，使人们筛选信息的能力面临挑战，信息工具对于那些教育程度低、风险承受能力差的投资者效果不彰。[②] 为了扬长避短，信息规制工具内部以及信息规制工具与其他规制工具之间应当进行优化组合，实现各种规制工具的制度衔接和功能互补。例如，关于 P2P 平台非理性盲目疯长的规制，可以将风险预警、重大决策信息预先公告与税收工具等进行组合配置，以便让投资者回归理性，防止盲目地跟风投资。

最后，信息规制工具的法律配置应充分考量互联网金融市场"信息鸿沟"的现实，倾斜性保护处于信息弱势地位的中小投资者。在互联网金融平台的专项整治运动中，一大批平台被关闭，投资者损失惨重，

[①] ［美］凯斯·R. 桑斯坦：《权力革命之后：重塑规制国》，钟瑞华译，中国人民大学出版社 2008 年版，第 101 页。

[②] Cass R. Sunstein, "Informational Regulation and Informational Standing: Akins and Beyond", *University of Pennsylvania Law Review*, Vol. 147, 1999, p. 682.

"买者自负"原则虽然可以消解投资者的悲观情绪,但并不能作为"监管有责"的挡箭牌,立法者和监管者有义务保护处于信息弱势地位的中小投资者。信息规制工具的倾斜性法律配置,一方面要强化特定主体的信息提供义务,包括互联网金融平台强制性的信息披露义务,相关中介机构提供真实鉴证的信息服务义务等;另一方面要改善金融信息基础设施,如建立面向投资者的平台信息数据库、向投资者提供免费的信息咨询服务等。信息规制工具倾斜性的法律配置可以强化中小投资者的信息博弈能力,矫正信息资源分配失衡的格局,提振投资者的信心,进而为互联网金融平台的有效规制奠定微观基础。

庆幸的是,关于针对平台经济的管制型立法和运动式执法弊端,中央已经认识到问题所在并开始采取具体行动。例如,2022年4月29日上午,中共中央政治局召开会议,提出"要促进平台经济健康发展,完成平台经济专项整改,实施常态化监管,出台支持平台经济健康发展的具体措施"。当天下午,中共中央政治局就依法规范和引导资本健康发展进行第三十八次集体学习,强调要发挥资本作为重要生产要素的积极作用,坚决打击以权力为依托的资本逐利行为。这意味着平台经济即将完成从"专项整改"到"常态化监管"的转变,针对资本的监管将从"一刀切"走向分类施治。如果这一范式转换能够成功,平台经济无疑会再次进入发展快车道,互联网金融平台将回归本源,朝着普惠金融的方向演进。

第三节　法条主义束缚下金融创新的司法审查困境

金融主体创新、金融工具创新以及金融业务创新往往是在立法缺失以及法律规制的"真空"中进行的,必然引发大量的纠纷,而这些纠纷的解决依赖于创造性的司法审查来完成。本节旨在以股权代持、明股实债的司法审查为例透视金融创新之司法审查的制度困境。

一 金融创新审查中司法权与行政权的博弈：以股权代持为例

（一）问题的提出：是金融的特殊还是司法的恣意

股权既是公司融资的基本工具，又是公司治理的基本手段，股权权能的不同配置模式会深刻影响公司的融资秩序和治理结构。股权代持作为一种常见的公司股权配置模式，一旦与资本市场、上市公司或者金融机构等涉及公共利益的元素联结在一起，意思自治的空间便会被压缩，原本看似简单的代持协议也会争议重重。最高人民法院于2018年3月审理的"福州天策实业有限公司诉福建伟杰投资有限公司、君康人寿保险股份有限公司营业信托纠纷案"（以下简称"天策案"）就属于这样的情形。该案的基本案情是：天策公司与伟杰公司于2011年签订《信托持股协议》，约定天策公司通过信托的方式委托伟杰公司持有其拥有的2亿股君康人寿股份。2012年，君康人寿公司股东同比例增资，伟杰公司股份额为4亿股。2014年10月30日，天策公司向伟杰公司发出《关于终止信托的通知》，要求伟杰公司将信托股份过户到其名下，并结清信托报酬。伟杰公司不同意将股权过户。天策公司遂向福建省高级人民法院提起诉讼，要求确认《信托持股协议》于2014年10月30日终止，并判令伟杰公司将其受托持有的4亿股股份立即过户给天策公司，并办理过户手续。一审福建省高院支持了天策公司的诉讼请求。伟杰公司不服，向最高人民法院提起上诉。最高法院二审认为，天策公司、伟杰公司关于股权代持的约定，违反了保监会《保险公司股权管理办法》第八条关于"任何单位或者个人不得委托他人或者接受他人委托持有保险公司的股权"的规定。虽然该规定系部门规章，但代持保险公司会危及金融秩序和社会稳定，损害社会公共利益，因此《信托持股协议》无效。最高人民法院的判决可谓一石激起千层浪，引起了轩然大波。这一方面在于裁判理由违背了既有的法律位阶体系，无论说理是否充分，是否出于公共利益的考量，结果上显然有悖于法理；另一方面在于限制甚至否定了金融保险领域当事人的意思自治，有司法监管化之嫌，混淆了司法权与行政权的界限。深入分析本案的裁判逻辑，不难发现最高人民法院是基于防范化解重大金融风险这一公共政策所进行的取舍，是在充分考量金融领域特殊性基础上所做的利益平衡。金融的确是一个很特殊的领域，其是以货币为对象进行的信用交易活动，以信息为前提，以信用为核心，以信心为保障，具有高杠杆性和高风险性，需要严格的金融监管和专门化的金融司法。沿循着金融特殊性的思路，需要追问的问题是，在充满创新的融资领域，私人自治与国家干预的平衡点在哪里？行政权与司法权在介入融资创新性纠纷时如何配置？对于创新性的融资工具、融资模式所引发的纠纷进行司法审查时，应秉持什么样的理念和方法？

（二）司法权在金融创新实践中的定位

最高人民法院以违反原保监会的行政规章为由认定合同无效，表面上反映的是法律位阶的层次问题，实质上反映的是金融领域的司法权和行政权之间的权力配置问题。从英美资本市场经历来看，最初并没有专门的行政监管机构，主要靠市场自律以及司法的个案裁判。经历了20世纪30年代的世界经济危机之后，美国开始成立专门化的监管机构，而英国直到20世纪80年代才成立专门的监管机构。自此，行政权力在金融监管领域不断膨胀扩张，司法对于金融的作用主要在于个案的"零敲碎打"，司法偏安一隅。[①] 晚近以来，随着专门的监管机构不断扩张，几乎集立法、行政和司法三权于一体。但与此相伴随的是，金融危机并未被治愈，似有越发严重之虞。鉴于此，司法对于金融发展的作用再次被提上日程，司法权开启了其不断扩张的道路。

1. 越轨的司法权

传统的权力分立制衡等法学理论认为，立法权的行使范围在于制定法律、决定法律权利的配置；司法权的权利范围在于根据法律居中裁

---

① 洪艳蓉：《金融监管治理——关于证券监管独立性的思考》，北京大学出版社2017年版，第130—148页。

判，将立法机关制定的抽象的法律通过个案裁判确认给具体的当事人；行政权的范围在于将权利的配置关系具体执行。因此，对于经济社会的发展，法院唯一能做的就是通过个案裁判来解决经济纠纷。然而，随着经济社会的发展以及法律与经济的交叉，法院尤其是最高法院往往对经济有着较强的规制效用，法院被认为具有权利再配置功能，此即为法院的经济功能。那么，法院是如何借助个案裁判来达到并且不断扩张其经济规制功能的呢？在著名的"中福实业公司担保案"中，最高人民法院通过发布司法解释，认定中福实业公司的担保合同无效，否认了公司的担保能力与担保权利。实际上，虽然是针对中福实业这一个案所做出的判决，但此时应当考虑的不是中福实业这一个案，而应是最高人民法院行为的社会影响力。在法律领域，最高人民法院无疑占据着最为重要的地位，其判决在社会中被认为代表了当前司法对于某一类问题的态度。如在2012年的"世恒对赌案"中，最高人民法院在PE界确立了"与公司对赌无效"的基本准则，然而在2018年的"瀚霖对赌案"中，最高人民法院认为案涉协议所约定由瀚霖公司为曹务波的回购提供连带责任担保的担保条款合法有效，瀚霖公司应当依法承担担保责任，这被认为是最高人民法院对于对赌的司法转向。在"天策案"中，最高人民法院通过对规章的扩大解释，将违反规章等同于违反法律法规，进而认定代持协议无效。从本质来看，这是通过对个案的裁判来表明最高法院对于该类问题的态度，从而在金融监管领域确立司法的权威。由此可以得出的基本结论是：第一，目前我国法院的经济功能仍然是依存于法院的个案审判之中。法院不可能像专门的行政监管部门一样，直接介入金融监管之中，也不可能像法人一样直接投资经济活动，法院规制经济主要是通过个案审判等一系列法律措施。第二，我国法院的经济功能具有特定的政策目标，当前的主要目标主要停留在促进经济的快速发展以及防范化解风险，法院成为宏观经济快速发展的"推进器"。

除了经济功能，法院的政治功能同样较为突出。最高人民法院通过发布司法解释、指导性意见，遴选指导案例等司法活动，贯彻落实国家的公共政策，日益成为公共政策法院。最为极端的例子是，为了更好地执行政治决策，我国甚至出现了法院和政治机构"合办"法庭的情形，如广西浦北县农信社为清收不良资产，在地方党政部门的大力支持下，与浦北县法院合作，设立了该县首家"金融法庭"。该"法庭"其实早已背离司法独立性要求，蜕变为便利金融机构收债的执行机构。那么，类似的"法庭"在产权保护领域是否也有端倪呢？政府是否会与当地法院合作，设立专门防止国有资产流失的法庭，从而达到保护国有资产的效果？法院执行政策并不妥，但需要辨明的是，该政策是由法院主导形成还是法院被动地转化执行？最高人民法院应当如何履行其政治功能以及应当把什么确定为其政治功能？本书并非否认法院政治功能的价值，而是想着重说明的是，司法权与行政权在本质上有着天然的不同，司法权在纠纷争议解决上具有的天然优势，但在政治领域反而成为其劣势，这是因为司法权缺乏有效的执行力都使其在日常的金融监管中处于劣势。鉴于此，要发挥司法在金融发展中的应有作用，需要司法有所作为，坚守妥适的"政治定位"，着力于金融监管领域的法治维护，而不是寻求对行政权力的替代。

法院在金融监管领域确实有一定的作用空间，但过分地强调司法的经济功能与政治功能，不加节制地扩张司法权，则有可能使法院陷入两难境地：一方面，司法承担过多本不应当由其承担的责任，司法权的每一步扩张都带来司法成本的成倍增长，导致司法不堪重负；另一方面，伴随着司法成本不断上升，司法规制经济的效果却不尽如人意，当二者不匹配时，司法会受到来自内外的双重压力。因此，在强调司法对于金融发展效用的同时，还需要保持必要的克制，司法权不可以越轨，更不可以恣意。

2. 金融监管领域司法权的先天不足

司法在金融发展中无疑具有不可代替的作用，但这种作用在金融领域具有特定的适用空间，并非在任何金融空间均能够发挥作用。从资本市场发达国家的发展历程来看，司法处于一个不断被挤压的状态，这既是行政权力极度扩张带来的负面结果,也在一定程度上说明司法权在金融监管领域存在着先天不足,即司法机关不具备金融监管所需要的独立性,司法权赖以行使的法律本身存在着不完备性,进而导致司法在剩余立法权的分配中处于弱势。

英美最初的金融市场信奉的是市场自我调节与自我监管,随着经济危机的爆发,开始设立专门性的监管机构。在危机爆发之时,存在着监管机构性质的争议,对于是设立一个专门的独立的监管机构还是将金融市场监管职能划归某一现有的政府部门,存在着不同的意见。① 最终,美国设立了专门化的独立性极高的监管机构——证券交易委员会(SEC),其主要理由是:第一,需要政府介入证券市场进行管制的理由即为"市场失灵",而不完全信息和不完全市场作为市场失灵的主要缘由在公共部门里是普遍存在的,因此,构建一个在实践中能够有效挽救市场失灵带来的秩序混乱的机构,不能忽视对信息对称性的思考,所以需要构建一个独立性强且能够有效实现信息互通的专门机构;第二,从金融监管技术层面进行分析,一项政策在制定初期可能符合最优原则,但在政策实施过程中难免出现偏离,因此需要进行政策调整,由此导致了对政策的信任问题,而要调和这种"时间非一致性"矛盾,就需要强化政策制定者的独立性,提高监管者的执法效率。② 基于以上两方面的考量,独立监管机构的设置成为必要,这也从另一个侧面展现出金融监管领域对于公权力的要求,即独立、专业、效率。法院作为争议解决机构,没有如此多的资源用来保障其面对金融市场冗杂的问题时应具备的专业、高效的特质。基于此,司法权在金融监管领域存在着一定的先天不足。

基于对法律内在不完备性的解释,法律不完备理论提出了一种关于金融市场监管的最优权力分配学说。法律的内在不完备是客观存在的,

---

① [美]约瑟夫·E.斯蒂格利茨等著,[荷]阿诺德·赫特杰主编:《政府为什么干预经济——政府在市场经济中的角色》,郑秉文译,中国物资出版社1998年版,第70—83页。
② [美]罗伯特·E.利坦、迈克尔·波默里诺、V.桑德拉拉加编:《金融部门的治理——公共部门与私营部门的作用》,陆符玲译,中国金融出版社2006年版,第134—136页。

法律的粗线条以及授权内容过于含糊使得司法部门在金融监管领域无所适从。对于这种法律的不完备性，英美法系主要通过法官造法和判例制度予以解决；而大陆法系国家则认为法官不可以超越现有成文法的规定作出判决，因此大陆法系国家主要是通过行政机构颁布相关文件予以填补法律的不完备性。作为传统大陆法系国家，我国在剩余立法权分配方面具有自身特色。第一，剩余立法权的分配仍然向行政机关倾斜，证监会和原银保监会行使的大量监管权力依据并不是最高立法机关颁布的法律，而是自身颁布的规章、通知、指引等。行政监管机构颁布的规则不仅是其自身行使权力的适用依据，甚至会成为法院据以裁判的根据，反观最高人民法院的司法解释，主要是司法自身裁判所应当遵循的准则，很少为其他机构所适用。第二，最高人民法院分享了一定的剩余立法权，但同英美法系"法官造法"不同的是，我国是"法院造法"，且此类"法"并非针对具体的个案，而是能够普遍适用于司法审判。从剩余立法权的具体分配格局看，金融监管行政机构多以授权自身行使日常监管权力为目的，而最高人民法院颁布的司法解释多与其司法属性相关，大多以解决金融领域的法律适用为要旨。

由于法律的不完备性，仅依靠被动式的法院执法难以达到最优阻吓的效果，因此需要将执法权分配给主动执法的行政机关。法院在执法权的分配格局中处于弱势地位，深层次原因在于：第一，法院恪守被动性原则，原告不提起诉讼法院就不会受理，但由于金融市场存在严重的信息不对称，普通投资者个体很难发现金融市场的侵权行为，容易导致侵权者逍遥法外；第二，即使投资者发现了侵权行为，也会受制于投资者的"理性冷漠"而不予起诉；第三，司法权力行使带有更强的审慎性，被设定了较高的程序标准，因此司法权行使成本一般要高于行政权。由于以上原因，司法权在执法权的分配领域也处于弱势地位。

从监管独立性、法律不完备性、剩余立法权分配和执法权分配四个方面，均体现出司法在金融监管领域的不足，但这并不是否认司法权在金融发展领域的作用，而是强调司法不能越俎代庖，应恪守谦抑性原则，厘清自身的权力边界，形成与行政权的合理分工，共同维护好金融市场秩序。

(三) 重构金融创新领域的权力分配逻辑

1. 金融监管领域的公权力配置体系

立法权的行使为金融监管行为提供法律依据并划分权力边界，行政权力可以被视为一种积极的法律执行，而充当社会正义底线的司法权力则为金融监管提供了另一种执法资源。面对一个复杂的权力网，我们应深入其中并发掘权力与权力之间的关系，解构金融市场监管权力的配置。在相当长的一段时间内，司法被排除在金融监管的领域，金融监管被狭隘地理解为"国家—市场"这一仅存在于行政监管者与自发市场秩序之间的关系。然而，司法对于一国金融发展具有举足轻重的作用，通过司法权的运作，金融法的价值得以重新建构。因此，应当具备一种三维的复合视角，将金融监管理解为"市场机制、行政监管机制和司法机制"三位一体的三角形模式。这种三角形并非等边三角形，各种规制力量存在着大小之别。要阐释清楚在金融领域如何配置行政权与司法权，则有必要对社会控制模式进行解读，剖视在金融监管领域应当如何进行社会控制模式的设置，以此寻求国家权力结构的内部平衡点。在社会控制模式之下，还应当分析在金融监管领域行政权与司法权的内部权力资源配置，防止司法权或行政权在金融监管领域权力资源配置被高度扭曲。

前文指出，美国和英国的早期资本市场严格信奉市场的自律监管，认为市场自身可以提供完善的制度来满足金融秩序的一切要求，而不需要任何公权力监管机构。经历20世纪30年代经济大萧条之后，美国逐步采取专门的行政监管机构，并最终组成现今的SEC，英国直到20世纪80年代才形成现今的FSA。这种现实的监管模式的转变，实际上反映出的是四种社会控制模式：私人秩序、私人诉讼、政府监管和国家所有制。英、美两国最初的资本市场采取的是私人秩序模式，我国在过去一段时间采取的是国家所有制模式，前者存在着极大的无序成本，后者令市场萎靡不振，因此这两种模式都被证明存在极大的社会成本。由此，现代金融市场国家权力资源的配置，主要是在"私人诉讼"与"政府监管"这两个选项中加以抉择。

纯粹"政府监管"控制模式下的金融市场监管，强调专门监管机构的权威。以证券监管领域为例，美国将 SEC 作为一个独立的监管机构来监管证券市场。这一独立机构的设置，较之于之前自由、自律的市场，具有以下特点：第一，独立的行政监管机构行使的是一种主动性的权力，这种权力能够克服司法机关"不告不理"所带来的"程序成本"，进而克服金融消费者的"理性冷漠"所带来的恶性循环；第二，这种独立监管机构更多地被当作第四类"行政分支"，它将是"半立法、半行政和半司法的"，其在本质上是非政治性的，并在功能上具有准司法和准立法的属性；第三，独立的监管机构在金融市场的各个领域发挥着日常监管的作用，包括行业准入、业务审批、发行审查、上市监管、违法查究、风险处置、投资者教育和保护等。

纯粹"私人诉讼"控制模式下的金融市场监管，强调司法机关通过对案件的受理与裁判这种事后救济的方式介入金融监管。司法权在金融领域的监管主要表现为：第一，司法权的救济需要由当事人来启动，司法权应当也必须遵循不告不理的被动性原则。第二，依靠法院来执行金融市场法律，必须遵循法院的司法活动所特别强调的程序规则，这构成了司法权行使的"固定成本"，若受损害的当事人人数较少，则可能因为这种成本的阻吓导致最终不诉诸司法；若受损害的人数较多，任何率先提起诉讼的投资者都有可能会出现个体的"理性冷漠"。因此，司法的冗杂程序与固定的高成本，导致其执法效率大打折扣。第三，由于司法的执法效率低，致使司法权在金融监管领域的阻吓力严重不足，司法不能起到有效预防并威慑各种侵害投资者利益行为的作用。

2. 传统"强行政，弱司法"权力图景的现实变化

传统理论认为，中国金融市场主要是行政机构主导式监管，司法机关仅仅是被动地介入金融监管领域。然而，随着最高人民法院规制经济

的不断深入,尤其是金融领域司法权的扩张甚至是越轨,使得传统的权力配置体系得到突破,行政权与司法权的界限不再是传统的由行政权一端向司法权凸进,而是互相有所突破,形成锯齿状的权力分配界限。例如,最高院在 2009 年 3 月印发的《关于审理涉及金融不良债权转让案件工作座谈会纪要》,授权地方政府对不良金融债权享有优先购买权,其中阐述的理由主要为"防止在债权转让过程中国有资产流失",并且详细阐明了地方政府优先购买权的行使方式和程序。[①] 该份代表法院立场的"纪要"所涉及的内容已经超出了司法审判的范畴,而是介入了金融行政监管领域,变相成为行政权行使的铺路石。

(四) 金融监管领域司法权的回归

司法权作为国家公权力的一个重要分支,对于促进金融纠纷的解决、维护金融创新的制度环境等有着重大的作用。但应当明确的是,第一,司法权在金融监管中的重大作用并不是其无限扩张的理由,司法权应保持应有的克制;第二,司法权与行政权在金融监管中有着各自的权力空间,应基本遵循该权力分工,各司其职。在金融监管领域,司法权的正本清源可以从三个层面加以推进。

第一层面,司法在金融发展过程中当有所作为。首先,弥补金融监管的短板需要司法有所作为。从企业融资到公司治理再到其退出市场的过程中,金融监管无法做到全覆盖,难免存在"堵点"与漏洞,司法政策以及司法审判能够在相当大的程度上弥补金融监管的不足。[②] 其次,最高人民法院可以通过颁布司法解释重新配置权利来影响市场活动,同时也可以通过司法解释直接影响全国各级法院的案件审理变化。[③] 最后,最高人民法院通过颁布司法文件来界分金融监管领域的司

---

① 黄韬:《公共政策法院——中国金融法制变迁的司法维度》,法律出版社 2013 年版,第 177 页。
② 朱大旗:《关于金融司法监管的整体思考——以司法推动金融法治为视角》,《甘肃社会科学》2012 年第 5 期。
③ 侯猛:《最高法院规制经济的实证研究——以法院内部管理费用为分析视角》,《中外法学》2005 年第 2 期。

法权与行政权，合理划分司法与行政的权力范围，能够确保金融监管更加高效。

第二层面，司法在金融监管领域当有所节制。由于最高人民法院内部的管理费用、外部的司法成本以及自身的政治定位，决定了其在金融监管和经济规制领域的规模及其深度不能超过自身的司法能力。对待法院的经济规制功能和司法能动主义我们需要保持清醒的头脑，过分强调法院的非司法功能，会将司法引入歧途，使得法院陷入公共利益的泥淖。司法应当有所节制的主要理由是：第一，法院应当认识到其处理经济法律问题时知识的有限性，不应扮演一个无所不知的中央计划集权者的角色。[1] 第二，最高人民法院具有规制经济、金融监管的职能，但是这种职能的行使所需要的成本较之于行政机构要高得多，主要包括知识成本、外部协调成本和内部管理成本。第三，最高人民法院在金融监管领域对行政监管部门的依赖性太强，[2] 这也是其依据行政规章作出判决的深层诱因所在。

第三层面，司法权与行政权都有其各自的权力空间，在金融监管领域，应当基本遵循这种权力特性的差异。行政机关能够相对轻易地收集到市场的各方面信息，具有较强的执行能力，行政权是一种积极的权力行使，其权力行使成本要显著低于司法权。司法权是一种消极的权力行使，遵循严格的程序原则，注重市场法治的保障与维护。基于行政权与司法权的此种特性差异，在金融监管领域，司法权与行政权显然各有侧重，各司其职才能更好地监管金融市场。

综上所述，司法应当向其本身的政治角色回归——制衡行政权力而不是替代行政权力。司法权因其本身的被动性及严格的程序性，被认为是最能代表法治的国家公权力。司法权除了在金融领域解决金融纠纷、定纷止争外，还应当对行政权在金融监管中的权力行使进行司法审查，

---

[1] 侯猛：《最高法院司法知识体制再生产——以最高法院规制经济的司法过程为例》，《北大法律评论》2004年第00期。

[2] 侯猛：《最高人民法院如何规制经济——外部协调成本的考察》，《法商研究》2004年第6期。

督促行政监管机构严格按照法律程序进行金融监管，推进金融市场自身的法治建设，成为金融市场法治建设的"助推器"而不是宏观经济发展的"催化剂"。回归自身的政治角色定位，在司法资源及司法能力限度之内，参与金融市场的监管，方为司法权的正轨。

二 金融创新司法审查中的法律冲突：以明股实债为例

（一）金融创新抑或逃避监管：明股实债的价值评判

明股实债是银行和信托公司为了绕开监管向房地产等行业发放贷款而创新的业务模式，从产生之日起即被打上"逃避监管"的烙印。从客观结果上看，明股实债使资金过多地流向房地产、地方融资平台等政策限制行业，造成这些行业"泡沫"泛滥，金融资源配置效率低下。例如，国家从2014年开始推广PPP模式，鼓励社会资本参与基础设施建设，以减轻地方财政负担，防范地方债务风险过大。在政策实施过程中，由于PPP项目主要用于社会公益性的基础设施建设，项目回报率较低，且投资期限较长，社会资本参与的积极性并不高，政府转而通过明股实债的方式继续引入银行的资金。如在武汉地铁8号线一期项目中，招商银行、光大银行和汉口银行作为社会资本方和武汉地铁集团共同设立"武汉地铁股权投资基金（契约型）"，社会资本方为优先级出资人，获取固定的收益，武汉地铁集团为劣后级出资人，对优先级承担保本的责任。同时合同约定，项目合作期届满，社会资本方股东将其所持股权无偿或以1元人民币转让给武汉地铁集团指定的政府出资方股东。按照上述约定，设立武汉地铁股权投资基金实际上是武汉地铁集团的举债行为。

由于我国金融市场发展不完善，明股实债这一创新型融资方式事实上对经济发展具有一定的促进作用。我国居民有重储蓄的传统，资金大量积聚在银行，而银行贷款有着严苛的要求，许多企业在发展初期难以满足相应的要求，只能通过明股实债等创新方式获得银行贷款。我国居民的投资理财意识近年来虽然不断加强，但出于保本金的考虑，居民仍然会优先选择银行这类传统金融机构的产品,信托、保险、基金、证券等非银金融机构的资金规模依旧滞后。受严格的金融管控约束,商业银行传统的信贷产品不易根据市场变化迅速进行调整,难以有效满足市场信贷需求,明股实债的存在有利于缓解这一矛盾。可以预见的是,在未来较长一段时间内,以银行贷款为代表的间接融资方式将仍旧占据主要地位,明股实债依然具备较大的制度空间。

与一般的银行贷款相比,明股实债有以下显著优势。第一,贷款用途广泛。《贷款通则》规定,商业贷款须在贷款合同中明确约定贷款用途,借款人必须按照约定使用贷款,否则银行有权解除合同,提前收回贷款。明股实债无此限制性要求,有利于融资方自主根据经营需求使用借贷资金。第二,还款方式灵活。根据《人民币利率管理规定》,短期贷款(期限在一年以下,含一年)须按季结息或按月结息,中长期贷款(期限在一年以上)须按季结息。而明股实债项目中,融资方可在回购股权时一次性还本付息,借款期间融资方的付息压力较小,融资方可将更多的资金用于企业生产经营。第三,降低融资企业财务杠杆。在企业财务报表中,通过明股实债获取的贷款计入"股本"或"资本公积"一科,通过商业贷款获取的资金视期限长短计入"短期借款"或"长期借款"一科,因此相比商业贷款,明股实债有利于优化企业的财务报表,改善企业的资产负债结构,提高企业尤其是上市公司的信用评级,从而进一步提升企业的融资能力。因此,尽管近年国家多次出台政策打击明股实债项目,但这些政策只是针对房地产等部分领域,实际上明股实债并未被全面叫停。

(二)法律结构诱发的深层难题:明股实债的公私法冲突

我国法律迄今未对明股实债作出明确的定义,虽然中基协 2017 年发布的《证券期货经营机构私募资产管理计划备案管理规范第 4 号—私募资产管理计划投资房地产开发企业、项目》(以下简称"备案管理规范第 4 号文")首次对明股实债的含义进行了规定,但中基协属于自律性组织,其发布的规范性文件不属于法律。明股实债定义不明,因此其性质也未有清晰的法律界定。

1. 商事外观主义：明股实债的私法认定逻辑

在强调穿透式监管的当下，如果基于目的解释原则，明股实债的法律关系本质当为债权。但此推断存在前提：只需厘清明股实债项目中当事人的权利义务关系，力求当事人的真实意思表示，无须考虑项目以外的法律关系。当项目涉及第三人时，根据商事外观主义，明股实债可能被确认为股权，前文提及的新华信托诉湖州港城置业有限公司破产债权确认纠纷案中湖州市吴兴区人民法院的判决即为其例。

商事外观主义，是指根据交易行为人的行为外观确定其行为的法律效果。外观主义是商法领域的重要原则，其意在排除交易的不确定性，维护交易稳定和安全。外观主义的思维模式以行为引发的外观事实为中心，凡存在法律上有重要意义的外观事实，并以此作为联结点决定法律关系的效力和责任归属。① 从外观事实上看，明股实债的股权特性凸显。其一，第三人一般只能了解明股实债项目中的股权投资部分。明股实债项目主要由股权投资、股权回购和增信担保三部分合同构成，在这些合同中，只有股权投资合同易为外界所知悉，股权回购合同和增信担保合同一般由当事人私下签署，以掩盖项目为债权投资的事实。同时，股权投资合同视产品类型不同表现为私募基金合同、单一资金信托合同、券商资管计划合同、合伙协议等，私募基金、信托计划、券商资管计划等需要向相关的监管机构进行备案，合伙企业需向工商管理机关进行登记，因此无论股权投资合同为何种形式，其相关信息都有公开途径可查询。而股权回购合同和增信担保合同中，除了抵押合同，其余并无登记备案的要求。其二，投资方作为股东已在登记机关进行登记。《公司法》第三十二、三十四条规定，公司应当将股东的姓名或者名称向公司登记机关登记；登记事项发生变更的，应当办理变更登记。未经登记或者变更登记的，不得对抗第三人。根据

---

① 郭富青：《外观主义思维模式与商事裁判方法》，《西部法学评论》2015年第2期。

上述规定，投资方即使持有与融资方的回购协议，并无真实投资的意愿，也不得据此对第三人否定自己的股东身份。因此，根据商事外观，明股实债应归为股权投资行为。

2. 实质重于形式：明股实债的金融监管逻辑

从我国金融监管机构发布的文件看，金融监管层把明股实债定性为债权，即坚持实质重于形式原则，强调透过现象看本质。例如，《国务院国有资产监督管理委员会关于加强中央企业PPP业务风险管控的通知》《中国保监会关于保险资金设立股权投资计划有关事项的通知》等规定都将明股实债视为举债行为而予以禁止。

实质重于形式原则在我国最早出现于《企业会计准则——基本准则》第十六条，本源意思是指应按交易的实质而非其法律形式进行会计核算。该原则主要应用于税法领域，用于打击企业非法避税行为，近年来才被金融监管采用，这与金融行业的发展状态相关。自2010年起，受房地产行业、地方政府融资平台等旺盛的投资需求影响，特别是2012年后国家鼓励金融创新及实施宽松的货币政策，我国资产管理行业迎来了一个高速发展时期，其中通道业务异军突起。通道业务中，银行理财计划、信托计划、券商资管计划、私募资金管理计划等交叉经营，在我国"分业经营、分业监管"的金融体制下，监管机构无法准确地掌握其具体情况，通道业务参与者以此达到监管套利的目的。通道业务带来诸多问题，包括隐匿产品最终投向以突破监管对投资范围的限制，产品杠杆率过高，损害投资者权益等，影响金融业稳定发展。近年金融业发生的风险事件都存在通道业务的影子，如2015年股市异常波动事件，2016年宝能收购万科事件等。通道业务的最大特点是嵌套，监管机构针对此特点引入实质重于形式原则，以剥除通道业务的层层"外套"，揭示业务的本质。实质重于形式原则具有穿透表象直击业务本质的作用，其不仅适用于去除通道业务的掩盖，也可用于打击签署"阴阳合同""抽屉协议"等违规行为。最重要的是，目前资管行业混业经营趋势明显，利用监管"真空"的新业务层出不穷，实质重于形式原则有助于消除现行分业监管体制存在的监管盲区，因此得到监管机构的大力提倡和广泛适用。

在金融监管中，实质重于形式原则要求金融机构应按业务实质而不是业务形式来进行风险识别和评估，并且纳入监管范围。就明股实债而言，虽然金融监管部门在其职权中只能了解到需要备案的股权投资部分，但按照实质重于形式原则，明股实债应归为债权。只有把明股实债归为债权，才能及时地制止利用明股实债变相举债的行为，使国家宏观调控政策真正发挥作用。

3. 法益衡量与明股实债法律结构的返璞归真

商事外观主义调整的是商事主体之间的法律关系，属于私法原则，其注重的是个人利益。实质重于形式原则是规范金融监管机构与被监管机构之间法律关系的准则，为公法上的概念，其意在打击逃避监管的行为，保护投资者权益和维护金融秩序的稳定。当二者相冲突时，为维护公共利益，实质重于形式原则应优先适用。为避免此类矛盾，明股实债应尽力回归其债权本性。

需要说明的是，明股实债并未被我国金融监管全面禁止。由于近年来新闻媒体充斥着明股实债被禁及其风险事件的报道，"明股实债"似乎成为一个否定性的名词。但通过梳理我国监管机构发布的文件后可知，明股实债禁令主要针对PPP项目和保险资金，券商资管和信托等资管产品并无此类规定。明股实债作为一种融资工具，应根据其使用目的和效果对其进行评判，不能否定其本身。实际上，明股实债反映了我国金融工具向股债融合方向发展的趋势。前文指出，股债融合的融资工具介于传统债券和股票之间，兼具股债二者优势，其可作为权益工具入账，因此有助于提高融资企业直接融资比重，降低融资企业财务杠杆。明股实债产生于金融实践，不同于优先股自上而下的创新路径，其产生及发展未有相应的法律制度规范，因此其发展是一个不断摸索和试错的过程。

综上所述，应肯定明股实债作为创新金融工具的存在价值，但其法律结构应进一步优化,即突出其债权的特质,削弱股性的权重。明股实债的股性对外主要表现为投资方成为目标公司的股东,并在股东名册上进行登记。为减少明股实债的股权特征,可以采用股权投资的变通形式,例如股权收益权等,一方面可以借助股权的形式实现投资,另一方面可以尽力弱化股权投资的外观,以免引起第三人误解,影响他人的合法正当权益。

第四章

金融创新与公司融资法制的价值调和

前文的分析表明,金融创新既是公司融资法制进化的核心动力,又是诱发公司融资法制结构性难题的关键肇因。面对这种悖论,我们一方面需要在宏观的理念层面对金融创新和公司融资法制进行价值调和,另一方面需要在微观的规则层面对金融创新和公司融资法制进行制度革新,双管齐下实现金融创新和公司融资法制的互动交融。其中,在价值调和问题上,本章尝试从公共政策、能动司法、金融监管三个维度来展开分析,而制度革新的问题留待下一章探究并完成。

第一节 公共政策维度下的价值调和:推进政策法律化

法律深深镶嵌在社会结构中,受政治、经济、文化等多重因素的影响,甚至与公共政策之间的界限难以清晰界分。特别是对于公司融资法而言,由于其带有公司法与金融法交叉、组织法与契约法交叉的鲜明特性,深受产业政策、货币政策、金融监管政策等公共政策的制约,因而从公共政策出发来调和公司融资法与金融创新的内在张力,显得极为必要。公共政策与法律之间并不存在清晰的边界,而是存在转换与融合机制。在强调"重大改革于法有据"的现实语境下,我们理应更为重视通过政策的法律化来妥善处理公司融资创新所提出的法律挑战,把僵化滞后的管制型融资规范替换为开放包容的回应型融资规范,将好的公共政策与良法善治有效衔接起来。本节选取"金融服务实体经济""防止资本无序扩张"两项公共政策进行分析。

一 金融服务实体经济的公共政策及其调和机制

(一)金融服务实体经济的公共政策内涵

金融与经济的关系是一个异常复杂的命题。整体而言,经济是肌体,金融是血脉,二者是共生共荣的关系。经济有实体经济与虚拟经济之分,虚拟经济本身就属于金融范畴,因此不存在金融服务虚拟经济的说法。之所以强调金融服务实体经济,是因为实体经济才是一国经济的立身之本,脱离实体经济的金融将成为无源之水、无本之木。但悖论在于,金融本就是"以钱生钱"的活动,对"挣快钱"的渴求是金融的本性,热衷于投机、偏好杠杆、转嫁风险可谓金融的常规操作。正因如此,金融业是利益冲突最为严重、管制最为严格的行业,当然也是最容易出现市场失灵、最容易陷入混乱的行业,以至于金融业不时走向投机赌博的歪路、金融泡沫自我循环的歧路、"庞氏"骗局的邪路。假如没有外力规训的话,服务于实体经济并不会成为金融的选择,金融反而以利益为诱饵,蛊惑实体经济走向"金融化"。金融化的本质就是资本积累演变为资本脱离剩余价值的生产与交换而通过金融系统实现增殖的过程,其特征主要表现为公司治理目标的股东利益最大化、利润来源渠道的金融主导化、金融体系自由化及其业务全面证券化、食利阶层经济力量权力化。[①] 事实上,自工业革命以来,经济金融化的趋势整体上一直在延续。随着金融市场在世界范围内的不断扩张,全球金融体系逐渐形成了一个独立运行的、巨大的资本聚集场。在世界经济金融化的过程中,由于金融资本的回报率远远超过劳工工资的增长,最终导致了产业资本的吸引力下降,实体经济出现走弱趋势。在这一过程中,一些国家

---

① 鲁春义、丁晓钦:《经济金融化行为的政治经济学分析——一个演化博弈框架》,《财经研究》2016年第7期。

在实体经济"空心化"的同时,对金融业的依赖程度也越来越高,出现了所谓的"金融资本主义"。① 高回报率使得大量资本从实体经济部门流入以股市、汇市或房市为代表的金融部门,这种产业资本向金融资本的转换,不仅进一步增加了实体经济部门的融资成本,而且最终诱发了一轮又一轮的资产"泡沫"和金融危机。② 历史似乎永远在循环,每出现一次壮观的经济热潮时,贪婪的欲望一时间恣意泛滥便是此时的一个显著特征。在经济繁荣时期,贪婪的膨胀远远超过财富的增长,因此欺诈就会增多,就如财富增长引起了贪欲膨胀一样。而一旦欺诈或偷盗行为被曝光,市场上往往会出现混乱,并引起突发性崩溃与恐慌。③ 为了矫正金融化的错误倾向,防止陷入美国式的"金融资本主义"怪圈,我国必须从根本上杜绝金融的功利化倾向,树立普惠金融的理念,真正使金融成为推动经济发展和改善民生的良善力量。

面对我国出现的资本脱实向虚的严肃现实,2017 年的全国第五届金融工作会议明确提出了"回归本源、优化结构、强化监管、市场导向"四大原则,唱响了"金融服务实体经济"的总旋律。在这次会议精神的指引下,围绕着如何服务实体经济这一核心目标,我国对金融业展开了一场轰轰烈烈的政策调整与制度变革,《资管新规》的出台、股票发行注册制与科创板的推出等均是这场变革的一部分。其实,在第五次金融工作会议之前的几年,我国已经将强化金融服务实体经济作为金融机制改革的重要指向并进行了积极探索,典型行动是推动银行业金融机构开展投贷联动业务试点,以金融创新助推科创企业成长。试点银行

---

① 作为一种新的资本主义类型,金融资本主义的特征包括金融产品规模和类型的扩张、金融脱媒与金融业的结构性变革、经济行动主体的全面金融化、金融全球化、金融资本运作的灵活性、金融财富的符号化和虚拟化、金融市场的不稳定性和高风险性。金融资本主义是当代西方发达资本主义国家就业危机、贫富两极分化、收入不平等加速等诸多社会重大问题的制度根源。参见杨典、欧阳璇宇《金融资本主义的崛起及其影响——对资本主义形态的社会学分析》,《中国社会科学》2018 年第 12 期。
② 陈雨露、马勇:《大金融论纲》,中国人民大学出版社 2013 年版,第 578 页。
③ [美]查尔斯·P. 金德尔伯格、罗伯特·Z. 阿利伯:《疯狂、惊恐和崩溃:金融危机史》(第六版),朱隽、叶翔、李伟杰译,中国金融出版社 2014 年版,第 167—168 页。

第四章 金融创新与公司融资法制的价值调和

以"信贷投放"与本集团设立的具有投资功能的子公司的"股权投资"相结合,通过相关制度安排,由投资收益抵补信贷风险,实现科创企业信贷风险和收益的匹配,为其提供持续资金支持。① 与此同时,我国在推进普惠金融方面也做了大量工作,包括推动大中型商业银行聚焦小微企业、创业创新群体,发展民营银行、村镇银行、小额贷款公司、融资担保公司等小微金融服务机构,引导金融机构及社会资金支持小微企业,发展以市场为导向的小微信贷、"草根"理财等新型长尾普惠金融服务模式等。应当说,这些政策举措是切实有效的,但给人们的错觉是"蜻蜓点水",对于解决公司融资的结构性困局似乎"有心无力"。问题可能在于,政策具有较强的变动性,缺乏与法律法规之间的有效对接,难以形成稳定的社会心理预期。特别是由于金融抑制、金融排斥等体制性"痼疾"的存在,再加上中美贸易战、新冠疫情等外在因素的冲击,公司融资的制度性束缚更为强烈。笔者认为,为了强化金融服务实体经济这一公共政策的公信力,需要设定转介机制,将其嵌入基础性金融法律之中,赋予其稳定的法治预期。可喜的是,2020年11月公布的《中国人民银行法(修订草案征求意见稿)》第一条即规定:"为了确立中国人民银行的地位,明确其职责,保证国家货币政策和宏观审慎政策的正确制定和执行,建立和完善中央银行宏观调控体系,维护金融稳定,促进金融服务实体经济,制定本法。"该立法目的条款的重置无异于赋予了"金融服务实体经济"这一公共政策的法源地位,即属于"政策法律化"调和机制的应有之义。除此之外,《商业银行法(修改建议稿)》在"完善业务经营规则,突出金融服务实体经济"上也有实质性制度设计,迈出了金融公共政策法治化的关键一步,其后续进展值得期待。除此之外,我国关于融资担保、"影子银行"、互联网金融等方面的专项立法、地方立法及其配套性文件大量涉及金融服务实体经济的规定,有必要加强顶层设计,强调规范衔接,做好政策与法律之间的协同。

---

① 孔泾源:《治理改革与市场建制》,中国人民大学出版社2020年版,第320页。

（二）金融服务实体经济的公共政策何以落地：以北交所为观察视角

1. 北交所对资本市场价值定位的重塑：包容与普惠

企业需要证券交易所，证券交易所因企业筹资和权利交易而诞生。① 资本市场从产品、市场组织方式、投资者风险偏好、发行与交易方式等各个方面来讲都具有多层次的特点。② 根据层次划分标准和级数的不同，对被分类对象的效果会大相径庭。以沪、深两所的上市标准为例，其门槛指标像一道闸门，被拒之门外的既有近乎于满足上市条件的企业，也有体量较小的中小企业，还包括远不能触摸到上市门槛的微型企业。这是单层资本市场会带来的"峭壁效应"，如果不能进入，就要面对深渊。在北交所设立之前，只有达到条件的大型企业才能通过交易所进行融资，中小企业被"拒之门外"被默认为是具有正当合理性的。中小企业贡献了国内市场50%以上的税收，60%以上的GDP，70%以上的技术创新，80%以上的城镇劳动就业以及90%以上的企业数量，是国民经济和社会发展的生力军，是建设现代化经济体系、推动经济实现高质量发展的重要基础，是扩大就业、改善民生的重要支撑。中小企业在支持我国经济发展中所扮演的重要角色与其在资本市场中所享受到的金融服务和政策支持是不匹配的，这是我国资本市场发展失衡带来的盲点和"痛点"。"普惠金融的直接目的即改变传统金融存在的'金融排斥'现象，首要理念便是实现金融公平，使所有主体都能够获得金融方服务的权利和机会"。③ 北交所的成立是交易所对上市主体层级划分的结构化改革，其定位于服务"专精特新"企业，降低了该类企业的上市门槛，给予了创新型企业更多上市融资、创新发展的机会，能够满足处于成长期阶段企业的高融资需求，支持创新型中小企业的健康发展，体现了制度的包容性和多元化。

---

① 蒋大兴：《谁需要证券交易所？——中国证交所上市主体/产品的结构性改革》，《证券法苑》2010年第2期。
② 周小川：《资本市场的多层次特性》，《金融市场研究》2013年第8期。
③ 胡滨、尹振涛：《发展中的普惠金融》，经济管理出版社2021年版，第15页。

金融发展可以通过调整金融服务供给和金融资源分配来影响社会财富分配,成熟的金融市场具有金融公平性,能够缩小贫富差距,促进社会公平的实现。① 作为配置金融资源的重要场所之一,证券交易所被赋予了调节资本流向、维护社会公平正义的使命,其所应当扮演的角色不应被忽略,更不应变为"制造财富不公平积聚的营地"。② 在我国资本市场前三十年的发展历程中,证交所的经济功能逐渐被简化,变为以融资功能为主的场所,其市场功能也长期处于抑制之下而难以得到充分发挥,社会功能更是被遗忘。资本市场应当回归公共利益的制度定位,确保各种所有制主体平等参与市场竞争,公平地使用资源要素。共同富裕的顶层设计包含着提高发展平衡性、协调性、包容性的内在要求,资本市场为此应构建大中小企业相互依存、相互促进的生态系统。③ 北交所实践至今,从信息披露制度和价格发现制度入手进行检验,可被证实为一个有效的市场:在缩小企业间发展差距、做大"蛋糕"的同时,还增加了公民参与"蛋糕"分配的渠道,均衡了公益与私益。创新型中小企业得以通过北交所进入资本市场,获得筹资和价格发现等机会,投资者也得以在市场中发现优质企业并获得资本回报。

2. 北交所对资本市场发展格局的重塑:国内大循环

我国具有超大规模的市场优势,但同时也面临着超大规模治理的难题。因国土跨度、资源禀赋等因素造成的地域间差异以及在此基础上引发的社会治理难题是难以避免的。尤其是在经济领域,资本的逐利性会形成资本的空间集聚效应,这使得空间分布的非正义性凸显,长此以往,区域间的经济发展水平会因资本积聚的失衡而产生不可自我调节恢复的差异。④ 因此,大规模经济体潜力的释放首先要求一个资本均衡、资源自由流通的市场。从域外经验看,欧盟依托着国家间同盟合作所形

---

① 冯果:《金融法的"三足定理"及中国金融法制的变革》,《法学》2011年第9期。
② 冯果:《资本市场为谁而存在——关于我国资本市场功能定位的反思》,《公民与法》(法学版)2013年第6期。
③ 习近平:《扎实推进共同富裕》,《求是》2021年第20期。
④ 靳文辉:《空间正义实现的公共规制》,《中国社会科学》2021年第9期。

成的共同体市场同样面临着市场内要素流通的问题,其所坚持的"四个自由"原则即旨在解决欧洲统一市场内可能出现的流动障碍和诸多隐形限制。辖区间的竞争通常被认为是"重复竞争",而区域内统一的大市场可以优化区际配置、减少资源浪费,使得产品和服务多样化并促进绩效竞争。① 资本市场作为国内大循环中重要的生态环节之一,应遵循要素流通的规律,破除封闭市场和自我小循环,保障资本市场的自由性、开放性与公平性。

《中共中央国务院关于加快建设全国统一大市场的意见》提出要加快建立全国统一的市场制度规则,打通制约经济循环的关键"堵点",促进商品要素资源在更大范围内畅通流动。打造统一的要素和资源市场,需要加强区域性股权市场和全国性证券市场板块间的合作衔接。相比此前新三板转板上市存在的衔接问题,北交所的转板机制更加健全,在北交所内上市的公司,其内部治理也更加规范,加之注册制适用的统一性,转板难题正逐步减少,多层次市场之间的互联互通迈入新的阶段。借此,证券交易所"三地一区"的地区分割现象得以缓解,促进了金融要素在北、沪、深三地的流动。

伴随着企业生命周期的阶段性转移,从初创成长期到成熟期再到衰退期,企业和投资者的需求各有不同。位于成长期的企业需要大量的资金支持,供应链的完善对其至关重要;对于成熟期和衰退期的企业,为投资者提供可以退出企业的渠道则更为重要。交易所的设立能够为辐射区域带来资金、技术、人才、商业模式等发展要素。北交所服务于全国企业,以经济循环城市群为核心,其还将吸引批量的数据、技术和劳动力要素,对于相对滞后的北方经济发展势必会起到一定的支持和推动作用。

交易所对企业的全链条服务,包括企业在融资过程中投资机构和产品的募投管退、企业知识产权成果转化、市场化增信产品等环节,主要

---

① 冯兴元:《地方政府竞争:理论范式、分析框架与实证研究》,译林出版社 2010 年版,第 131—136 页。

是通过多样化的金融产品供给为企业注入资金、改善企业财务状况从而提升企业内部质量，吸引各类机构投资者入市。科技创新企业本身轻资产、高风险的特征并不适合债务融资，股权融资更能激发企业的资本积累效应和研发创新能力，北交所不仅为创新型中小企业提供了新的融资渠道，同时也消除了风险投资的顾虑，为其提供了与企业解绑的退出渠道。

3. 北交所对资本市场发展动能的重塑：**高质量发展**

目前，全球范围内金融资产的规模和增速已远超实体经济的积累速度，世界经济整体呈现"脱实向虚"的趋向。金融资本主义的兴起形成了实体经济的内部负循环，产业生态日益恶化，社会贫富差距迅速拉大。尽管良性金融投机与适当金融"泡沫"被视为一个有效市场对资产价格的真实反映，但当制造中心与货币金融中心背离，虚拟经济与实体经济背离，虚拟经济恣情膨胀与金融投机肆意泛滥的时候，随之而来的就是金融危机。[①] 实体经济是国家的立身之本、财富之源，证券交易所作为资本市场筹资融资的重要渠道之一，在扶持实体经济发展，防止金融无序扩张中扮演了重要的角色，为实体经济提供新的信用渠道并引导资金"脱实向虚"，满足实体企业的信用需求。资本只有流入真正需要的领域，才能摆正企业发展心态，引导企业重视核心技术研发，实现产融结合协同发展。北交所面向的"专精特新"企业是具有专业化、精细化、特色化和新颖化特质的中小企业，这一服务定位契合国家高质量发展战略需求，既承接了精选层的优质企业，又区别于沪、深两交易所对公司上市的定位，填补了证券交易所入场券的空白。可以说，这一定位不仅创设了经济高质量发展的制度前提，也给真正做技术、有创新的企业以发展之机。

创新与研发是企业发展的关键，创新驱动发展是现代产业体系实践出的成功经验，产业结构升级则是提升传统产业尤其是制造业竞争优势

---

① 向松祚：《新资本论》，中信出版社2015年版，第284页。

的关键。当金融生态体系与产业结构、需求相匹配时，才能发挥对产业升级的促进作用。① 随着国家产业升级战略的深入实施，金融市场应当积极回应转型升级产业的投融资需求并为其创造良好的市场环境，证券交易所在其中发挥着至关重要的作用。目前，在北交所上市的百余家企业中，制造业、软件信息技术服务业和科学研究技术业公司占比超90%，高端材料制造、生物制药、软件服务、新材料和新消费五大产业集群逐步显现。从长期发展来看，作为面向"专精特新"企业的交易所，北交所将充分发挥其特色制度的示范功能，同其他金融机构和中介机构一并形成全链条上的制度联动，通过制度规范培育和制度示范引领，培育出优质的、充满创新性的、富有竞争力的现代上市公司，进而为经济高质量发展以及中国式现代化提供强大助力。

二 防止资本无序扩张的公共政策及其调和机制

近年来，"防止资本无序扩张"成为我国经济领域的顶层公共政策，其推进和落实重塑了经济秩序，产生了极为深刻的影响。但该政策的实施过程不乏争议，甚至存在泛化适用的倾向，如果不加以克制，则会误伤资本的正常运作。因此，有必要对"防止资本无序扩张"这一政策进行规范化的教义重释，厘清资本治理的法治化逻辑。

（一）资本无序扩张在金融领域的呈现

追求利润是资本的天性，寻求扩张可谓资本的内生驱动。在资本进化的漫长历史中，效率与安全的价值博弈贯穿始终，有序运作和无序扩张交织演进，但更多时候表现为无序的状态，这对于转型经济体而言体现得更为明显。反映在我国金融领域，资本无序扩张至少呈现出三重面向。其一，表现为产业资本大肆进入金融领域所带来的产业"空心化"。2008年之后金融控股公司进入爆发式生长期，各大集团公司寻求进一步融合和协同，大量金融控股集团开始形成，由于长期以来缺乏有

---

① 林毅夫：《产业结构、风险特性与最优金融结构》，《经济研究》2014年第4期。

效的监管，致使问题金控集团层出不穷。2019年5月，原银保监会宣布接管包商银行，这是20年来金融监管机构再度出手整治问题商业银行的一大事件。该事件的始作俑者是持有包商银行89%投票性股权的明天系集团，它将包商银行作为"提款机"，源源不断的资金外流和不良贷款导致该银行信用下降，最终走向破产。其二，表现为信托通道业务滥觞所引发的表内业务表外化。信托领域是金融创新的"试验田"，擅于在金融管制的夹缝中寻求突破，通道业务便属于"夹缝中求生存"的产物，其在货币、资本和产业市场中一度大行其道。从实质来看，通道业务本身是规避行业贷款限制等管理指标的产物，是一种典型的监管套利。对此，《资管新规》加以严格限制，要求受托方应履行主动管理职责，回归资管业务"受人之托，代人理财"之本源。① 其三，表现为资金脱实向虚所诱致的经济金融化。前文指出，在金融全球化及信息技术革命的推动下，金融资本快速增长，金融业与实体经济之间出现脱离之势，甚至出现了与"资本主义"并驾齐驱的"金融主义"现象，实体经济的发展被金融化浪潮裹挟。金融机构为了追求收益最大化，热衷于从事高风险金融交易活动，不断地增加杠杆，造成金融市场的非理性繁荣景象。

马克思在《资本论》中指出，资本是死劳动，它像吸血鬼一样，只有吮吸活劳动才有生命，吮吸的活劳动越多，它的生命力就越旺盛。② 换言之，资本具有逐利和扩张的天性，通过完成社会资源向市场配置，追求剩余价值的最大化以完成自身的扩张。然而需要说明的是，资本作为不可缺少的生产要素，本身并非"洪水猛兽"，而是人类社会进步和经济发展的驱动力之一。事实上，微观至一个企业的成长壮大，宏观至一个国家的经济发展，主要途径之一就是资本扩张，特别是通过

---

① 万子芊：《对资管新规关于通道业务相关规定的理解与思考》，《金融法苑》2018年第2期。
② [德]马克思：《资本论》（第一卷），中共中央马克思恩格斯列宁斯大林著作编译局译，人民出版社2018年版，第269页。

产业资本与金融资本融合的方式进行扩张,这种扩张方式能够实现规模效应,减少交易环节和成本。但是,资本的有序扩张与无序扩张之间并非泾渭分明,存在大量的模糊地带,很多情形下的资本扩张是在"法律真空"中进行的。因此,防止资本无序扩张不能因噎废食,不能"一刀切"和走向极端化。

(二)防止资本无序扩张的公共政策内涵

作为一项学术命题,"防止资本无序扩张"既有着丰富的政策蕴意,也有着独特的法律内涵。从法教义学的维度来理解,至少需要厘清资本的内涵与外延、无序扩张的评判标准、防止资本无序扩张的目标指向等问题。

经济发展的底层逻辑是资本积累,实体经济以产业资本的循环为主,虚拟经济以金融资本的循环为主。前者是通过产业积累剩余资本进入资本再循环,获得超额利润,完成产业资本的扩张。后者则是通过金融化的发展使得金融资本积累并与产业资本在一定程度上有所脱节,强化金融的投机性和脆弱性,催生了资产"泡沫",完成了金融资本的扩张。换言之,以上两类资本均以逐利作为内生动力,具备扩张和增值的天性。当资本扩张偏离国家政策目标、基本价值准则等,意图进行监管规避或套利,提升竞争门槛时,就会形成异化的产业资本和金融资本,逐步演化为资本无序扩张。因此,"防止资本无序扩张"中的"资本"主要指向的是产业资本和金融资本。

判断资本的"无序扩张",是交由法律判断还是交由政策来判断?"无序扩张"本身是事实判断还是价值判断?这些问题可谓颇费思量。有学者认为,如何区分"有序"和"无序"的资本扩张,应由法律作出判断。[1] 但也有学者指出,将法律作为最基本的判断标准,并不排除依据经济政策、商业道德、社会责任、公共利益等标准进行价值

---

[1] 巴曙松:《当前强化平台企业反垄断监管的几个重要问题》,《中国党政干部论坛》2021年第5期。

判断。① 需要说明的是，有序不一定合法，合法不代表有序。在金融创新的视野下，许多新兴的金融模式往往处于法律"真空"的"灰色"地带，既不合法也不非法，所以要予以其一定发展空间进行检验，或许初期会受到市场推崇，后期可能会由于问题暴露而被打击管制。在笔者看来，防止资本无序扩张作为一项公共政策，仅以法律作为依据予以评判略显狭隘，既然要实现法律与政策的良性互动，政策理应纳入审视的范畴。资本扩张是一种事实行为，而扩张是否有序涉及价值判断。在法学语境下，凡是涉及价值判断的问题实质上是多方利益冲突的衡量问题，也就意味着"防止资本无序扩张"的提出是决策者在利益权衡之后所作的选择。这项政策一方面是为了避免资本野蛮生长对现有的社会经济秩序形成冲击，进而影响到国家、社会和民众的利益；另一方面是为了让有限的资本尽可能地服务实体经济，防止金融"泡沫"化，使其最大限度地发挥正面效应。

为防止公共政策泛化适用的倾向，应当设定清晰的目标指向，确保执法的精准度。在我国的现实语境下，"防止资本无序扩张"应重点关注的问题包括以下方面。一是异化的资本募集，具象为抽逃出资、虚假注资和高杠杆违规融资等形式。公司融资行为是资本扩张的直接行为，因而"无序扩张"要通过衡量融资行为对现有经济秩序的影响进行判断。通常而言，公司的负债能力是由其资本规模限定的，但是基于资本的逐利性和盈利目的，公司往往利用各种融资手段超出其资本规模。公司法上的资本维持原则要求公司运营中名义注册资本对应充足的实有财产，股东不得抽回出资，严格限制价值不确定的非货币财产出资以及限制公司回购等。② 虽然抽逃出资、虚假注资的行为本身不是资本扩张的行为，但实为资本野蛮生长的先行行为，部分公司抽逃资金并循环使用，使得新设的公司虚晃一枪"走了过场"。另外，高杠杆的违规融资

---

① 卢均晓：《平台经济领域资本无序扩张的竞争法规制研究》，《价格理论与实践》2021年第7期。

② 赵万一：《资本三原则的功能更新与价值定位》，《法学评论》2017年第1期。

行为是公司野蛮生长的主要元凶，公司通过资金的循环嵌套发展壮大，并将风险转移至金融机构或其他市场主体，使得本应承担风险的公司成为幕后的最大赢家。二是不当的关联交易。产融结合型集团母子公司之间的关联交易使得风险能跨领域快速传染和高度集中，即使《商业银行与内部人和股东关联交易管理办法》等部门规章构筑了一套不当关联交易的规制体系，监管机构依然力有不逮。三是违规的敌意收购。风靡盛行的创新型金融工具使得公司并购蕴含着产业资本与金融资本的互动，朝着产融结合的方向演进。在敌意收购的情形下，目标公司管理层不可能秉持中立的立场而放任并购双方的自由博弈，金融监管者也不可能严守市场的逻辑而对公司并购采取超脱的态度，这使得人们总是戴着有色眼镜去审视这一商事行为，将其污名化为"门口的野蛮人"。[1] 事实上，敌意收购方往往具有更换目标公司管理层的企图以改善公司的治理水平，是一种有效的外部治理机制。[2] 这也意味着敌意收购本身对资本市场有利有弊，需要打击的是违规的敌意收购行为，尤其是规避《上市公司收购管理办法》《上市公司重大资产管理办法》中有关举牌线、强制要约收购、锁定期等要求的不法行为。

（三）防止资本无序扩张的公共政策何以落地：以规制产融结合为中心

根据产权流动的不同轨道可以将资本扩张分为三种类型，分别是横向型资本扩张、纵向型资本扩张与混合型资本扩张。横向扩张可以迅速扩张生产规模，扩大产能和市场服务范围，增强市场竞争能力。纵向扩张是沿着产业链向上或向下扩张，目的在于使外部成本内部化，降低交易成本，取得垄断利润。[3] 从产业范畴的视角来看，以上两种扩张形式限于本产业或与本产业有明显关联的相关产业，具有较高的合理性，不

---

[1] 李安安：《股债融合视域下的公司并购：范式重塑与法治进阶》，《荆楚法学》2022年第3期。

[2] 张巍：《资本的规则》，中国法制出版社2017年版，第168—170页。

[3] 谢惠贞、顾江：《产业性质、公司战略与并购类型的选择》，《现代管理科学》2004年第12期。

易发生极端规模经济和"赢者通吃"的现象，无序扩张的表现并不突出。当前经济环境中的无序乱象主要以混合型资本扩张为主，在资产管理、房地产、地方融资、新兴科技等领域较为突出。例如，房地产企业为了实现多元化融资目的，投资参股甚至控股商业银行、产业基金或其他金融机构，恒大债务危机的根源就在这里；汽车制造公司为销售及服务便利成立消费金融公司；科技公司为提高技术应用能力向金融科技扩展并开展多样化金融业务；传统金融公司为应对数字化转型压力投资设立金融科技公司或建立电子商务平台。它们往往形成多元化经营的集团公司，使集团内部享受生产、销售以及财务等多方面的组合优势，降低经营风险。这类集团形式逐步发展成一种成熟的产业组织形式，主要特点是产业资本与金融资本的融合，简称产融结合。我国对产融结合的态度，经历了从1998年东南亚金融危机后的明令禁止，到之后的默许，再到2010年积极鼓励的过程。据统计，在位列世界500强的企业中，超八成的企业不同程度地选择了产业资本和金融资本相结合的发展方式。[1] 在中央提出供给侧结构性改革、促进金融服务实体经济的大背景下，产融结合已经成为政府部门推进相关工作的一个重要抓手。

然而，部分市场主体以产融结合为名，行资本扩张之实，产融结合并非"百利而无一害"。例如，实体公司和金融机构以多元化扩张或综合化经营为名，以资本运作为支撑，控制或持有多种类型的金融牌照，实质性开展混业经营，甚至进行监管规避和监管套利，导致资本的异化，"明天系"与"安邦系"的暴雷即肇因于其自身极为复杂的产融结合型资本运作方式。鉴于产融结合利弊并存，我们既要肯定这类组织形式的优势，又要防范其内生增长所带来的隐患，特别是在虚拟经济过度发展的当下，若不对产融结合加以规制，会进一步加剧虚拟经济与实体经济的脱节，放大已有的金融"泡沫"。可以说，规制产融结合是规范和引导资本发展、防止资本无序扩张的落脚点。

---

[1] 马红、王元月：《金融环境、产融结合与我国企业成长》，《财经科学》2017年第1期。

1. 产业资本端的回应性革新

在规范公司的异化融资方面，一方面要严格监管公司的注册资本，另一方面应限制集团公司资本嵌套，严防资本重复计算。注册资本作为股东认缴的出资额度，是公司承担债务的基础，也是构建其信用机制的重要方面。然而，实践中多有虚报注册资本、恶意延长出资期限等现象，发起人热衷于设立"皮包公司"追求不法收益，导致债权人利益受损并严重威胁了交易安全。虽然这类抽逃出资、虚假注资的行为本身不是资本扩张的行为，但实为资本野蛮生长的重要环节，因而需要加强对注册资本的监管，确保其对应充足的实有财产。具体的措施包括但不限于以下方面：一是例行核查，根据公司有关财务文件排查公司法上发起人出资不足、出资不实，认股人增资瑕疵和股东抽逃出资的违法行为；二是及时回访，对新设公司成立初期按时进行回访，监督公司认缴注册资本到位；三是强化对非货币出资的检查，核实非货币出资是否过户或缴纳在所认缴的公司名下。

资本是承担信用的基础性资产。在资产负债率为50%的条件下，1亿元资本可承担的负债规模为1亿元，但如果A公司将其中的0.6亿元分别投入子公司B和C，在B和C资产负债率为50%的条件下，实际上，这0.6亿元的资本又承担了0.6亿元的负债，由此，A公司股东最初投入的1亿元资本所承担的负债已达1.6亿元，如果子公司再投资入股其他公司等，最初1亿元资本所承担的负债规模还将进一步扩张。在这种注册资本的持续嵌套中，资本所能承担的负债规模将大大超过最初1亿元注册资本的信用能力。[①] 实践中，集团公司股权结构复杂，这些巨型公司群的诞生和兴旺不乏银行业金融机构的鼎力支持，由此导致的一个结果是集团的经营运作风险向银行体系集中，给经济金融运行带来风险隐患。在产融结合的情形下，产业投资控股金融机构可以促进金融机构股权多元化，帮助金融机构增强资本实力，并优化自身的资本配

---

① 王国刚、潘登：《完善制度抑制资本无序扩张》，《中国金融》2021年第3期。

置，但由于其跨领域、跨业态、跨区域经营，存在严格的监管真空，风险不断积累并向各领域传染。鉴于此，需要限制公司创设子公司、孙公司的层级，对于控股金融机构创设的产业公司则应施加更严苛的层级限制。

在投融资政策的创新引领方面，一方面要推动产业政策转型，营造公平竞争的市场环境；另一方面要防止公司上市板块套利。在我国，产业政策基于国家经济、技术长期发展趋势而制定，具有较强的权威性并通常有相应的支持措施，如税收减免、财政奖励和补贴等。这些优惠手段对于投资者具有较为直接的经济利益，因而产业政策中重点鼓励发展的行业往往是投资的热点，容易造成投资饱和，且被投资的领域并不一定具有良好的前景。以新兴科技领域为代表的平台产业就是典型的示例，这类产业以平台为特点，实现互联网与传统产业的联合，成为我国经济发展中不可或缺的"新生代"。然而，平台经济是资本无序扩张的典型领域，其蓬勃发展的背后离不开巨量资本的滋养，这种新型业态的创新主要体现在运营模式，对上下游产业的技术创新和产业机构优化影响较小。与之相对，以电子计算机、晶体管、集成电路、光纤通信、云计算和物联网等信息时代的基础技术为代表的新兴产业对经济的驱动力更强。[①] 新兴产业是一个需要持续高投入、持续扶持、存在高风险的产业。在"十四五"时期，将集中优势资源实施重大攻关、打造世界级产业集群作为主导路径。[②] 对此，正确认识并区分"新业态下的合理创新"和"应当予以鼓励支持的科技创新产业"具有重要意义，国家政策要引导资本向"应作为"的领域发挥积极效应，提升产业竞争力，加快产业结构的调整。本书认为，实施与市场机制、竞争政策互补协同的功能性产业政策是当务之急，对于关键技术创新的战略性领域应配置妥适性的产业政策扶持方案，健全相应激励、约束机制以推动传统产业

[①] 李国杰、徐志伟：《从信息技术的发展态势看新经济》，《中国科学院院刊》2017年第3期。

[②] 王海南、王礼恒等：《新兴产业发展战略研究（2035）》，《中国工程科学》2020年第2期。

与平台型互联网产业公平竞争。

防止资本无序扩张,必须切实把好资本市场"入口关"。2020年实施的《证券法》在总结上交所设立科创板并试点注册制的经验基础上,全面推行证券发行注册制度。该制度除了强调交易所对公司信息披露的审核之外,还需重点防止公司上市板块套利。我国现有的多层次资本市场在监管制度、市场运行机制、投资者分类和准入制度等方面具有趋同性,不同市场板块之间的特点与差异不明显,尤其是现有的板块分层在服务新兴创新企业方面有所不足。例如,创业板是主要面向自主创新及其他成长型创业公司的新市场,对其所属行业并没有明确限定,而科创板上市主体限定为国家有关文件明确的新兴产业或创新特征明显的创新型公司,主要侧重于已经跨越创业阶段,具有一定规模的公司,上市门槛相对较高。[①] 以上说明创业板和科创板存在一定程度的重合关系,这就为公司利用两种板块的不同定位从中套利留下了空间。因此,交易所和证监会要始终坚守科创板"硬科技"、创业板"服务成长创新型"的定位,有效杜绝公司上市中板块套利的行为。

2. 金融资本端的回应性革新

首先,优化金融机构的股权配置,确保科学清晰的股权结构,严格把关股权投资。目前,《商业银行股权管理暂行办法》《保险公司股权管理办法》以及《证券公司股权管理规定》在规范股东以自有资金入股、禁止代持、"两参一控"和穿透式监管等方面已取得一定成效,但股东压制等问题未得到有效解决。例如,股权高度集中导致的大股东操控使股东会流于形式,金融机构沦为控制股东的"提款机",中小股东救济机制亟须完善。鉴于此,金融机构的股权应当科学分配,在限制股权比例、约束股东行为的同时,应构建有效的股东协调机制,维系股东与经营管理层的良性关系。在股权投资方面,金融机构开展股权投资要坚持主业原则,投资要以与之同类别的金融机构为主,投资其他类型的

---

① 陈洁:《科创板注册制的实施机制与风险防范》,《法学》2019年第1期。

金融机构和与本业相关的非金融产业要明确一定的比例限制。实践中，商业银行入股保险公司自 2009 年开放试点以来已有十余年历史，但银行、证券公司等能否入股，怎样入股的问题仍是法律"真空"地带。股权结构是金融监管的重中之重，为防止监管部门陷入盲目和被动的境地，立法者有必要明确金融机构股权投资的相关规定，对金融机构持股单一公司的比例、持股非金融产业的股本总和作出明确限制。此外，应禁止金融业母子公司交叉持股，降低集团股权结构的复杂性，这是因为交叉持股会使金融机构的财务经营状况相互影响，一旦风险传播，会导致总体偿付能力下降，容易诱致系统风险。基于金融行业的高风险和脆弱性，为保障金融机构稳健发展，立法应当继续禁止金融业母子公司交叉持股。

其次，加强集团公司的风险控制机制建设。集团公司作为经济脊梁的重要一脉，往往以高负债、高投资和高成本作为经营模式，监管机构要对集团违约、风险传染等事项保持高度警惕。除流动性风险、信用风险等一般意义上的金融风险外，要重点关注集团公司的组织结构不透明风险、集中度风险。集团公司应当整合风险管理资源，建立与集团战略目标、业务模式相适应的全面风险管理体系以及科学有效的风险预警机制，有效识别、评估、监测和控制集团总体风险。此外，集团公司要建立规范、有效的母子公司管理体系，通过优化集团资源配置、发挥协同效应。在弥补监管空白方面，监管机构可协同集团母公司一同明确子公司管理的权限、流程等，落实母公司对子公司管理的主体责任。

最后，规训金融控股集团的不当关联交易。中国沪、深两市的数千家上市公司几乎全部属于集团公司体系，这些公司的发展与宏观经济利益紧密相关。例如，华润集团通过控股华润信托、汉威资本、华润租赁、华润银行以及设立事业型金融控股公司，参股、控股金融企业等手段，利用金融机构融资功能，降低其与外部资本市场之间由于严重的信息不对称产生的高昂交易成本，通过关联交易大量筹集资金以增强资本实力。① 以关联交易为业务常态的集团公司在全球股票和产品市场正发挥越来越大的主导作用，但与此同时，频繁的关联交易滋生出利益输送、风险传染和监管套利等问题，需要引起监管部门的高度重视。特别是产融结合型的集团公司，其股权集中化程度较高，金融机构的控股股东和实际控制人之间的关联交易普遍存在，这种以集团关系为主要特征的关联交易具有独特性，需要特殊的调整机制。值得肯定的是，2023年2月，中国人民银行发布《金融控股公司关联交易管理办法》，明确了金融控股公司关联交易的管理、评估、报告与披露体系，并设立专项审计与内部问责机制以促进金融控股集团规范运作和稳健经营。

第二节 能动司法维度下的价值调和：强化司法赋能

当创新性融资引发的纠纷涌入法院，法条主义的思维倾向已经不敷适用，亟待进行思维转向和范式超越。无独有偶的是，我国的司法权正在经历从保守被动到积极能动的观念嬗变，十余年来，最高人民法院在相关的司法文件中吸纳了保障金融安全、防范化解金融风险、保持经济平稳发展、保障民生等方面的公共政策，有效地缓解了金融创新与公司融资法制之间的价值冲突。本节以公司融资实践中常见的抽象盈余分配以及差额补足协议为例，来分析能动司法语境下如何实现金融创新和公司融资法制之间的协调。

一 抽象盈余分配纠纷的司法介入

公司分配与否、分配多少原则上非司法介入之领域。司法介入必须建立在尊重公司自治的前提下，股东会盈余分配决议被认为是不可或缺的形式要件，代表了公司自治的意志。长期以来，司法实践中形成了

---

① 戴严森：《商事组织法视角下产融结合的回应性监管》，《社会科学动态》2017年第9期。

"无决议，不分红"的通用观点，盈余分配决议因此也成为股东敲响司法救济大门唯一的鼓槌。直到 2017 年最高人民法院出台《关于适用〈中华人民共和国公司法〉若干问题的规定（四）》（以下简称《公司法解释（四）》）第十五条，建立了存在股东滥用权利情形而适用的抽象盈余分配之诉。① 该条中的但书条款创造性地开启了司法介入盈余分配纠纷的大门，同时引发了不少争论。

（一）盈余分配立法的局限性与司法介入的必要性

公司抽象盈余分配纠纷中，司法介入不仅在理论上具有修正公司自治的正当性，而且在实践中也具有保护小股东利益的必要性。司法介入的必要性主要体现在公司利润分配制度中存在轻视小股东利益保护的法律漏洞，以及替代性救济措施的救济偏差。

1. 利益失衡：重债权人利益保护而轻小股东利益保护

我国《公司法》第二百一十条规定了公司的盈余分配制度，即公司税后利润在弥补亏损、提取法定公积金后才可向股东分配。该条集中体现了公司法保护债权人利益的立法意旨，不仅分配只能来源于利润，而且违法分配仍须退还给公司。公司法在盈余分配方面的严格限制，其实源于资本制度保护债权人利益的理念延伸。由于长期以来形成的"资本"和"利润"两分法，"不得返还资本"与"只能分配利润"似乎是同一枚硬币的两面。② 公司法严格限制公司向股东进行分配，目的在于防止公司资本不当向股东返还，进而损害债权人利益。债权人为公司外部人员，先天具有信息弱势，很容易受到公司的侵害，因而法律特别加以保护。然而，立法者忽略了股东之间的利益偏好、能力差异，控股股东极容易利用优势地位压制小股东，盈余分配方面便是股东压制的"重灾区"。概言之，公司盈余分配制度仅基于保护债权人利益的考虑，

---

① 《公司法解释（四）》第十五条规定："股东未提交载明具体分配方案的股东会或者股东大会决议，请求公司分配利润的，人民法院应当驳回其诉讼请求，但违反法律规定滥用股东权利导致公司不分配利润，给其他股东造成损失的除外。"

② 刘燕：《重构"禁止抽逃出资"规则的公司法理基础》，《中国法学》2015 年第 4 期。

限制公司盈余分配，而未基于保护小股东利益的衡量，强制公司盈余分配。① 控股股东与小股东之间的利益极度失衡，立法者也将关注焦点转向了小股东利益保护，这正是《公司法解释（四）》第十五条出台的背景。

2. 救济偏差：缺失有效的替代性救济措施

在现有的公司法制度框架中，股东权益受侵害确有多种救济措施，但这些救济措施根本无法有效替代强制盈余分配之诉，要么救济不足导致小股东无法获得盈余分配，要么救济过度导致股东直接丧失股东身份资格。

在救济不足的情况下，无法强制盈余分配是必然出现的情况，由此会引发三种类型的诉讼。一是股东代表诉讼。股东代表诉讼的功能在于监督董事按公司利益最大化行事，并通过追究董事违反信义义务的责任来弥补公司损失。② 然而，股东代表诉讼的规制对象是董事，无法规制不平等分配、变相分配的大股东。同时，有别于强制盈余分配诉讼，股东代表诉讼中受损的是公司利益而非股东利益，胜诉利益也归公司所有，股东利益并不能直接得到填补。二是股东违信的损害赔偿诉讼。该制度可以直接规制大股东的压制行为，对保护小股东利益意义重大。然而，由于该制度仅有原则性规定，司法实践中几乎很少作为裁判依据而直接适用。另外，赔偿责任的确定须以股东损失为准，无疑增加了小股东的举证责任。特别是公司有巨额利润而不分配或长期无正当理由不分配盈余情形，小股东很难证明自己利益受有损失。三是决议效力瑕疵诉讼。对于公司股东会决议不分配或表决方式违法的情形，小股东可以请求法院宣布股东会决议无效或撤销股东会决议。但是对于公司根本没有召开股东会的情形，股东起诉的前提不存在。即使法院判决股东会决议无效或撤销股东会决议后，大股东仍可利用表决权优势再次作出不利于

---

① 梁上上：《论股东强制盈余分配请求权——兼评"河南思维自动化设备有限公司与胡克盈余分配纠纷案"》，《现代法学》2015 年第 2 期。

② 赵奕彤、傅穹：《公司盈余分配的司法实证观察》，《社会科学家》2020 年第 10 期。

小股东的决议结果,循环往复,股东压制情形仍在不断上演。

综上所述,以上三种救济措施都不能达到强制盈余分配的目的,对小股东的救济只是迂回的、间接的。在救济过度的情形下,产生的效果是股东身份资格的丧失。小股东欲达到强制盈余分配的目的,以下两种救济措施可以实现却有救济过度之弊端。从异议股东股权回购诉讼来看,异议股东股权回购请求权的适用条件极为严格,即公司连续五年盈利,且连续五年不分配盈余。公司可以某一年亏损或象征性分配为对策,进而轻松规避"双五年"。公司收购股权的"合理价格"在有限公司中也难以确定,公司出价过低无疑是对小股东利益的进一步侵害。从司法解散来看,司法解散不仅消灭了股东的身份资格,还彻底消灭了公司的主体资格,作为终局性的解决手段,法院在适用司法解散时极为慎重。股东压制并不等同于公司僵局,小股东无法参与经营管理不代表公司经营管理困难,只要公司仍能正常经营管理,法院一般不会轻易启动强制解散的程序。不论是异议股东股权回购诉讼还是司法解散,都导致小股东直接丧失股东资格。对于看好公司仍愿意继续持股的小股东来说,退出公司并不是真正目的。总而言之,欲达到强制盈余分配和维持股东身份资格两全的目的,针对小股东受到股利分配压制的专门救济,落脚点必须在于强制盈余分配之诉。

(二) 盈余分配纠纷司法介入的前提

强制盈余分配作为公司自治原则的例外,必须符合严格的条件才能适用。除了强制盈余分配之诉的一般适用要件,即存在股利压制行为并导致股东分红权益受损,还须满足两个重要前提:一是公司有可分配盈余;二是股东须穷尽内部救济。前者是综合衡量多方利益的结果,后者是尊重公司自治的体现。

1. 公司有可分配盈余

公司税后利润在弥补亏损、提取公积金之后的盈余才可向股东分配,这强调了公司无盈不分的基本原则,即公司向股东分配的首要前提是公司有可分配盈余。利润和盈余的概念区分也由此明晰，公司利润是指收入或收益与支出或损失之间的差额，而盈余是在利润的基础上纳税、补亏及提取公积金之后的余额。从匹配主体来看，前者对公司更有意义，体现公司经营发展的盈利能力；而后者对股东更有意义，体现股东可实现的分红收益。因此，公司向股东分配的前提是公司有可分配盈余，而非仅仅有盈利利润。

至于可分配盈余的具体确定标准，有形式主义模式和实质衡平模式两种。① 我国接近于形式主义模式，即公司分配来源只能是利润，以维持形式资本的底线。实质衡平模式动态地测试公司的偿债能力并保持公司的持续发展。公司盈余分配涉及多方利益，在矫正股东之间利益失衡的同时，也应为债权人利益和公司利益留有合适的空间。若将股东作为同一利益整体，包括债权人利益和公司利益在内的外部利益应得到合理配置，那么在解决股东内部利益冲突以尊重外部利益为前提更是应有之义。从利益衡量的角度看，实质衡平模式能将公司盈余分配中多方主体的利益纳入考虑范围。

为维护债权人利益，公司分配需满足分配后仍具有偿债能力的条件，即只要不影响公司的债务履行能力，公司就可以自由分配。这明显不同于僵硬的形式主义模式，赋予了公司分配更广泛的灵活性。为保障公司利益，公司分配须留存足够的现金流以求可持续发展。不论是公司分配盈余还是正常经营周转，基本都是现金形式。而会计上的利润只是账面上的数字，并不能代表真正的价值。特别是需持续运转的固定资产、未实际入账的应收账款等短期内并不能转化为可自由支配的现金流。因此，在计算可分配盈余的范围时需审慎认定，为保障公司的持续经营能力，可分配盈余的口径应由"账面上的会计利润"调整为"流动性的自由现金"。② 至于可分配盈余确定的具体时点，应

---

① 周龙杰：《论抽象股利分配请求权及其救济》，《烟台大学学报》（哲学社会科学版）2013 年第 6 期。

② 张红、裴显鹏：《公司利润强制分配》，《西北大学学报》（哲学社会科学版）2021 年第 1 期。

以股东压制行为发生时而非法院判决时为准。[①] 例如，即使法院判决时公司已无可分配盈余，但追溯到大股东转移公司利润前公司仍有可分配盈余，法院就可认定满足公司有可分配盈余的前提。如此，也可去除股东压制行为对公司可分配盈余的不当影响，从而有利于保护小股东的分红权益。

2. 股东穷尽公司内部救济

公司盈余分配属于公司自治范畴，司法应最大限度尊重公司自治，仅在公司自治失灵时发挥矫正功能，而非直接替代。只有当股东穷尽公司内部救济程序，仍不能有效解决纠纷，表明公司自治已然失灵时，司法介入才具有正当性基础。股东穷尽公司内部救济，既可以测试公司治理秩序是否良好，也可以督促股东积极解决纠纷以自我救济。因此，不论是从公司角度，还是股东角度，公司内部救济都是优先选择，司法救济只能是公司救济的补充和修正。

从节约诉讼成本、有效利用司法资源的角度讲，公司内部救济措施应设置为司法介入的前置程序。股东一旦对公司盈余分配不满，便可随意到法院起诉，势必会造成公司盈余分配纠纷的诉讼泛滥。即使强制盈余分配之诉的实质要件是股东压制行为，其可以使司法对公司治理的干扰最小化，但对股东压制行为的认定需进入法院审判阶段，这期间无疑会占用较大的司法资源。而如果将不属于强制盈余分配之诉的筛查工作提前到法院立案时，便可集中司法资源对真正的强制盈余分配之诉进行详细审理。但股东压制属于实质审查的要素，无法作为立案形式审查的标准，而股东穷尽内部救济也无法解决纠纷正好是股东压制的外在体现，适合作为法院立案时初步审查的标准。因此，股东穷尽内部救济应作为司法救济的前置程序。

股东穷尽内部救济并不意味着股东需将公司内部所有的救济程序都

[①] 黄博文：《强制利润分配请求权：价值、要件及私法效果——从〈《公司法》解释（四）〉第15条出发》，《北京化工大学学报》（社会科学版）2019 年第 1 期。

尝试一遍，而是充分与公司协商沟通，并行使自己在公司内部表决、提议或异议的权利。例如，请求公司召开临时股东会商讨公司盈余分配事项、向股东会正式呈交提案或股东会决议不分配时及时提出异议等，都可认定为股东穷尽公司内部救济。由于有限公司具有高度人合性，司法秉持谦抑性的原则，理应赋予股东之间重新探讨商量的空间，以恢复友好合作、彼此信任的关系。概言之，以穷尽公司内部救济为司法救济的前置程序，不仅节约了司法资源，还契合了有限公司的人合性特征，从而有利于公司的长远发展与股东的信任关系。[①]

（三）盈余分配的司法裁判规则建构

1. 强制分配适用要件的扩张解释

司法建立抽象盈余分配之诉的核心目的是规制决策者恶意与股东压制行为，司法适用应把握立法目的而不拘泥于法条文本。当法条字面意思不全面时，可以通过扩大解释的方法合理扩张司法适用空间。

首先，无分配决议应扩张解释为无有效分配决议。无股东会分配决议只是表面现象，其背后的实质是股东压制行为。股东压制常见情形是缺乏分配决议，但也存在大股东在股东会上利用资本多数决否决盈余分配导致决议未通过。司法不应机械地以无分配决议为特殊救济的前提条件，而应实质认定股东压制行为。无论是无分配决议还是决议不分配，都不属于有效分配决议的范畴，此时股东的盈余分配请求权尚处于抽象阶段。抽象盈余分配请求权作为股东的固有权利，无正当理由不得被剥夺。公司长期恶意不作出盈余分配决议属于对抽象盈余分配请求权的消极剥夺，而股东会决议不分配盈余则属于积极剥夺的方式。[②]

深究《公司法司法解释（四）》第十五条的规范目的，实为大

[①] 李美云、刘亚天：《有限责任公司股东利润分配请求权》，中国政法大学出版社 2019 年版，第 231 页。

[②] 李建伟、茅院生：《有限公司强制分配股利之诉的法理基础》，《当代法学》2010 年第 2 期。

股东利用控股地位排挤压榨小股东侵害其分红权提供积极高效的救济途径。① 大股东利用资本多数的表决权优势否决利润分配议案而阻止分红，这实际上是不正当的股东压制行为，将其囊括在第十五条进行司法规制也是应有之义。司法不应只是以盈余分配决议有无为标准进行形式审查，而应重点对盈余分配方面的股东压制行为进行实质审查。② 针对股利压制行为，权益受侵害的小股东可以请求强制盈余分配。为便于更好地理解第十五条的司法适用，较之抽象盈余分配之诉，第十五条更可谓强制盈余分配之诉。

其次，不分配利润应扩张解释为不合理分配。第十五条中"导致公司不分配利润"和"其他股东利益受损"看似是两个损害结果，但该条的立法意旨是保护股东的利益，故公司不分配利润只是表现形式，股东利益受损才是真正的损害后果。股利压制行为侵害的客体不仅仅是股东的分红权，还包括广泛的分红利益，任何导致股东分红利益受有损失的压制行为都属于司法规制的范畴。控股股东和小股东之间根本的利益冲突在于股利分配政策，控股股东除了通过控制公司长期恶意不分配利润外，更为隐蔽的是通过转移公司利润或取得过高薪酬等获得事实股利。从小股东利益的角度看，大股东攫取不当利益的行为本身就是不公平的，属于变相分配，损害了自己应获得而未获得的分红利益。除了不公平分配行为，实践中还发展出象征性分配行为以规避"不分配"要件。从小股东利益的角度看，公司积有巨额利润却分配微乎其微的盈余，分配与盈利显然不匹配，分红利益被不合理地剥夺。不分配、不公平分配、象征性分配都是不合理的股利分配政策，更是损害小股东利益的手段，因而"公司不分配利润"应扩张解释为"不合理分配"。③

---

① 石少侠：《对〈公司法司法解释（四）〉若干规定的理解与评析》，《当代法学》2017 年第 6 期。
② 王菁菁：《论有限公司股东强制盈余分配请求权的司法救济》，《成都理工大学学报》（社会科学版）2020 年第 5 期。
③ 张红、裴显鹏：《公司利润强制分配》，《西北大学学报》（哲学社会科学版）2021 年第 1 期。

2. 侵权责任之诉的构成要件分析

盈余分配请求权既是自益权，也是股权中最核心的权利，因而股东有权利也有必要对自己的私权益进行自我救济。股权当属民事权益的范畴，当公司恶意不分配或不公平分配盈余，股东的利益显然受到损害，压制行为属于侵权行为。[①] 因此，在审理思路上，法官可以第十五条为请求权基础，借鉴侵权责任之诉的构成要件进行具体审理。

首先，存在股东滥用权利的行为。对于股东滥用权利的认定，应先判断是否属于股东压制的几种典型类型，再用合理期待原则兜底判断。申言之，先判断被诉行为是否属于公司恶意不形成盈余分配决议等不分配类型，或大股东过高薪酬等不公平分配类型，如果属于，则可以直接认定为股东滥用权利行为。如果不属于，下一步则判断被诉行为是否使得小股东对盈余分配的合理期待落空，若是，则可以认定为股东滥用权利行为。

其次，股东分红权益受到损害。股东压制行为通常发生在权利形成之前以阻碍分红，导致股东的盈余分配请求权仅为抽象意义上的权利。抽象盈余分配请求权由于其权利的稀薄性，是否具有可诉性备受争议。抽象盈余分配请求权属于股东享有的合法权益毋庸置疑，判断损害后果的关键就在于股东分红的合法权益是否不当被减损。由此，无论是不分配、不公平分配还是象征性分配都造成了股东合法权益不当减损的损害后果。

再次，股东滥用权利与股东分红权益受到损害之间存在因果关系。同时存在股东滥用权利行为和股东分红权益受损的结果，并不意味着两者之间必然存在因果关系。例如，大股东侵占公司财产，公司常年也未分配利润，但即使将财产返还给公司，公司仍不满足盈余分配的条件，大股东侵占财产与公司不分配盈余之间不具有因果关系，因此小股东强制分红的请求无法得到支持。由此可见，法条中的"导致"二字，便

[①] 郑太福：《有限公司股东盈余分配请求权行使的程序法研究》，《湖北社会科学》2015年第1期。

是因果关系的体现。

最后,过错认定。一般来说,民事侵权以过错责任为归责原则。在商事行为中,高度专业化的商业管理人负有更严格的注意义务,因而宜采用过错推定责任。① 不同于普通人的一般注意义务,商事管理人在面临商业风险时需谨慎行事,且对公司和股东负有忠实义务。作为商业管理人的控股股东在举证上有绝对优势,有能力证明其商业判断是否合理,因而对其适用过错推定责任可谓公平、合理。

总之,通过梳理侵权责任之诉的四要件,可发现其与强制盈余分配之诉的适用要件无所差异,将后者置于前者的框架下分步进行具体认定的好处在于法院的审理思路会更清晰,说理判断更有逻辑,从而有利于司法的正确适用。

二 差额补足协议纠纷的司法介入

资管产品中的差额补足协议是在资管市场异化、兑付违约事件频发背景下应运而生的新型增信措施,其因能灵活地对投资者提供多元化收益保障、降低投资风险、提高交易效率而在资管实践中得到广泛应用。然而,随着国家不断出台否定保底收益型产品的规章制度,业界和理论界对差额补足协议的效力争论不一。尤其是差额补足协议纠纷诉至法院时,受市场变动、监管转向和司法局限性的影响,衍生出裁判观点和理由不统一、规则适用混乱等实务操作问题。为更好地解决资管交易纠纷,促进金融创新发展和金融市场稳定运行,亟须对资管产品中差额补足协议纠纷的裁判路径予以重构。

(一)差额补足协议司法介入的困境

1. 法条主义的思维束缚

受大陆法系传统的影响,司法实践在做出最后判决时均需找寻规则

---

① 黄博文:《强制利润分配请求权:价值、要件及私法效果——从〈《公司法》解释(四)〉第 15 条出发》,《北京化工大学学报》(社会科学版)2019 年第 1 期。

条款作为其结论依据，差额补足协议纠纷亦不例外。但资管产品领域的差额补足协议属于新型且尚缺乏针对性规制的商业实践产物，在当前的规范环境中并非次次都能寻求到契合有效的规则进行佐证，法条主义思维使得法院在面对金融创新产品时经常出现明显的规则适用混乱、裁判说理粗糙和判决结果"一刀切"等问题。

在《资管新规》出台前的一段时期内，市场和行政监管对金融创新的需求使得法院对具有保底保收益性质的条款采取宽容态度。法条主义思维反映至审判中则是刚性适用原《合同法》第五十二条关于合同无效情形的认定，而缺乏对交易特性的分析。以"史利兴—融通资管案"为例，本案的差额补足义务人在诉请中提出案涉协议系为结构化资管产品提供保本保收益服务而制定，违反了《证券期货经营机构落实资产管理业务"八条底线"禁止行为细则》和《证券期货经营机构私募资产管理业务运作管理暂行规定》而应当无效。法院的判决结果认为上述规定虽禁止向投资者提供保本保收益的交易安排，但其并不属于法律、行政法规的强制性规定，故而不存在《合同法》第五十二条所规定的合同无效情形，因此案涉协议合法有效。① 此种裁判思路具有一定的合理性，其所采用的原《合同法》第五十二条第五项内容之立法本意确是仅将效力性强制性规定的行政管制规则纳入否定合同效力的依据范围，因此该思路认为原告所提出的无效依据并非属于上述规则而不能适用于裁判，但本案的判决说理并未分析原告所提规则为何不属于效力性强制性规定。事实上，案涉资管投资计划采取 52.8 倍的高杠杆倍数且投资波动频繁、幅度大的二级市场，在高风险投资的情况下仍然安排义务人对优先级投资者承担差额补足责任。因此对于案涉协议违反上述规则中关于禁止保底保收益和高杠杆倍数规定的事实，在不加判断协议内容的违法违规之严重性的情况下，仅以监管规则不属于效力性强制性规定为由将其规范效力隔绝在外，存在明显的机械适用法律嫌疑。在早

---

① 参见（2017）粤 03 民终 7851 号民事判决书。

期司法活动中，刚性适用原《合同法》第五十二条而不加剖析解读便认定案涉保底承诺条款有效的判决不在少数，由此导致司法判决为严重违反国家政策方针及监管规定的金融产品进行合法背书的现象出现。

《资管新规》的出台意味着我国金融行业发展进入"大资管时代"，市场监管方式转向深层的"穿透式"且力度不断加大。在此阶段的司法实践逐渐趋向这种监管方式和力度的转变，加之法条主义思维的影响，反映至具体的司法活动中则直接适用监管规章内容作为否定差额补足协议效力的依据，而不进一步审查当事人的真实交易目的。

2. 司法审查的重心：合法性还是合理性

法院在审理资管领域差额补足协议时，主要考察其是否符合相关规则或原则，也即审查协议的合法性。以意思自治的审查为例，在《资管新规》出台之前，法院主要依据原《合同法》第八条和第五十二条审查涉案商事交易主体订立差额补足协议的文义目的是否存在导致合同无效的情形，而未考察其实际经营目的和衡量交易本身可能对国家利益、社会公共利益、他人合法权益产生的影响。《资管新规》出台后，市场监管趋势收紧，法院亦因势做出调整，吸取"强行政""穿透式监管"的政策方向，形成了"穿透式司法"的新裁判思路，但本质上并未改变对规则的高度依赖。这一时期的司法裁判思维更加重视监管规章的作用，在穿透合同文义揭露真实意思表示的基础上，着重审查深层交易目的是否存在违反监管规章的事实。

除意思自治外，法院还会重点审查差额补足协议的形式、履行过程是否符合法律法规的相关规定，但对协议本身的合理性审查尚有不足。如前文所提及的"史利兴—融通资管案"，审判法院认为当事人所提出的监管规章不属于效力性强制性规定而不能作为否定差额补足协议效力的依据，但事实上，案涉资管合同设定高倍数杠杆的同时，还设置差额补足义务人承担补足预期收益的交易义务，案涉协议在实际履行中存在过分加重一方商事主体责任的不合理之处，但法院仅凭单一条款即认定其有效。历往司法实践亦有审查协议合理性的案例，例如在"简先书—

郑华永耀案"中，判决先认可案涉差额补足协议中的保底承诺条款存在违反监管规章的事实，但在后续论证该协议仅发生在个人之间并不涉及第三人的利益，亦不影响正常的金融秩序，不会导致社会公共利益受损，同时认为若判定协议无效，则可能导致获利时当事人按照约定分利而亏损时协议无效的悖论，于维护市场诚信交易秩序不符，故而认定案涉差额补足协议合法有效。

3. 司法监管化的纠结

随着我国金融业进入"大资管时代"以及经济金融风险防控形势的日趋复杂，监管政策转为"创新与秩序并重"，穿透式监管受到前所未有的重视。最高人民法院先后提出"以服务实体经济为宗旨，引导和规范各类金融行为""以服务实体经济作为出发点和落脚点，引导和规██████████████""以金融服务实体经济为价值本源，依法审理各类金融案██████等要求，其与《资管新规》中设置的"遏制金融脱实向虚"的监管目的遥相呼应。上海市高级人民法院于2018年进一步明确提出，"对不符合金融监管规定和监管精神的金融创新交易模式，或以金融创新为名掩盖金融风险、规避金融监管、进行制度套利的金融违规行为，及时否定其法律效力，并以其实际构成的法律关系确定其效力和各方的权利义务。"可以看出，随着金融行业发展态势和金融行政监管方向的转变，司法政策的调整也与之趋同，具有保收益性质的差额补足协议在司法场域所形成的意思自治保护隔离层开始被穿透。顺应金融监管的收紧政策确能在一定程度上助力行政管制的落实，但由于司法政策调整的力度、方向和边界等始终模糊，法院在面对差额补足协议纠纷时无据把握自由裁量的尺度和界限，在维护差额补足协议各方当事人的合法权益和以司法提供市场主体行为指引、减轻行政监管的负担二者目的之间举棋不定，进而衍生出裁判路径不一、司法适用混乱等问题。

以"徐文玉—张宇案"为例，本案的一审判决认为案涉差额补足协议的签订系双方真实意思表示且协议内容未违反法律规定，依法成立并生效；但本案上诉至最高人民法院后，终审判决认为按其协议约定的交易模式，投资人所提供的系争投资股票实质所有权并未发生转移，客观上实施的是不转移实质所有权的自买自卖行为，主观上存在误导市场投资者对被投资者股份在二级市场上供求关系判断、影响证券交易价格的故意，属于以合法形式掩盖非法目的的合同而无效。① 显然，这种穿透合同表层关系审查深层次意思表示的裁判思路难以保持一致性，不同法院的裁量标尺存在差异性，在面对同一纠纷时出于不同的利益衡量考虑可能做出相悖的判决结果，这将极大影响司法公信力，无益于维护金融市场秩序。

此外，审判实践逐渐将"公序良俗"作为监管规章介入司法裁判的通道。例如"前海元泉资管—中恒汇志投资案"中，判决说理详细分析了《证券公司监督管理条例》等相关监管内容与公共利益之间的关联性，继而论述案涉协议条款符合文件规定而合法有效。② 这种裁判思路一方面有力打击违反金融监管规则、规避监管目的或利用监管漏洞进行交易的金融商事行为，通过判决的形式为金融行政监管提供背书，减轻执行负担。但另一方面其开辟了法规以下位阶的规范性文件进入司法裁判、影响商事行为效力的通道，意味着在金融创新领域司法功能可能与行政机关的职能逐渐同化，这将削减司法机关对行政监管机关的制约和监督作用，矮化司法的独立价值。

(二) 差额补足协议法律关系的区分认定

1. 追偿权机制下内部关系的厘定

差额补足义务人的追偿权机制在形式上与保证合同中的追偿权类似，但最大的不同在于保证人的追偿权系由法律赋予，而差额补足义务人的追偿权的请求权基础则为商事主体之间的合意。追偿权约定仅具有内部效力而不能对抗外部第三人，且追偿权的行使条件与保证合同中的追偿权类似，因差额补足义务的或然性质，其应当在义务人履行完毕义

---

① 参见（2017）最高法民终604号民事判决书。
② 参见（2017）粤0391民初1547号民事判决书。

务后方能达成行使条件。由此，在融资方和差额补足义务人内部之间所应当形成的追偿权关系，实际上可视为融资方对差额补足义务人的委托关系，具体为融资方（资管合同的主义务人）委托差额补足义务人对投资者（资管合同的权利人）提供差额补足安排，在其义务履行完毕后，由差额补足义务人对融资方行使追偿权。若不设置追偿权或放弃追偿权，差额补足义务人与投资者之间的法律关系类似于赠与关系，且其将资金补足给投资者的行为本质是代融资方进行投资回报，在效果上亦与赠与相似。为避免独立第三方作为差额补足义务人的商业模式公平内核缺失，应将此种商业模式中的差额补足关系视为委托关系，即为融资方委托独立的第三方主体代其履行清偿或给付义务，并约定差额补足义务人完成履行后享有追偿权。

2. 劣后级投资者差额补足情况下的投资者间关系认定

对于各级投资者之间的法律关系，主要观点认为各方成立信托法律关系，[①] 亦有观点认为各方主体间存在借款或合伙关系的可能性。[②] 就借款说而言，其主要目的是明确劣后级与优先级之间的融资融券关系，实现对类似配资的结构化信托的无效化。这种观点最大的弊端是使优先级投资者存在被冠以"职业放贷人"的可能性，使得差额补足商业安排因涉嫌非法配资被认定为无效，进而影响整个资管计划的运营甚至使市场萎缩。实践中的劣后级投资者多为融资方的股东或关联方，其履行差额补足义务后同样享受到资管财产运营升值所带来的收益，借款说无法解释其多元的投资目的。而当劣后级与优先级之间的关系视为合伙关系，差额补足协议即为合伙合同，此与资产管理的本质相悖。除此之外，差额补足的保底性质也与合伙关系收益共享、风险共担的基本原则相悖。综上所述，借款说存在间接增加投资负担和影响资管市场扩张的弊端，合伙说在与资管相关的理论方面无法达成逻辑自洽。差额补足义

---

① 参见（2017）青01民终1789号民事判决书。
② 叶名怡：《结构化资管计划的私法规制——以"宝万之争"为例》，《法学》2018年第3期。

务人与资管合同权利人之间存在信义关系，资管与信托的本质特征类似，以信托关系解读劣后级与优先级之间的关系更为合理。

3. 管理人差额补足情况下的关系解读和义务构建

在被动管理型资管业务中同时存在管理人和投资顾问两个商事主体，通过各方协议使得投资顾问对资管产品有实际运营权限而管理人被形式化。在此种情形下，投资顾问所拥有的管理和处分资管计划财产的权利义务，属于主动管理型资管业务中实质管理人的权限范畴，故而此处将投资顾问和管理人归类论述，统称为"管理人"。

当前虽然多个监管规章否定以"刚性兑付"为典型的保底保收益承诺，但由于长期存在的法条主义思维和"司法监管化"尺度的模糊，上述规章并未充分发挥保护投资者权益与维护金融市场秩序稳定的作用，反而桎梏了金融创新的发展。法院在面对管理人作为差额补足义务人的商业纠纷时，一方面，应适当运用"穿透式司法"思维和"实质主义"的司法原则，穿透合同文义并把握真实交易目的而非仅审查交易外观，实际维护真实权利人的合法权益而非仅停留在权利外观的形式主义逻辑之上。尤其在金融领域，对于那些以金融创新为名掩盖金融风险、规避金融监管、进行制度套利的金融违规行为，应以其实际构成的法律关系确定其效力和各方权利义务关系。另一方面，应注意"穿透式司法"边界，避免过分干涉商事自由交易而破坏市场运营秩序，为此需要对管理人的责任范围予以明确，解决司法实践中因责任规则不清而导致的司法过度介入或不统一的问题。

管理人作为受托人操作运营资管财产，其与委托人（投资者）之间应然构成信义关系。信义义务作为信义关系的核心，通常认为其由忠实义务和注意义务两个分支构成，二者像双螺旋般紧紧缠绕。[①] 忠实义务是一种消极义务，以防止利益冲突为核心，要求将委托人利益置于受

[①] 董新义：《资产管理业者的信义义务：法律定位及制度架构》，《求是学刊》2014年第4期。

托人个人利益之上。针对忠实义务的司法审查应将重点放在现实履行程度上，原因在于资管财产控制权的转移使得管理人容易受其诱惑而做出违法违规行为，客观上增加了监督难度。注意义务是一种积极义务，旨在促使管理人运营管理资管财产时能够勤勉尽责。管理人在信托投资产品计划中享有较大的自由裁量空间，其在职责履行中会受制于客观有限资源的阻碍。因此，针对注意义务的司法审查应考虑到客观资源的有限性并同时保持谦抑性，以具体的履行过程作为主要的考察依据。将管理人归于信义关系的制度框架内，能够使其更好实现产品销售者、财产管理者和风险补偿者的多重身份，充分履行勤勉尽责的管理义务和差额补足的合同义务，使公平交易成为可能。

(三) 差额补足协议效力的司法认定

作为新型增信措施的差额补足协议虽概念模糊、争议不断，但其隔离投资者本应承担的投资风险这一特性客观上促进了资管行业的快速发展。随着金融创新推进过程中不断累积实体经济风险，防控金融风险逐渐成为金融行政监管的优位目的，"防风险，去杠杆"成为当前的监管基调。市场变化和金融监管转向都对司法活动产生深刻影响，法院对资管产品中差额补足协议纠纷的态度顺势而变，同样呈现出明显的阶段性特征。

1. 意思自治的边界

在《资管新规》出台并生效之前，商事实践对金融创新"量"的需求远超过对"质"的要求，法院采取"保护并鼓励金融创新"的司法政策和宽松克制的司法态度。特别是在合同无效的认定上，司法与"监管合规"保持了较远的距离，并形成"监管违规但基本商事法益仍能得到司法保护"的裁判思维，为金融创新构建了充分的试错发展空间。以"重庆国际信托—安徽三联公司"一案为例，法院在本案的裁判理由中提道：案涉协议系当事人的真实意思表示，不违反法律行政法规的强制性规定而合法有效；根据信托公司所提供的营业执照和金融许可证,案涉协议亦不违反金融监管部门核准的经营范围。① 就"合同目的"这一分层概念而言,其包括:(1)通过合同条款的文义直接设定的目的;(2)通过文义目的欲进一步达到的交易目的;(3)通过具体交易目的最终实现的合同目的。《资管新规》生效前的裁判思路对商事主体在交易过程中意思表示的审查止于表面的"文义目的",并不深究文义背后是否隐藏通谋、恶意串通、刚性兑付等违法违规经营目的。此种裁判思路为差额补足协议营造了自由创新、充分发展的缓冲地带,在相当长的一段时间内促进了资管领域乃至整个金融业的高速发展。

《资管新规》实施后,防范化解重大金融风险成为经济工作的主旋律,"穿透式监管"流行开来,以"刚性兑付"为代表的保底条款被置于风口浪尖。司法政策顺势做出相应调整,最高人民法院于2017年明确提出"对以金融创新为名掩盖金融风险、规避金融监管、进行制度套利的金融违规行为,要以其实际构成的法律关系确定其效力和各方的权利义务"这一要求,与《资管新规》所确立的"穿透式监管"原则一脉相承。具体至司法活动,在"前海华瑞公司—华瑞聚富基金"一案中,法院穿透案涉当事人之间的表层投资关系,将原、被告双方确立的差额补足责任认定为对原告投资行为的担保。② 《资管新规》生效之后的裁判思路穿透合同文义目的之表象,将差额补足协议背后的真实法律关系、关系性质以及权利义务的真实内容暴露至司法面前,从而审查隐匿在文字背后的深层合同交易目的。此种裁判进路有利于金融监管政策的贯彻落实和金融市场秩序的稳定,但其对"合同文义"的过度深入穿透可能导致条款的文义本身对交易关系、交易秩序以及权利义务履行的构建价值被丢弃。

2. 司法认定的原则指引

追根溯源,法院对差额补足协议纠纷的法律适用离不开对民法基本

---

① 参见(2015)渝高法民初字第00025号民事判决书。
② 参见(2015)深前法商初字第165号民事判决书。

原则的遵循，其中诚实信用原则、公平原则和意思自治原则为其说理的重要根基。就诚实信用原则而言，不少样本所筛选判决中的当事人在提出己方的应诉意见时均有提及该原则。例如在"常超—罗勤"一案中，原告认为作为差额补足义务人的管理人之所以承诺实际履行差额补足责任，是因为其在管理资管财产过程中存在披露虚假信息、违规开设资金池等违背信义义务的行为，从而以差额补足这一手段进行掩饰，以便其继续以此种非诚信手段开展业务经营。① 而审判法院同样从诚实信用的角度入手对此种观点进行批驳，认为上述违法违规经营的行为虽在当前的资管领域较为常见，但其与差额补足协议本身无涉，更遑论因差额补足协议之存在而导致此类违法违规经营行为的频发。事实上，在合法合规经营的资管产品中，商事交易主体之间达成差额补足的交易安排，通常是为了降低投资者的投资风险，或解决投资非标资产时可能发生的无法及时回笼资金以兑付的资产流动性问题，与是否诚信经营并无关联。即使在违法违规运作的资管产品经营中，差额补足协议所发挥的保障投资者权益效用，与管理人违背信义义务所承担的信义责任效用一致，并不存在违背诚实信用原则的可能性。

从民法的基本原理来看，显失公平要求当事人一方利用优势或对方没有经验，致使合同订立时双方的权利义务明显有失公平。② 从公平原则出发，有观点认为保底承诺导致了资管当事人之间权利、义务的严重不对等，属于显失公平情形，因此事前书面的承诺协议属于可撤销合同。③ 但在司法实践中，已有法院对此做出相反判决，以"简先书—郑华永耀案"为例，其裁判说理未用任何法律条文，而仅以公平原则所持法律理念作为根基展开分析。法院认为，复杂多变的市场环境使得具体商事交易中各方主体的行为模式或实际地位等大相径庭，因此不可在不加分析的情况下直接适用抽象的原则内容。案涉协议的保底条款系由专

---

① 参见（2018）鄂01民终10500号民事判决书。
② 曾大鹏：《论显失公平的构成要件与体系定位》，《法学》2011年第3期。
③ 高民尚：《审理证券、期货、国债市场中委托理财案件的若干法律问题》，《人民司法》2006年第6期。

业从事投资且对股市风险具有高度认知的人员做出,其因此而处于绝对优势的地位;而投资人因资本充足度和信息获取等方面的缺乏,地位则相对弱势。但地位强势的一方向地位弱势方提供实际的预期收益补足的交易安排,无法认定保底条款有违公平原则,反而彰显了该保底条款之权、责、利的一致性,且未导致当事人之间权利义务的严重失衡故而不违反公平原则;如认定条款无效,就会导致获利时当事人按照约定分利,亏损时即认为保底条款违背公平原则无效的悖论,不利于鼓励当事人诚信交易。[1]

法院将监管规章作为判决参考适用依据的介入通道时,"公序良俗"原则有着广泛的适用空间。例如在"前海元泉资管—中恒汇志投资案"中,法院为论证差额补足协议内容合法有效,详细分析了《信托公司集合资金信托计划办法》《证券公司监督管理条例》等相关条款内容与公共利益之间的关联性,继而论述具体协议条款符合上述文件规定而合法有效。[2]

债权人利益保护原则的适用背景是基于差额补足协议的法律关系基础并非传统融资方对投资者的法定义务,而是差额补足义务人为降低投资者风险而额外设定的交易安排,其导致的直接后果是义务人的自有财产减损,对义务人其他债权人的利益可能构成损害。由此,在融资方作为差额补足义务人商业模型纠纷中通常会出现当事人以"损害其他债权人合法权益"为由,要求认定案涉差额补足协议无效。以"稠州银行—陕经发展、陕经协作案"为例,法院认为案涉差额补足协议系当事人之间共同投资的内部约定,并未涉及其他人的权利义务,亦未损害其他投资人合法权益,实质是投资双方对投资利益、投资风险共同承担的合作投资模式。[3] 此类司法进路虽充分考虑到其他债权人的合法利益和其应然的合同撤销权利,但大多判决均认为差额补足协议并未对上述法益

---

[1] 参见(2018)渝民终 155 号民事判决书。
[2] 参见(2017)粤 0391 民初 1547 号民事判决书。
[3] 参见(2019)浙 01 民初 2406 号民事判决书。

构成损害,且其裁判理由缺乏论理性。

3. 司法认定的规则逻辑

《民法典》正式生效之前,《合同法》第八条和第五十二条成为法院在认定差额补足协议效力时适用频率最高的两条规定,而《合同法》第四十四条、第六十条与上述条款相辅相成,作为法院判决差额补足义务人应当履行差额补足责任的重要依据;《合同法》第一百零七条、第一百零九条则作为差额补足义务人拒绝履行相关合同义务后承担违约责任的法律依据。在此规则适用逻辑下,法院的裁判说理大多较为抽象笼统,以意思自治原则和"不违反法律法规的强制性规定"作为核心观点。

当《民法典》将原《合同法》的上述条款做一定的删改、合并等变动后,法院在面对差额补足协议纠纷时采用《民法典》相关条款的频率有所降低,改为适当吸取意思自治原则之立法精神,充分保障市场交易自由,以确保当事人意思自治为核心,针对当事人所提出的观点和争议逐一分析回应。[①] 或是参考适用更具有纠纷针对性的监管规章观点和立场,以大量的裁判说理和逻辑论证对当事人所提出的观点和争议做出回应。[②] 除民法相关规定之外,金融法领域的规则适用频率同样不低,且就金融法的适用,各法院呈现出更为明显的"对症下药"特性。具体而言,筛选出的样本案例在适用金融法相关规定时,并非如适用民法规定那样仅罗列少量的原则性条款,而是在具体分析纠纷特殊性的基础上适用要件契合的具体法律条文和相关监管规章条文,以此为裁判说理寻求法律依据。例如在"前海元泉资管—中恒汇志投资"一案中,判决适用《信托法》第三十四条、《证券法》第一百四十四条,辅之《信托公司集合资金信托计划办法》第八条、《证券公司监督管理条例》第四十六条第一款和《证券期货经营机构私募资产管理业务运作管理暂行规定》第三条,作为被告(差额补足义务人)并非资产管理合同的

[①] 参见(2020)浙民终525号民事判决书。
[②] 参见(2020)最高法民终1295号民事判决书。

当事人及案涉协议不存在对应的主债务这一裁判观点的分析依据,并据此认定案涉协议"不违反金融监管规定,亦不涉及损害社会公共利益的问题"而有效。① 相较于之前以"意思自治原则"和合同无效情形概括解决差额补足协议的所有法律问题,此阶段的司法实践大多会对纠纷本身的特殊性和判决结果做一定的说理。但其裁判理由的论证分析仍不完善,此种针对当事人所提观点的回应式判决仍忽视诸多问题关键,并不能有利于纠纷解决、行业发展和金融创新。

第三节　金融监管维度下的价值调和:聚焦监管约谈

金融创新与金融监管是一对永恒的矛盾,公司融资法既要为金融创新预留充足空间,又要通过有效的监管制度设计防范化解金融风险。金融本身就是一个权力与资本交织杂糅、创新与监管动态博弈的复杂领域。伴随着防范化解重大金融风险攻坚战向纵深拓展,金融监管面临的压力和挑战持续增加,创新型的金融监管工具也不断推陈出新。2020年11月至2021年4月,金融科技巨头蚂蚁金服在不到半年的时间内三次被金融管理部门约谈,犹如平地惊雷,产生了强烈的震撼效应。2021年4月底,腾讯、字节跳动、陆金所等从事金融业务的13家平台企业被集体监管约谈,再次引发了广泛的社会关注。这一连串的事件主要发生在公司上市融资或资本运作的过程中,监管约谈因而可视为一种创新型的融资监管工具。本节尝试以蚂蚁金服和13家平台企业被监管约谈事件为背景,挖掘金融法视野下监管约谈的独特性功能及其制度定位,并以监管约谈为工具调适金融创新与融资监管之间的紧张关系。

一　监管约谈在金融法中的投射及其问题面向

在蚂蚁金服被约谈之前,金融领域的监管约谈并不多见,专门研究

---

① 参见(2017)粤0391民初1547号民事判决书。

"金融监管约谈"的文献则几乎没有。但这并不意味着金融法视域下的监管约谈是全新的制度创新,也不意味着针对蚂蚁金服的监管约谈缺乏规范依据。我国《银行业监督管理法》第三十五条规定:"银行业监督管理机构根据履行职责的需要,可以与银行业金融机构董事、高级管理人员进行监督管理谈话,要求银行业金融机构董事、高级管理人员就银行业金融机构的业务活动和风险管理的重大事项作出说明。"《金融控股公司监督管理试行办法》第四十四条规定:"中国人民银行根据履行职责的需要,可以与金融控股公司董事、监事、高级管理人员进行监督管理谈话,要求金融控股公司董事、监事、高级管理人员就金融控股公司业务活动和风险管理的重大事项作出说明。"此外,《证券法》第一百七十条第二款、《保险法》第一百五十二条也都有类似规定。这些文本中的"监督管理谈话"和"监管谈话"即为监管约谈的代名词,《中国银监会办公厅关于银行业重大案件(风险)约谈告诫有关事项的通知》则直接采用了"约谈"这一概念。问题的关键在于,无论是蚂蚁金服还是腾讯、字节跳动等平台企业,严格意义上都不属于"银行业金融机构""证券业金融机构"或者"金融控股公司"的范畴,能否适用《银行业监督管理法》《证券法》《保险法》《金融控股公司监督管理试行办法》中的监管约谈制度,不无疑问。为了弥补法律漏洞,金融监管部门要求蚂蚁集团整体申设为金融控股公司,所有从事金融活动的机构全部纳入金融控股公司接受监管,健全风险隔离措施,规范关联交易。这种带有"亡羊补牢"式的监管整改方案尽管在程序正义上存在可指摘之处,但符合实质正义的价值旨趣,体现出中国式的监管智慧。

鉴于蚂蚁金服和13家平台企业监管约谈事件的重大影响,"认真对待监管约谈"的命题理应受到特别关注。如果追根溯源的话,金融法中的监管约谈制度无疑来自行政法,其价值观念和知识谱系均受到行政法中约谈制度的深刻影响,因而上述命题的解构需要立足于行政法来展开。相比于金融法,行政法中的监管约谈制度要成熟得多,不仅在环境保护、税收征管、安全生产、食品药品监管、互联网信息内容审查等方面得到广泛运用,而且以行政约谈为核心话题的学术讨论相当热络且不乏研究成果。有代表性的行政法学者认为,行政约谈是一种带有柔性色彩的规制工具,以遵从理论为基础,以促成守法为目标,以惩罚性方式为后盾。① 这里所谓的柔性规制工具,是指行政机关实施的不具有强制命令性质的非权力作用性的行政活动方式,常见的情形包括行政指导、行政契约、非拘束性计划等。行政约谈具有鲜明的磋商色彩和协商民主的意味,由于把住了公共治理和软法之治的时代脉搏,顺应了以给付行政、服务行政为内核的现代行政法的发展演进趋势,所以愈益受到重视,适用范围不断扩大。诚如有学者所言,伴随着由开放的公共管理与广泛的公众参与整合而成的公共治理模式的兴起,国家管理模式渐成明日黄花,国家—控制法范式陷入难以自拔的困境之中,法律之治需要向激励和制约统筹兼顾的公共治理法范式转换,从压制型法或者自治型法向回应型法转变。② 行政约谈由于注重协商和沟通,行政相对人具有相对平等的话语权,因而契合了回应型法的理论脉络,成为现代行政"回应"风险社会的重要手段。③ 从行政约谈的具体功能看,该手段的使用要么是因为特定领域的政府干预不具有正当性,需要通过约谈这一柔性的调节手段,为规制机构的规制行为寻求合法性支持;要么作为规制的辅助手段以强化现有法律的实施;要么作为独立的工具以弥补特定领域治理工具的匮乏。④ 正是由于行政约谈的比较优势,其作为传统意义上的命令—控制式监管工具的替代性机制的功能和价值备受肯定,甚至被视为"药到即病除"的中国式监管制度工具。

当行政法上的约谈制度投射到金融法的场域,尽管语词上几乎没有变化,但在价值理念、规范依据、制度定位等方面均发生了微妙的变

---

① 朱新力、李芹:《行政约谈的功能定位与制度建构》,《国家行政学院学报》2018 年第 4 期。
② 罗豪才、宋功德:《软法亦法——公共治理呼唤软法之治》,法律出版社 2009 年版,第 12 页。
③ 王虎:《风险社会中的行政约谈制度:因应、反思与完善》,《法商研究》2018 年第 1 期。
④ 段礼乐:《市场规制工具研究》,清华大学出版社 2018 年版,第 177 页。

化。例如，金融监管部门在对蚂蚁金服进行约谈时，采取了"实质重于形式"的逻辑判断方法，认为蚂蚁金服"实质上跨界开展非金融、金融、类金融和金融基础设施等多种业务，成为全世界混业程度最高的机构"，因而需要明确其金融企业属性，对其所有金融业务进行严格穿透式监管。[①] 这种"实质重于形式"的穿透式监管理念是金融法中功能监管的必然要求，内含在金融监管约谈的制度理念之中，明显有别于行政法中的约谈理念。再如，金融是一个政策与法律犬牙交错，甚至政策与法律之间难以清晰界分的领域，公共政策往往构成金融监管约谈的直接根据。从官方发布的"中国人民银行副行长潘功胜就金融管理部门约谈蚂蚁集团有关情况答记者问"来看，约谈的背景是落实中央经济工作会议"强化反垄断和防止资本无序扩张"的决策部署，希望达到的目标是督促蚂蚁集团"自觉遵守国家法律法规，切实承担企业社会责任"。由此反映出来的信息似乎是，监管约谈乃政策驱动下的产物而非法律驱动下的产物，体现出鲜明的政治逻辑。而行政法的基本原则是依法行政，强调行政机关不得随意干涉公民自由，除非它有明确的授权，而且这种权限必须经过民主程序而获得合法性。[②] 在这种理念的指引下，行政法特别注重约谈的法治化，《食品安全法》《环境保护部约谈暂行办法》等为数众多的法律法规、规章均明确规定了约谈方式，从不同位阶层面为行政约谈提供了行动指南。上述区别意味着我们不能将金融监管约谈与行政约谈等量齐观，不能将行政约谈的理念、方法和制度规范想当然地适用于金融领域，而应挖掘和提炼金融监管约谈的殊异性并建构行之有效的制度规则。透视蚂蚁金服和13家平台企业被监管约谈事件，至少有以下几个殊异性问题需要讨论：金融监管约谈是一种行政行为吗？金融监管约谈的法律后果是什么？金融监管约谈的法律规制逻辑与

---

① 参见时雨《在金融科技发展中需要思考和厘清的几个问题》，《金融时报》2020年11月9日。

② 余凌云：《行政法讲义》（第二版），清华大学出版社2014年版，第72页。

政治规制逻辑之间是什么关系？这些问题均需要在金融监管约谈功能定位的解读中逐一厘清。

二 监管约谈的法律性质之争与功能定位迷思

作为本节研究的核心问题，监管约谈的功能定位指向的是其在金融规制工具箱中的具体角色以及在金融法制度谱系中的地位和发挥的作用。制度作为"人类强加给人类的互动约束"，① 有着特定的社会功能，包括但不限于指引功能、评价功能、教育功能、预测功能、强制功能等，金融监管约谈的制度功能可能定位于其中的一种或多种，也可能指向其他。欲精准识别金融监管约谈的功能定位，需要从监管约谈的法律性质认定这一逻辑前提入手。

（一）监管约谈的法律性质辨析

由于金融法中的监管约谈制度从知识源头上看来自行政法，因而我们不能对行政法学界关于监管约谈法律性质的讨论视而不见。整体而言，行政法学界对行政约谈作为一种行政行为的属性基本认同，但对于行政约谈属于哪一种具体的行政行为类型争议较大，在独立行政行为与非独立行政行为、行政事实行为与行政法律行为、行政指导行为与行政契约行为之间反复纠结，至今未形成统一界说。比较有代表性的一种观点是将行政约谈界定为具有独立价值的非强制性的行政行为，不以发生法律效果为目的，具有行政指导性质。② 但由于行政约谈并不具有法律强制力，约谈协议存在可变通性且面临执行乏力的难题，似乎难以同时满足行政行为所要求的公定力、拘束力、确定力和执行力的四元结构。正因如此，有学者回避了将监管约谈简单定性为行政行为的逻辑陷阱，主张摆脱一元论的"行政行为形式论"的研究进路，采取多元开放式

---

① ［英］杰弗里·M. 霍奇逊：《制度经济学的演化——美国制度主义中的能动性、结构和达尔文主义》，杨虎涛等译，北京大学出版社2012年版，第419页。

② 孟强龙：《行政约谈法治化研究》，《行政法学研究》2015年第6期。

选择的研究范式，将行政约谈置于"协商—互动"的新型行政法律关系中加以考察。① 类似的观点认为，随着行政任务的变迁，行政行为的教义学体系难以应对现代监管型国家的挑战，对约谈工具的认知应当从静态视角转向动态视角，在市场约谈与科层约谈的二元结构中把握其多重面向特征。② 该观点认识到了行政约谈的复杂性，其类型化思维值得肯定，但市场约谈与科层约谈的二分法依然难以涵盖行政约谈的多维面向。需要认识到，随着现代行政的深入发展，行政约谈的适用范围不断拓展，涵盖了规制性约谈与调整性约谈、调查性约谈与指导性约谈、内部约谈与外部约谈等不同类型。根据行政权力因素的强弱，行政约谈又可以类化为决策参谋型、纠纷协调型、违法预警型、执法和解型、督办处罚型等不同情形，前三种类型由于强制力弱，商谈色彩明显，定性为行政指导尚属牵强，后两种类型则体现出浓厚的权力性特征，明显超越了行政指导的范畴。③ 因此，我们不宜秉持"一刀切"思维来界定行政约谈的法律性质，而应采取差异化视角加以类型识别。

既然行政约谈的法律性质不容易厘清，金融法视野下的监管约谈定性无疑更为困难，我们甚至不能把行政法中行政指导、行政契约等基础性概念套用在金融法的具体问题分析之上。严格来讲，金融监管约谈的主体——中国人民银行、原银保监会、证监会等都不是行政机关，而是经济法意义上的"独立规制机构"。美国于1887年设立的州际商务委员会被认为是世界上第一个独立规制机构，其后类似机构的设置在金融、能源、电信等领域不断出现，演化成不可阻挡的历史发展趋势。专业化、自治性更高的监管者建立了用以抗衡各部委和利益集团的重要制衡机制，能够避免由于监管俘获而导致的市场扰乱。④ 在金融领域，1933

---

① 马讯、杨海坤：《行政约谈实效性的保障机制建构——兼论约谈法治化进阶》，《山东大学学报》（哲学社会科学版）2017年第1期。
② 卢超：《社会性规制中约谈工具的双重角色》，《法制与社会发展》2019年第1期。
③ 孟强龙：《行政约谈法治化研究》，《行政法学研究》2015年第6期。
④ 经济合作与发展组织：《OECD国家的监管政策——从干预主义到监管治理》，法律出版社2006年版，第115页。

年成立的美国证券交易委员会开创了独特的证券监管模式,其独立于传统的政府行政部门,享有法律赋予的高度独立性,同时还享有准立法权和准司法权。① 我国的金融监管机构尽管在独立性上不如美国,但相比国务院的一般部委,仍具有相对超越的地位。出现在《银行业监督管理法》《证券法》《保险法》《金融控股公司监督管理试行办法》等规范文本中的监管约谈,属于金融监管措施的范围,其与行政法上的具体行政行为类型属于不同的逻辑和话语体系,不能生硬僵化地归类到行政法的概念范畴和制度谱系中。② 如果一定要从权力视角审视监管约谈的话,其也不是当然的行政权力,而是带有经济法意义上市场规制权或宏观调控权的色彩,可归入国家调制权或曰调节权的范畴之中。事实上,由于金融领域的特殊性以及金融监管的专业性,金融法的知识丛林中不乏殊异的制度安排,比如针对欺诈发行的责令回购、针对中介机构的"冷淡对待"措施、针对重大违法人员的市场禁入等,任何将其与行政法上某种定型化的行为类型相挂钩的想法都面临难以言说的逻辑困境。③ 因此,将金融监管约谈视为一种独特的规制工具即可,没有必要再依循行政法的逻辑按图索骥。

(二)监管约谈的功能定位透视

淡化监管约谈的行政法色彩而强调监管约谈的金融法特质,无疑有助于理解其功能定位。从行政法学界研究共识的推导来看,金融监管约谈的基本功能定位在学理上可归纳为规制遵从和风险预防。所谓规制遵从,是指通过警示、告诫、劝服等手段,引导被约谈对象改变行为模式,使之符合国家的法律法规以及监管政策。实现市场主体的规制遵从,既可以通过"强制—命令"式的刚性方式,也可以通过"磋商—

---

① 洪艳蓉:《金融监管治理——关于证券监管独立性的思考》,北京大学出版社2017年版,第62页。
② 邢会强:《金融监管措施是一种新的行政行为类型吗?》,《中外法学》2014年第3期。
③ 参见孙秀振《欺诈发行责令回购股票制度:目标定位及现实构建》,《证券市场导报》2019年5月;刘志伟《行政过程理论视域内的"冷淡对待"证券市场中介机构措施》,《财经法学》2021年第3期。

约谈"式的柔性方式。相对而言，柔性方式的成本更低、效果更好，符合现代法治意义上规制缓和、监管治理、经济民主的内在要求。诚如有学者所言，通过劝导模式来实现规制遵从的重要动因在于，相比于"执法金字塔"上部的威慑惩戒机制，劝导说服模式的执法成本相对更低，能够节省大量的组织资源与行政资源，并能够化繁为简，减少监管规则的繁文缛节，由此削弱被监管市场主体的抵触意识。① 在金融监管部门针对蚂蚁金服整改的五项要求中，无论是"回归支付本源，提升交易透明度，严禁不正当竞争"，还是"依法持牌、合法合规经营个人征信业务，保护个人数据隐私"，抑或"依法合规开展证券基金业务，强化证券类机构治理，合规开展资产证券化业务"，无不是对规制遵从的强调。所谓风险预防，是指监管者在存在风险不确定的情形下采取积极措施来消解风险滋生的可能性以及防止风险规模扩大。风险预防的理念与制度肇始于环境法，后来扩展至行政法，晚近以来又在金融法中得以确立。② 众所周知，我国正在开展一场防范化解重大金融风险的攻坚战，"牢牢守住不发生系统性金融风险的底线"被决策者反复提及，而金融科技的"创造性破坏"本质带给金融监管前所未有的挑战，金融科技的数据安全风险、网络安全风险、技术风险和监管风险必须严加防范。③ 与此同时，平台经济的快速发展在助推我国经济高质量发展和提升国际竞争力的同时，反竞争问题日益严重，算法合谋、价格歧视、大数据杀熟、扼杀式收购、自我优待等侵害消费者利益及妨碍创新的问题潜滋暗长。④ 正是在此背景下，中央提出了"强化反垄断和防止资本无序扩张"的重大命题，开展了对蚂蚁金服和 13 家平台企业的监管约谈，核心要旨即在于风险预防。

---

① 卢超：《互联网信息内容监管约谈工具研究》，《中国行政管理》2019 年第 2 期。
② 陈醇：《金融法违约预防与违约处置制度研究》，法律出版社 2019 年版，第 91 页。
③ 参见许多奇《金融科技的"创造性破坏"本质与监管科技新思路》，《东方法学》2018 年第 2 期；张永亮《金融科技监管的原则立场、模式选择与法制革新》，《法学评论》2020 年第 5 期。
④ 孙晋：《数字平台的反垄断监管》，《中国社会科学》2021 年第 5 期。

年成立的美国证券交易委员会开创了独特的证券监管模式，其独立于传统的政府行政部门，享有法律赋予的高度独立性，同时还享有准立法权和准司法权。① 我国的金融监管机构尽管在独立性上不如美国，但相比国务院的一般部委，仍具有相对超越的地位。出现在《银行业监督管理法》《证券法》《保险法》《金融控股公司监督管理试行办法》等规范文本中的监管约谈，属于金融监管措施的范围，其与行政法上的具体行政行为类型属于不同的逻辑和话语体系，不能生硬僵化地归类到行政法的概念范畴和制度谱系中。② 如果一定要从权力视角审视监管约谈的话，其也不是当然的行政权力，而是带有经济法意义上市场规制权或宏观调控权的色彩，可归入国家调制权或口调节权的范畴之中。事实上，由于金融领域的特殊性以及金融监管的专业性，金融法的知识丛林乏殊异的制度安排，比如针对欺诈发行的责令回购、针对中介机"冷淡对待"措施、针对重大违法人员的市场禁入等，任何将其与法上某种定型化的行为类型相挂钩的想法都面临难以言说的逻辑困境。③ 因此，将金融监管约谈视为一种独特的规制工具即可，没有必要再依循行政法的逻辑按图索骥。

(二) 监管约谈的功能定位透视

淡化监管约谈的行政法色彩而强调监管约谈的金融法特质，无疑有助于理解其功能定位。从行政法学界研究共识的推导来看，金融监管约谈的基本功能定位在学理上可归纳为规制遵从和风险预防。所谓规制遵从，是指通过警示、告诫、劝服等手段，引导被约谈对象改变行为模式，使之符合国家的法律法规以及监管政策。实现市场主体的规制遵从，既可以通过"强制—命令"式的刚性方式，也可以通过"磋商—

---

① 洪艳蓉：《金融监管治理——关于证券监管独立性的思考》，北京大学出版社2017年版，第62页。
② 邢会强：《金融监管措施是一种新的行政行为类型吗?》，《中外法学》2014年第3期。
③ 参见孙秀振《欺诈发行责令回购股票制度：目标定位及现实构建》，《证券市场导报》2019年5月；刘志伟《行政过程理论视域内的"冷淡对待"证券市场中介机构措施》，《财经法学》2021年第3期。

约谈"式的柔性方式。相对而言，柔性方式的成本更低、效果更好，符合现代法治意义上规制缓和、监管治理、经济民主的内在要求。诚如有学者所言，通过劝导模式来实现规制遵从的重要动因在于，相比于"执法金字塔"上部的威慑惩戒机制，劝导说服模式的执法成本相对更低，能够节省大量的组织资源与行政资源，并能够化繁为简，减少监管规则的繁文缛节，由此削弱被监管市场主体的抵触意识。① 在金融监管部门针对蚂蚁金服整改的五项要求中，无论是"回归支付本源，提升交易透明度，严禁不正当竞争"，还是"依法持牌、合法合规经营个人征信业务，保护个人数据隐私"，抑或"依法合规开展证券基金业务，强化证券类机构治理，合规开展资产证券化业务"，无不是对规制遵从的强调。所谓风险预防，是指监管者在存在风险不确定的情形下采取积极措施来消解风险滋生的可能性以及防止风险规模扩大。风险预防的理念与制度肇始于环境法，后来扩展至行政法，晚近以来又在金融法中得以确立。② 众所周知，我国正在开展一场防范化解重大金融风险的攻坚战，"牢牢守住不发生系统性金融风险的底线"被决策者反复提及，而金融科技的"创造性破坏"本质带给金融监管前所未有的挑战，金融科技的数据安全风险、网络安全风险、技术风险和监管风险必须严加防范。③ 与此同时，平台经济的快速发展在助推我国经济高质量发展和提升国际竞争力的同时，反竞争问题日益严重，算法合谋、价格歧视、大数据杀熟、扼杀式收购、自我优待等侵害消费者利益及妨碍创新的问题潜滋暗长。④ 正是在此背景下，中央提出了"强化反垄断和防止资本无序扩张"的重大命题，开展了对蚂蚁金服和13家平台企业的监管约谈，核心要旨即在于风险预防。

---

① 卢超：《互联网信息内容监管约谈工具研究》，《中国行政管理》2019年第2期。
② 陈醇：《金融法违约预防与违约处置制度研究》，法律出版社2019年版，第91页。
③ 参见许多奇《金融科技的"创造性破坏"本质与监管科技新思路》，《东方法学》2018年第2期；张永亮《金融科技监管的原则立场、模式选择与法制革新》，《法学评论》2020年第5期。
④ 孙晋：《数字平台的反垄断监管》，《中国社会科学》2021年第5期。

第四章　金融创新与公司融资法制的价值调和

规制遵从与风险预防的功能定位是在学理层面上推导出来的结论，但在实然层面上，金融监管约谈的功能定位尚存在诸多可质疑之处。一方面，金融监管约谈具有政治性规制的意味。金融有着天生的扩张冲动，当其发展到一定阶段后便会寻求权力的庇护，甚至与权力进行勾连，形成所谓的"权贵资本"。假如对资本的扩张不加以规训，资本力量有可能蜕变为"隐性国家"（Deep State），酿成灾难性后果。诚如有学者所言，每次金融危机的背后都潜伏着一个政治"泡沫"，金融"泡沫"是非理性繁荣和贪婪的共同产物，而政治"泡沫"则是一系列政策偏差，包括僵化的意识形态、反应迟钝且低效的制度和特殊利益的产物，政治"泡沫"是金融"泡沫"的"催化剂"。① 在我国，以蚂蚁金服、腾讯为代表的网络平台巨头，在国家包容审慎的监管态度下迅速崛起，但又在资本盛宴中迷失了自我，在垄断、消费者保护、数据安全等方面一再触及监管红线，网络平台及其背后的金融资本通过数据和技术所形成的新的权力金字塔体系值得高度警惕。② 因此，金融监管部门针对蚂蚁金融和13家网络平台企业的约谈具有权力规训的意涵，某种意义上可视为一种政治性规制手段。另一方面，金融监管约谈具有运动式治理的色彩。金融领域的运动式治理是一种常见现象，从场外配资清理到P2P网贷专项整治，从非法集资整顿到平台经济反垄断风暴，皆为其例。运动式治理可谓利弊兼存，在短期内一般会收到立竿见影的效果，能够有效弥补国家能力的相对不足，但难以实现长效治理，且有损国家的制度化调控体系。③ 本轮的金融监管约谈以层层加码、不计成本为目标导向，已然收到明显成效，但也不可避免地存在以监管意志代替市场判断等缺憾之处，若不实现从运动式治理到制度性治理的转变，仍有可能重蹈"治乱循环"的覆辙。

---

① ［美］诺兰·麦卡娣、基斯·普尔、霍华德·罗森塔尔：《政治泡沫——金融危机与美国民主制度的挫败》，贾拥民译，华夏出版社2014年版，第14—21页。
② 刘晗：《分享经济平台的社会公平问题与规制重构》，《行政法学研究》2020年第1期。
③ 曹龙虎：《国家治理中的"路径依赖"与"范式转换"：运动式治理再认识》，《学海》2014年第3期。

三 监管约谈的独特性功能证成及其重新定位

前文的分析表明，金融监管约谈在功能定位上存在含混之处：规制遵从、风险预防的学理目标定位与政治性规制、运动式治理实践运作逻辑之间存在明显张力。这一抵牾的滋生，源于人们未能清醒地认识到金融监管约谈的独特性功能所在。

（一）金融监管约谈的独特性功能

1. 合规督导

在约谈中，金融监管部门给出的蚂蚁金服问题定性是"公司治理机制不健全；法律意识淡漠，蔑视监管合规要求，存在违规监管套利行为；利用市场优势地位排斥同业经营者；损害消费者合法权益，引发消费者投诉等"，13家网络平台企业的问题定性是"普遍存在无牌或超许可范围从事金融业务、公司治理机制不健全、监管套利、不公平竞争、损害消费者合法权益等严重违规问题"，要求蚂蚁金服纠正支付业务的违规行为、依法持牌开展征信业务、纳入金融控股公司监管范围，要求网络平台企业对照金融法律法规和各项金融监管制度全面自查整改。不难看出，金融监管部门旨在通过明确方向、亮明态度、提出要求，确保金融科技和平台经济企业合规，金融监管约谈事实上发挥着合规督导的角色。从文义上看，合规是指"遵守规则"或"遵循法律规定"，即企业在经营或交易过程中遵守法律法规、商业惯例、伦理规范、公司章程、商业行为准则等。按照美国律师协会合规指南起草人的观点，合规即遵循法律和伦理规范。① 从实质上看，合规指向的是企业为避免出现违法违规行为，防止或减轻因违法违规而遭受的各种损失而建立的公司治理体系。申言之，作为一套独特的公司治理体系，企业合规是为了防范合规风险而建立起来的管理机制，是针对有关监管部门的调查和处罚

---

① 邓峰：《公司合规的源流及中国的制度局限》，《比较法研究》2020年第1期。

所建立的管理体系,是为避免重大经济损失和声誉损失而建立的管理体系。① 企业合规本质上是一种自我监管、自我报告、自我披露和自我整改的机制,如果运行顺畅,可以有效替代政府监管,实现对违法违规行为的有效预防和及时监控。但由于基础性条件的欠缺,我国的企业合规制度形具而实不至,陷入了内生性自律动力不足、外生性督导机制失灵的困境。在此情形下,监管约谈发挥合规督导的作用非常重要,其以相对柔性的方式替代了传统的强制命令方式,以相对较低的成本投入换来了较高的经济绩效,可谓一种行之有效的公司治理外部机制。正如学者所言,相对于那些严苛和机械的技术性规范而言,合规制度以其较具弹性化、道德化和抽象化的规定,不但为公司合理行为的塑造提供了价值指引,而且为公司治理制度的完善提供了必要的道德保障。②

2. 共治助推

蚂蚁金服尽管素以科技公司自居,实质上却是金融企业,且在大数据、人工智能、云计算和区块链等技术的加持下成为横跨支付、理财、信贷、保险、征信等金融业务部门的超级金融企业,将其纳入金融控股公司的监管范围完全正确。这是因为,金融科技并未改变金融的风险属性,其"底色"仍是金融,科技不能成为平台企业的"保护色",不能成为平台企业逾越法律、道德等规则底线的借口。③ 对于蚂蚁金服这样跨市场、跨业别的平台企业而言,传统意义上的机构监管已经力有不逮,需要引入协同共治的监管理念,④ 实行行为监管和功能监管。中国人民银行、原银保监会、证监会、外管局联合对平台企业的监管约谈所体现出来的"集体行动的逻辑"正是协同共治。由于平台经济的复杂性,对其治理也不可能采取单一的法律手段,而是需要将法律治理与政策引导、行业自律甚至政治规制结合起来。因此,在理解金融监管约谈

---

① 陈瑞华:《企业合规基本理论》(第二版),法律出版社 2021 年版,第 7—9 页。
② 赵万一:《合规制度的公司法设计及其实现路径》,《中国法学》2020 年第 2 期。
③ 金观平:《规范发展才有平台经济更好未来》,《经济日报》2021 年 4 月 12 日第 1 版。
④ 十凤霞:《平台经济:新商业 新动能 新监管》,电子工业出版社 2020 年版,第 174 页。

的制度角色时，除了法律的观察角度，还需要有公共政策以及政治分析的考量。正如萨拉蒙所言，政策工具在政治上并不是中立的，为某一政策干预而选择的政策工具会导致政治活动并带来相应的政治后果，且政治因素和政治动员会影响最初的工具选择和最终的政策实施。① 卢曼也曾指出，只有法律规制系统与政治规制系统作为社会系统实现功能分化，并通过结构性耦合相联系，才能形成社会风险的稳定阀，维系整个社会系统与社会各子系统的有序运作。② 需要强调的是，金融监管约谈在发挥协同共治作用的过程中，既不是以完全刚性的面目出现，亦非以完全柔性的面目出现，而是"软硬兼施"，体现出一种调和自由与强制间紧张关系的"助推"理念。所谓助推，是指当个人自由与公共公益发生冲突的时候，公权力机关不是采取直接、严厉的方式，而是采取一种间接、温和的方式，把人们的行为向一个更有利于他们自身利益，也符合公共利益的方向"轻轻推一把"。③ 在社会性规制领域，助推的重要性日益受到关注，其所彰显的"自由主义的温和专制主义"甚至被视为破解种种社会难题的第三条道路。正如有学者所言，"现代生活的复杂性和技术及全球变化令人应接不暇的节奏向硬性强制措施或者愤世嫉俗的自由放任主义发起了挑战。对于选择自由和柔性助推，我们应当立即采取有关措施做出原则性的承诺。"④ 平台经济的复杂性决定了对其规制不能照搬传统模式，引入协同共治以及助推式监管的新思路无疑恰逢其时，由此共治助推亦成为金融监管约谈所承载的特殊功能。

（二）金融监管约谈的重新定位

合规督导与共治助推的独特性功能提炼有助于重新理解金融监管约

---

① ［美］莱斯特·M.萨拉蒙主编：《政府工具——新治理指南》，肖娜等译，北京大学出版社2016年版，第477页。
② 陈晓华：《国有企业法律规制与政治规制：从竞争到融合》，《法学评论》2019年第6期。
③ 郭春镇：《权力的"助推"与权利的实现》，《法学研究》2014年第1期。
④ ［美］理查德·塞勒、卡斯·桑斯坦：《助推——如何做出有关健康、财富与幸福的最佳决策》，刘宁译，中信出版集团2018年版，第292—293页。

谈的制度实质，也为金融监管约谈的重新定位奠定了逻辑基础。需要指出的是，合规督导、共治助推与规制遵从、风险预防之间并不矛盾，而是相互关联、交织融合的关系，因而需要在统筹考量这些因素的基础上，寻求金融监管约谈的妥适定位。

1. 风险防范导向下的预防性监管机制

风险是金融的基本特质，风险防范则是监管约谈制度设计的初衷。《中国银监会办公厅关于银行业重大案件（风险）约谈告诫有关事项的通知》对此明确指出："对发生重大案件（风险）的银行业金融机构及时进行警示和告诫、提出监管意见和整改要求，有利于提高监管的针对性和时效性，也是推动相关银行业金融机构认真落实遏制重大案件（风险）发生的主体责任、切实加强内部管理与风险防控的有效手段。"从启动时点上看，监管约谈是一种事前监管措施，即在风险刚刚滋生或问题初步暴露的情形下适用，旨在防患于未然。金融监管的历史一再表明，如果某些行为可能导致的损害后果的救济成本非常高昂，那么就应该建立事前监管机制，而不是寄希望于事后采取补救措施，2015年的股灾为此提供了生动样本。① 与其他类型的风险相比，金融风险具有传染性，一旦演化为金融危机后果不堪设想，特别是对于蚂蚁金服这样带有系统重要性的金融科技企业而言，必须注重风险防控的"源头治理"，守住不发生系统性风险的底线，将问题消灭在萌芽状态。金融监管约谈事实上发挥着"防洪堤"和"阻隔墙"的作用，可谓一种预防性的监管机制

古人云："凡事预则立，不预则废。"在当下问题丛生和风险重重的现代社会，强调法律规范的预防功能，丰富政府规制工具箱中的预防性监管工具，显得极为必要。从本质上讲，风险与预期相关，可以理解为实际结果对预期结果的偏离。这种偏离不是源于恶意或疏忽的过错，

---

① 董淳锷：《市场事前监管向事中事后监管转变的经济法阐释》，《当代法学》2021年第2期。

而是源于无知。① 面对风险的"无知之幕",人类并非无可作为,而是可以充分发挥能动性,积极防范化解风险,比如监管者改变高高在上的姿态,随时了解市场动态,作出灵活机动的反应并修正决策和执行中的偏差,预设事后审查和矫正的制度通道,尊重少数意见和反对意见的表达自由,并使各种替代性方案能够有机会保留和重新考虑。② 监管约谈通过发挥合规督促的作用,可以将外部监管压力转化为被约谈对象的自我监管的动力,及时堵塞制度漏洞,有效遏制违法违规行为的滋生。当然,由于我国在互联网金融、金融科技及平台经济方面的立法严重滞后,监管约谈的合规督促作用难以有效发挥,再加上监管约谈本身缺乏法律责任约束等配套安排,与其他监管措施之间的衔接机制尚付阙如,其预防性监管的功能定位也有待补强。

2. 软家长主义导向下的激励性规制工具

从文义解释看,我国现行的金融法律文本均将监管约谈设定为"任意性规范",即金融监管机构可以选择约谈,也可以选择其他监管措施。那么,这是否意味着即使违反了监管约谈的要求也无须承担法律后果呢?答案当然是否定的。在蚂蚁金服第一次被约谈后的第二天,交易所就公布了蚂蚁金服暂缓上市的重磅消息,法律后果不可谓不严重。这种事实上带有强制力的任意性规范所体现出的监管理念,在学理上被称为"软家长主义",其核心意旨是借助于信息披露、警示、缺省性规则等策略,既保障主体的选择自由,又引导个体的理性决策。③ 与之相对的概念是"硬家长主义",即"政府通过对人们的选择施加物质成本从而改善人们福利的行为",④ 更容易理解的概念界定是"管理人出于增加当事人利益或使其免予伤害的善意考虑,不顾当事人的主观意志而限制

---

① 管斌:《金融法的风险逻辑》,法律出版社 2015 年版,第 81 页。
② 季卫东、程金华主编:《风险法学的探索——聚焦问责的互动关系》,上海三联书店 2018 年版,前言第 2 页。
③ 潘林:《风险投资合同权利研究——组织与契约的交叉》,中国政法大学出版社 2019 年版,第 223 页。
④ [美] 卡斯·桑斯坦:《为什么助推》,马冬梅译,中信出版集团 2015 年版,第 33 页。

第四章　金融创新与公司融资法制的价值调和

其自由的行为"。① 金融法将监管约谈设置为"软家长主义"的规制工具，契合了政府规制"更多协商、更少强制、更高自由"的整体性变革趋势，超越了以"认定—调查—惩罚"为构成要素的僵化执法模式，能够激发被约谈对象积极整改，提高规制遵从度。需要强调的是，监管约谈尽管商谈性色彩突出，但并不意味着监管机构与被约谈对象之间是一种行政契约关系，"商量着办"背后蕴藏着"强制着做"的制度逻辑。有学者就此指出，助推手段的运用，隐含的也是对政府规划设计的信赖，而非将政府消解为私利驱动的个体，更非真正的"去规制"。② 我们也注意到，在对蚂蚁金服的约谈中，"纠错"与"立规"的强制性明显，公众参与、利益代表、信息公开、理由说明等协商性要素体现不充分，这也是未来完善金融监管约谈制度时需要反思和改进的方向。

在"软家长主义"的导向下，金融监管约谈宜定位于激励式规制工具。按照日本经济学家植草益的界定，激励式规制就是在保持原有规制结构的条件下，为使受规制企业提高其内部效率，给受规制企业以竞争压力，激励或正面诱导其提高生产和经营效率。③ 作为规制经济学近四十年来最为重要的理论成果之一，激励性规制理论着重探讨的是"规制中的激励问题"，在新技术、新产业、新业态的法律规制中有着广阔的适用空间。以平台经济中的"专车"业务模式为例，引入激励性规制既是实现创新和竞争的社会功能所必需，又是减少负向规制的局限及节省规制失灵成本的极佳方法。④ 金融科技的法律规制工具选择中，市场准入、区域竞争、信息保护、主体身份转换等激励式规制工具均大有用武之地。如在对蚂蚁金服的监管约谈中，监管部门提出的"纠正支付

---

① 孙笑侠、郭春镇：《法律父爱主义在中国的适用》，《中国社会科学》2006 年第 1 期。
② 张力：《迈向新规制：助推的兴起与行政法面临的双重挑战》，《行政法学研究》2018 年第 3 期。
③ 陈经伟：《金融法治与金融规制——转型时期逻辑与经济金融分析》，社会科学文献出版社 2016 年版，第 22 页。
④ 王首杰：《激励性规制：市场准入的策略？——对"专车"规制的一种理论回应》，《法学评论》2017 年第 3 期。

业务不正当竞争行为"和"打破信息垄断"两项整改内容，实质上是一种特殊的激励性规制策略——竞争性规制，即政府运用公权力参与或引导私人竞争，通过市场竞争的方法来实现规制的效果。"蚂蚁金服整体申设为金融控股公司，所有从事金融活动的机构全部纳入金融控股公司接受监管"的整改内容则属于"主体身份转换"，意味着金融科技将告别"野蛮生长"的阶段，进入规范化发展新阶段，长远看来利大于弊。因此，我们在研判金融监管约谈的价值取向与功能定位时，不能被汹涌的舆论和所谓的"民意"误导，不能抹杀蚂蚁金服在移动支付、科技创新、金融普惠方面的贡献，不能以监管之名扼杀创新和打击企业家精神，而应认识到监管约谈背后的良苦用心。在约谈蚂蚁金服时，央行有关负责人指出，必须坚持服务实体经济和人民群众的本源，积极响应国家发展战略，在符合审慎监管要求的前提下，加大金融科技创新力度，提升金融科技领域的国际竞争力，在构建"双循环"新发展格局中发挥更大作用。这或许才是监管约谈的底层逻辑。

第五章

公司融资法制变革的路径选择与规范设计

经过公共政策、能动司法、金融监管的价值调和之后，我们可以发现，"金融创新"与"公司融资法制"这两个过去看似风马牛不相及的词汇之间原来存在如此密切的关联。但仅从价值层面求证二者之间可以实现和谐共生还远远不够，只有在规则层面将金融创新的观念和诉求有机整合到公司融资法的制度构建中方才瓜熟蒂落。本章尝试以营商环境优化作为公司融资法制变革的着力点，从创新性融资方式的合法性确认、资管业务中信义义务的统合式立法等角度推进公司融资法制的具体化制度改革，针对公司融资法中比较重要的特别条款进行法理论证和规范设计，从而建构一套形式完备、内容充实、逻辑自洽的公司融资法律规则体系。

第一节 公司融资法制变革的着力点：优化营商环境

古谚有云："不谋全局者，不足以谋一隅；不谋大势者，不足以谋一时。"对于公司融资法而言，无论是其知识谱系的整合与建构，还是其制度规则的完善与变革，都需要秉持一种系统论的思维，注重宏观上的制度关联和整体性的框架设定。鉴于公司融资法具备多学科知识交织的特性及其与金融创新的内在勾连，本书提倡以公司法回应性改革助推营商环境优化，以此作为公司融资法制变革的着力点。融资环境是营商环境的重要组成部分，衡量营商环境的优劣，作为市场主体的公司最有发言权。

中国现代公司法律制度自从西方移植以来，一直延续着国家权力主导下由上而下的变革路径，从某种意义上来说，我国公司法是政治家和法学家共同的创造品，而非回应商事实践创新的产物。[①] 伯克利学派代表性学者赛尔兹尼克和诺内特在《转变中的法律与社会：迈向回应型法》一书中创造性提出了"压制型法—自治型法—回应型法"演变路径与"回应型法"的法律发展范式，这一研究成果为探究我国公司法的改革方向提供了法理解释。自1993年出台至今，《公司法》主要围绕公司自治与国家强制关系进行了多次修改，其中2005年修订以强化公司自治为中心，实现公司法由压制型法迈向自治型法的跨越。2013年公司资本制度修改与2018年股份回购条款修改都未改变2005年自治型公司法的框架。至于2023年底的新《公司法》是否实现了从自治型法到回应型法的理论转型和知识进阶，学界存在争议，尚待实践检验。从自治型法走向回应型法是我国公司法的必然选择，而由于营商环境的优化是减缓金融抑制和推进公司融资便利化的当务之急，回应型公司法的打造自然离不开营商环境的叙事语境。众所周知，中小股东保护在世界银行的营商环境指标体系中占据着重要地位，我国在这方面失分较多，2019年施行的《最高人民法院关于适用〈中华人民共和国公司法〉若干问题的规定》（以下简称《公司法司法解释五》）专门通过董事责任制度的修改、董事离职补偿制度的引入加以弥补，但效果不彰。为此，我国有必要继续完善这方面的制度安排，以实质性的制度革新来助推营商环境的优化。

---

① 范健：《制度竞争下的中国公司法改革》，《法治研究》2009年第3期。

第五章　公司融资法制变革的路径选择与规范设计

一　董事责任制度的回应性调整

(一) 董事责任指数的失分及其应急性补救措施检视

"保护中小投资者"作为世行《营商环境报告》重要的指标构成，其理论依据为《自我交易的法律经济学》一文，该文章认为针对关联交易，主要有私人执法和公共执法两大手段，而这两者中，通过信息披露、交易审批、私人诉讼等手段对交易进行规制的私人执法较之公共执法更具优越性。①"董事责任程度指数"是"保护中小投资者指标"的评价要素之一，《2019 年营商环境报告》中，这一指数我国仅得 1 分。虽然通过与世行专家加强沟通及《公司法司法解释五》的出台，2020 年董事责任指数已提高至 4 分，②但其作为"保护中小投资者指标"下得分最低的指数，依然有很大的进步空间。

《公司法司法解释五》的出台是对世行《营商环境报告》"投资者保护指标"的法制回应，也是《营商环境报告》相关指标指引下对投资者保护的规则完善。《公司法司法解释五》第一条第一款规定在符合程序性要件后，若证明关联交易损害公司利益，公司董事依然要承担赔偿责任。该规定明确了形式上的合法合规并不能当然性地豁免董事的赔偿责任，法院审查时须根据当事人的举证考虑实质公平问题，对于少数投资者保护的实现富有积极意义。但却使得公司董事的"安全港"溃然崩塌，在司法实践中依然存在实质审查以何为标准、举证责任如何分配等问题。

在《公司法司法解释五》出台之前，关联交易并不属于股东代表诉讼的范畴，关联交易若损害公司利益，也只能由公司作为原告提起诉讼。《公司法司法解释五》明确了公司股东享有就关联交易提起股东代

---

① See Simeon Djankov et al., "The Law and Economics of Self-dealing", *Journal of Financial Economics*, Vol. 3, 2008.
② 世界银行：《2020 年全球营商环境报告》，https：//chinese.doingbusiness.org/zh/data/exploreeconomies/china#DB_pi，访问日期：2023 年 12 月 21 日。

表诉讼的权利,在中小股东积极主义勃发的当下拓宽了少数股东参与公司治理的渠道,① 彰显了对私人执法的重视。但也应注意到,少数股东利益激励的缺乏及股东滥诉等问题的存在,② 也使得上述规则需要更多的配套规范来实现股东代表诉讼的制度功能。

总体而言,《公司法司法解释五》在与董事责任相关的问题上明显更倾向于维护少数投资者保护这一价值,少数投资者不仅可以诉请法院审核已履行法定决议程序和信息披露的合法合规关联交易,还可以突破合同相对性,直接起诉要求宣告关联交易无效或撤销交易。这样倾向性的规则设计是否贴合公司治理市场化法治化的具体实践,是否会侵蚀公司法其他的价值,是否有助于公司长远发展依然是值得思考的问题。

(二) 董事责任指数与少数投资者保护的逻辑关系考辩

诚然,董事责任指数对于少数投资者保护而言有价值指引的作用,无论是损害公司利益的董事的责任承担、关联交易的撤销还是股东诉权的保障,都体现了对弱势股东的倾斜保护。但对于董事责任指数背后的规范价值,也应有选择地批判性采纳,不应舍本逐末,以分数提升为唯一追求。

1. 董事责任指数是实现少数投资者保护的重要指引

坚持"法治"是营商环境优化进程中的基本遵循,良好的营商环境是实现少数投资者保护的法治土壤。法治营商环境的塑造意味着政府对经济的调控不可突破法治框架,市场主体在进行各项经济活动时也应受法治监管。法治营商环境体现了平等理念,不仅要求在市场经济活动的全过程和各方面贯彻平等,更意味着对不同所有制的市场主体给予平等保护。在少数投资者保护问题上,对这一群体的平等保护并非因其弱势地位而赋予其更多的权利,而是基于个体能力、成本收益等因素的考虑,为其实现自身正当权利提供更多的便利和支持,激励少数投资者依

---

① 孙泽月等:《中小股东积极主义与上市公司投资效率》,《金融理论与实践》2021 年第 1 期。

② 金剑锋:《关联公司法律制度研究》,法律出版社 2016 年版,第 453 页。

法主张诉求、维护权利。法治营商环境还强调公平公正,即市场规则的制订应当凸显公平正义,为市场主体的活动提供稳定合理的运行环境。在执法过程中应避免对不同的市场主体给予不合理的区别对待。少数投资者作为市场机制运行过程中自发性、盲目性和滞后性等缺陷的主要受害方,需要法治为其市场风险的防范化解提供富有权威性和强制性的保障。法治营商环境强调诚信守法,要求市场主体在从事生产经营活动时恪守商业道德,遵守法律规范,公权力机关在执法过程中也应以法为据,保护市场主体的合理预期。对于违背法律规范和商业道德,侵害公司利益,损害少数投资者权利的行为,亦应以相应的法律责任加以惩戒威慑。

董事责任作为营商环境优化进程中的重要命题,是实现少数投资者保护的重要一环。无论是宏观层面"营商环境没有最好,只有更好"的提出,还是各地"放、管、服"改革的持续深化,都充分彰显了我国营商环境塑造的态度和决心。世界银行发布的《营商环境报告》作为全球诸多国际性营商环境评价报告中最具权威的一个,受到了我国的极大重视。通过努力,我国营商环境全球排名在2018—2019年实现了从第46位到第31位的跃升,也在实践中证明了推进行政体制改革的多项举措在激发市场主体活力,推进国家治理体系和治理能力上的显著成效。然而,我国在董事责任指数上的分数远低于高收入经济体的平均水平,甚至低于参与世行营商环境评估经济体的平均水平。董事责任指数作为当前影响我国营商环境排名的短板,对其加以制度化的完善不仅对于我国营商环境排名的跃升意义重大,也是实现少数投资者保护的内在要求。

2. 董事责任指数回应少数投资者保护的不足之处

董事责任指数的评价体系将关联交易视为损害公司利益的重大威胁,将私人执法视为最优的救济选择,虽然使得评估更为方便简捷,却与现实世界相去甚远,存在着将复杂问题简单化的倾向。

（1）价值偏见

关联交易是一种普遍的经济现象。作为一把"双刃剑",关联交易一方面可以实现公司治理过程中的避税、构建内部资本市场等功能以提升治理效率;另一方面,也存在大股东"掏空"公司的风险。[①] 对于关联交易的定性,应当立足于其发挥的作用,而不应"一刀切"。同时,基于资本市场和关联交易安排的复杂性,即使表面上看"损害"公司利益的关联交易,跳出主体和时空的局限后,可能被认为符合公司集团的整体利益和长远利益。因此,对关联交易的效力、公平与否的判断,不可照搬民法规范,而应建构商事领域的判断标准。然而,世行《营商环境报告》对交易结果为损害公司利益的关联交易给予否定性评价的价值取向,以及直接进入私人救济和责任承担环节的制度评价,明显忽视了"不公平""损害"表征下的实质利害关系审查,无法形成逻辑闭环。因此,对于关联交易中的董事责任承担问题,即便是交易结果有损公司利益,也应当将这一关联交易放到"中性"的价值框架内进行审查。[②] 这既是对公司商业判断的基本尊重,也是避免少数投资者保护措施浮于表面的切实手段。

（2）方法局限

世行《营商环境报告》的投资者保护指标有浓厚的英美法系色彩,具体体现为对私人执法的尊崇,认为公权力监督缺乏执行激励,忽视了私人执法本身也存在"搭便车"、集体行动难题、诉讼效率低下、股东滥诉等一系列问题。[③] 倚重私人执法而忽视公共执法的方法局限有着复杂原因,其中之一在于世行在保护少数投资者问题上坚持提升股东话语权的解决路径,不仅是董事责任程度指数,其他指数如"股东权利指数""所有和管理控制指数"都带有明显的"股东偏向"。换言之,只

[①] 魏志华、赵悦如、吴育辉:《"双刃剑"的哪一面:关联交易如何影响公司价值》,《世界经济》2017年第1期。

[②] 刘道远:《关联交易本质论反思及其重塑》,《政法论坛》2007年第6期。

[③] 徐文鸣:《美国"多层次"证券法公共执法制度的实证分析》,《经贸法律评论》2019年第5期。

要确保股东对公司的控制权,完善股东诉讼制度,就可以显著提升公司治理质量,这显然与许多国家的公司治理实践和法律实践相悖。

(3) 实践相左

世行《营商环境报告》主要依靠问卷调查和数据统计两种方式进行评价,然而前者主观性过强而后者又过于宏观,往往无法客观精准地反映评估对象的实际情况。① 世行的问卷以特定情境将评估问题圈定,要求受访者基于本国的法律文本进行作答,报告更多地是反映各国关于关联交易董事责任问题的法规范情况。② 对于关联交易的主体如何行动,行政执法机关、司法机关如何运用法律等法律执行问题,世行的报告并未给予过多关注,易出现评估结果与实践相背离的情况。如20世纪90年代以来日本的股东代表诉讼日兴月盛,但其"少数投资者指标"排名仅为第57位。鉴于现实世界的复杂性,"董事责任指数"既非检验制度实践的标尺,也非进行制度构建的金科玉律,单纯以之为标准进行法律移植并不可取。

(三) 董事责任项下少数投资者保护的规范意旨重塑

1. 从普适性指标中寻找内生性依托

20世纪90年代,以"股东利益导向"和"董事会决策优先"为主要特征的公司制度趋同理论甚嚣尘上,该理论认为未来公司治理的模式、制度、股权结构等将会通过公司融资、各国公司法竞争等方式融合、趋同甚至实现一体化。世行《营商环境报告》正是在上述背景下应运而生的产物。对于趋同理论,关键不在于对其的价值定性,而在于以之为基础,立足本国实际,思考公司治理制度体系趋同中肯定与否定、背景与目标、路径与程度的问题。

(1) 从增强股东最终控制权到控股股东行为规制

受英美法系公司法思维的影响,世行的问卷设计蕴藏着增强股东最

---

① 张志铭、王美舒:《中国语境下的营商环境评估》,《中国应用法学》2018年第5期。
② 王美舒:《世界银行〈营商环境报告〉述评》,《师大法学》2018年第1期。

终控制权的价值倾向。英美法系国家的企业股权普遍分散，所有权和控制权高度分离，股东控制权的强化能有效减少代理成本，提升公司治理的效率。然而，我国上市公司的股权结构相对集中，控股股东与管理层的意志高度重合，侵害公司利益的行为往往表现为大股东主导下的利益输送、操纵股价等样态。[1] 在此背景下，强化股东的控制权不仅缺乏实践基础，还可能激化大股东和中小股东的利益冲突。因此，对少数投资者保护的措施应重点关注对控股股东的行为规制：对于控股股东、实际控制人滥用控制权进行非公允关联交易的行为，应强化信息披露；对于关联交易有关决议的召集和表决程序，应引入电子技术加以完善；对于涉及责任承担的条款，应明确适用情形从而使其可以切实应用于实践，避免沦为宣誓性条款。

（2）市场经济体制下的投资者救济

仅将"少数投资者保护"纳入公司治理质量的评价体系，而将债权人、劳动者等利益相关者排除在外的取向体现了世行"股东利益至上"的价值选择。[2] 事实上，我国改革开放以来公司治理制度的发展史就是自治化、市场化的历史，但盲目的自由将导向混乱，公司自治也不等于效率的绝对提升。[3] 对此，必须转变"股东利益至上"的价值追求，实现公司治理的主体多元化。[4] 相较于世行倡导的以股东诉讼为主的私人执法，实现以股东为主的内部治理和以政府介入的外部治理二者的结合，可能是市场经济背景下更有针对性和有效性的救济途径。在介入路径上，应避免走"政府既是治理规则制定者，又是治理行为参与者"的老路。结合我国《证券法》关于投资者保护机构"持股行权"

---

[1] 朱慈蕴：《公司制度趋同理论检视下的中国公司治理评析》，《法学研究》2013年第5期。

[2] 楼秋然：《〈营商环境报告〉"保护少数投资者指标"和公司法的内生性发展——兼评〈最高人民法院关于适用《中华人民共和国公司法》若干问题的规定（五）〉》，《制度经济学研究》2021年第2期。

[3] 潘林：《论公司法任意性规范中的软家长主义——以股东压制问题为例》，《法制与社会发展》2017年第1期。

[4] 冯果：《整体主义视角下公司法的理念调适与体系重塑》，《中国法学》2021年第2期。

的制度设计,针对关联交易问题,投资者保护机构既可以通过征集表决权否决有损公司利益的重大关联交易,对公司治理行为进行威慑,实现软性监管,又可以通过支持投资者提起诉讼或作为代表人参加诉讼与投资者保护司法制度实现互补,以其专业性和积极性提高司法效率,激发股东维权意识。①

2. 从朴素的倾斜性保护到整体性价值协同

(1) 交易激励

少数投资者保护尽管富于正当性,但亦有其法律边界,关键的一点是应避免抑制公司董事、控股股东通过商业判断进行交易的积极性。为了在公司经营过程中获得更丰厚的收益,董事、控股股东往往会对公司事务倾注更多的心血,公司之间合作关系建立的信用基础往往并非公司治理的模式和结构,而是公司核心董事、控股股东的信誉、声望、经济实力和治理能力。反观少数投资者,在公司稳定收益时,往往乐于公司受控股股东控制,甘做"理性冷漠人"。当公司交易决议损害其利益时,第一层需要思考的是交易是否实质性地损害了公司利益,即便是表面上有损公司利益的交易行为,从长远或整体来看,可能恰恰是符合公司利益的。第二层则需要思考如何在保护少数投资者的同时不过分挫伤公司股东、董事开展经营管理的积极性。在云谲波诡的资本市场中,参与者的冒险精神、创新精神和决断力至关重要,若为了少数股东的收益保障给经营者套上过重的枷锁,不仅不利于公司自治,也不利于富有活力和创造力的资本市场的形成。

(2) 治理效率

关联交易中公司董事与股东之间的冲突本质上是股东之间的矛盾呈现。从法经济学的角度分析,减少少数股东对公司治理的参与,将公司经营和决策的权利集中在少部分人手中是更有效率的做法。这是因为,深度参与公司经营的股东数量越多,代理成本越高,对股东进行监管的

---

① 辛宇、黄欣怡、纪蓓蓓:《投资者保护公益组织与股东诉讼在中国的实践——基于中证投服证券支持诉讼的多案例研究》,《管理世界》2020年第1期。

成本也就越大，对少数股东的倾斜性保护意味着股东之间的力量配置发生偏转，少数股东面对控股股东的各类压制行为得以拥有应对的筹码。然而，少数股东并非仅会以此权利保护自身免受侵害，也可能用来谋求私利。当控股股东与少数股东之间出现利益冲突引发恶性竞争，甚至导致关系破裂时，倾斜性的保护很可能造成公司治理僵局、经营瘫痪等反作用。① 因此，若要实现少数投资者保护和治理效率两大价值的协同，一方面，需要对少数股东权利的行使进行适当限制；另一方面，相较于寄希望于分散而缺乏专业素养的少数股东，将重心放在对公司董事关联交易行为的规制上是更为有效的做法。

3. 从行权障碍清除到道德风险阻却

《公司法司法解释五》将股东派生诉讼的适用范围扩大到了关联交易合同的确认无效和撤销中，② 体现了对少数投资者的权利倾斜。股东派生诉讼本身具有成本与收益预期不相称的固有缺陷，相较于通过诉讼的渠道寻求救济，少数股东更倾向于"用脚投票"，其他股东也普遍有"搭便车"的心理，希望由其他股东提起诉讼。③ 由此可知，仅将关联交易合同纠纷纳入股东派生诉讼的范畴，对于少数投资者的权利救济而言是远远不够的，必须辅之以诉讼激励机制。在案件受理费负担上，可以效仿日本，将派生诉讼定性为非财产请求权诉讼，只收取额度较低的案件受理费，避免少数股东在巨额受理费面前望而却步。④ 在律师费等原告自行负担的合理费用上，若原告非恶意，则无论是否胜诉，公司都应就原告诉讼费用的补偿承担兜底责任，以降低原告股东的诉讼成本，提升诉讼预期。

---

① 赵旭东：《公司治理中的控股股东及其法律规制》，《法学研究》2020 年第 4 期。
② 参见《依法保护股东权益，服务保障营商环境——最高人民法院民二庭相关负责人就关于适用〈中华人民共和国公司法〉若干问题的规定（五）答记者问》，《人民法院报》2019 年 4 月 29 日第 3 版。
③ 朱芸阳：《论股东派生诉讼的实现——以"理性经济人"为假设的法经济学解释》，《清华法学》2012 年第 6 期。
④ 耿利航：《论我国股东派生诉讼的成本承担和司法许可》，《法律科学》2013 年第 1 期。

为避免前述少数股东基于个体私利提起诉讼诱发股东滥诉的情形出现，必须对股东的诉讼行为进行规制。首先，股东派生诉讼的前提必须是穷尽公司内部救济。这既体现了公司与股东之间的利益平衡，避免公司的正常运行受恶意诉讼所累，也体现了公司自治与司法干预之间的利益平衡，充分尊重了公司内部的决策机制和救济机制。其次，引入诉讼费用担保制度。在降低少数股东提起诉讼的门槛的同时，被告可举证证明原告主观上为恶意，请求法院要求原告提供担保费，由法院做出裁断。最后，对于采取伪造证据等手段恶意提起股东派生诉讼的，由于其行为不仅损害了公司声誉，还影响了公司的正常经营和交易的有序推进，应当在承担被告及公司参加诉讼所支付的合理费用的基础上，赔偿公司及被告因恶意诉讼遭受的合理损失。

（四）少数投资者保护在"董事责任"维度的实现

世行视角下，关联交易规制中的董事责任承担是最能体现公司治理过程中的少数投资者保护的，这固然有其正确性，但若只从少数投资者保护角度构建董事责任体系，未免有矫枉过正之虞。在思考少数投资者保护、关联交易、董事责任三者的关系时，必须基于对关联交易的中立态度，以少数投资者保护和交易激励、治理效率等价值之间的协调为原则，以公平标准为尺度，从程序正义的形式公平和司法裁判的实质公平两个维度，矫正非公允关联交易带来的利益失衡，尊重正当商业行为背后的企业家愿景和公司集团整合。

1. 程序正义的内部实现

（1）履行关联交易信息披露义务

及时充分的信息披露是缓解上市公司控制人与其他利益关系人信息不对称问题的重要手段，影响着资本市场资源信息披露的效率。[1] 就关联交易的信息披露而言，除了遵守现行有关信息披露的规范外，还应重

---

[1] 张学勇、廖理：《股权分置改革、自愿性信息披露与公司治理》，《经济研究》2010年第4期。

视以下几个要点。第一，应当强化自愿性信息披露机制构建，通过诚信档案的建立，将公司信息披露情况等权威信息记录在册作为投资者选股的重要依据。[①] 同时为了加强对拒不履行信息披露义务的威慑效果，可依据具体情况认定未披露交易关联信息的合同无效。法条依据主要为《民法典》第一百四十八条第二款的规定，基于关联方与交易相对方之间的关联关系及对公司造成的损害后果，可以认定未披露关联关系的股东与交易相对方存在通过实施不正当的关联交易牟取非法利益，损害公司权益的故意且事先存在通谋。第二，细化信息披露的具体要求。关联交易的信息披露应当具有时效性，关联方应及时披露具体情况并实时更新；关联交易的信息披露应保证完整性，具体包括关联主体的控股情况及交易目的、定价政策、公允性认定标准等交易信息。第三，充分重视并大力发展稳定型机构投资者。稳定型机构投资者拥有更为强烈的信息披露动机且具有对公司经营情况、财会状况及其他重大事件的调研能力，注重公司长远业绩，能够以其意志影响公司管理层，因而应充分发挥其在信息披露问题上的监督管理作用。

（2）保障关联交易的正当决策程序

社会团体的决议行为实质上是私人在特定社会关系中的附条件自治，是在民主协商基础上对个体权益和公共效益的协调安排。[②] 而对关联交易进行审议的关键前提就在于关联方的回避，合理的回避制度设计有助于为决策的正当性背书。首先，公司章程作为公司治理的内生性制度，有权对概括性的回避制度设计符合本公司生态的具体规则，[③] 诸如回避制度的适用情形、程序要求及基数计算等问题，公司均可基于公司整体利益，在兼顾公平和效率的基础上量体裁衣。其次，回避制度的设

---

① 于团叶、张逸伦、宋晓满：《自愿性信息披露程度及其影响因素研究——以我国创业板公司为例》，《审计与经济研究》2013 年第 2 期。

② 华燕：《论社会多数决的适用——基于公寓大厦管理立法的展开》，《法制与社会发展》2012 年第 3 期。

③ 高富平、孔洁琼：《论公司决议中的表决权回避》，《扬州大学学报》（人文社会科学版）2019 年第 3 期。

计可从以下两个层面展开。从实体要件上看，需要有关联关系的存在为前提，同时需要审查关联交易决议的通过是否将实质性损害公司利益。对关联关系和关联交易的实质性审查，不仅是公司做出决议的重要依据，也是法院实质审查的核心内容。从程序要件看，鉴于关联关系的隐蔽性，回避程序的触发应当以关联方的主动申请为原则。当然，完全依仗关联方的自律实现主体回避显然并不现实，必须结合信息披露与外部审计的强化阻却公司董事的利益侵占行为。最后，关于违反回避规则的决议救济，通常情况下，经董事会及股东会法定或章定决策程序决议便已上升为公司意志，单纯未履行回避程序属于公司决议瑕疵，即公司意志形成不公正，此时应将回避规则之违反解释为《公司法》第二十六条规定的"表决方式"之违反，依法提起决议撤销之诉。

2. 违反信义义务的责任承担

（1）义务边界

关联交易下的勤勉义务判定，要点在于董事是否在"知情"的情况下合理做出决策。这意味着若董事消极怠惰，在未全面了解决策信息便草率决断、了解了决策应知信息后故意做出错误决策或不做出决策时，便违反了勤勉义务对其的要求。但实际上，"充分全面地了解决策信息"已落入法官实质判断的范畴，对董事的勤勉义务已提出了更高的要求。若将规则设置为任何情况下交易给公司造成损失都可追究董事责任，董事为了规避责任承担，直接否决所有关联交易才是最为稳妥的做法。这显然不利于公司把握商机，也不利于投资者利益的长期实现。当然，董事并非普通人，理应具备专业判断能力，对其决策应采取一般过失标准甚至要求其承担无过错责任。

非公允关联交易的一个重要特点在于公司与关联方之间利益的此消彼长，而关联方必然深刻把握交易对公司利益的侵蚀属性。因此，即便该交易经过披露和回避程序后依然通过决议，也不能认定为关联方已履行了忠实义务。对于忠实义务的认定，应采取全面公平标准，这意味着在关联交易中若要符合忠实义务的要求，除了履行法定的程序性要求外，还应确保交易合同于公司而言是公平的，不存在利益冲突的情形。对于交易公允性的具体判断，首先可以分析交易动机，即交易是否符合商业逻辑，是否具有必要性。其次可以考察交易对价，合理公正的合同价款设置是认定交易公平与否的关键要素。最后可以检视交易结果，是否损害公司利益是最为直观的判断标准，但也需考虑正常商业风险、第三人行为及不可抗力等阻却事由。

（2）责任范围

违反信义义务的董事赔偿责任的承担应设定合理上限以避免董事为承担有限责任的股东提供无限担保，同时消减董事的心理负担，激发开拓精神。① 就勤勉义务而言，从平衡公司自治与司法介入的角度看，赔偿责任的限免应由公司章程规定，经股东大会决议亦可限制或免除违反勤勉义务的股东的责任，但无论是公司章程规定的设置抑或单项董事责任的免除都应遵守法定程序。

基于违反忠实义务在道德上天然的可谴责性，对于违反忠实义务的董事的责任承担应采无过错责任，对其的限制和免除不可通过公司章程提前统一设定，具体交易下，经由股东大会限免亦应当经由法律介入设置更为严格的标准。当前《公司法》对于董事违反忠实义务规定了公司的归入权及董事的赔偿责任，结合《公司法解释五》的规定，关联方不可以其履行相应信息披露和决策程序主张忠实义务之遵守，只要关联交易损害了公司利益，法院便有权对其进行实质性审查，判断公司的损失与董事违反忠实义务之间的因果关系。在赔偿责任的实际承担问题上，从侵权法路径出发的损害赔偿"填平"原则显然缺乏对无形的、预期的公司利益的考量。② 考虑到董事的负担能力及对公司长远发展的特殊价值，③ 可通过董事责任保险制度缓解董事的赔偿压力，但主观上

---

① 梁爽：《董事信义义务结构重组及对中国模式的反思——以美、日商业判断规则的运用为借镜》，《中外法学》2016年第1期。
② 甘培忠、周游：《公司利益保护的裁判现实与理性反思》，《法学杂志》2014年第3期。
③ 王艳梅、祝雅柠：《论董事违反信义义务赔偿责任范围的界定——以世界银行〈营商环境报告〉"董事责任程度"为切入点》，《北方法学》2019年第2期。

为故意或重大过失的董事应被排除在适格董事外。至于世行问卷中涉及的董事职务的解除，《公司法》可在损害责任承担中作为任意性规则予以明确，同时但书表明"公司章程另有规定的除外"，实现尊重公司自治基础上对董事的威慑。

3. 司法审查的尺度限制

（1）合法性期待保护

虽然世行在设计问卷时为了控制变量，排除了董事责任的信息披露和议事程序对董事责任承担的影响，但在司法实践中，显然不能将其视为旁枝末节弃之不顾。世行问卷和《公司法司法解释五》都体现了对实质正义的重视，但对形式正义的维护也不可偏废。严格履行公司信息披露和决议程序的董事在司法审判中理应得到相应的程序性保护，这不仅是对公司议事规则和治理体系的尊重，也是实现公司治理和争议解决效率提升的要求，更有助于关联方积极主动地披露关联关系和关联交易。首先，在审理中，应当肯定履行了信息披露和议事程序的关联交易的效力。[①] 其次，若原告请求法院基于该交易损害公司利益而宣告其无效或可撤销，应由原告提供证据证明该交易的非公允性和损害性。当然，若关联交易决议的通过存在程序上的瑕疵，对于关联交易合法正当的举证责任，就落到了被告头上。最后，由法院根据原、被告双方的举证质证，结合实质公平标准做出相应裁决。对于交易公平与否的判断，不能仅从单个交易的损益简单衡量，而要从公司市场架构、税收筹划、声誉价值等方面综合考虑。

（2）尊重董事商业判断

对于关联方外的其他董事而言，在对关联交易进行审核时，最重要的是要做到勤勉尽责，即应当尽到善意管理人的注意义务，在职责范围

---

① 汪青松：《关联交易规制的世行范式评析与中国范式重构》，《法学研究》2021年第1期。

内，充分运用自己的专业知识和经验为公司谋求最大利益。① 由此可知，相较于结果导向的责任承担取向，非公允关联交易中董事的问责标准采取行为导向更为适宜。若董事在决策时已经穷尽现有的决策信息，充分权衡利弊，仍使公司因关联交易受损，就不应对董事过分苛责。公司决策本身受内外部诸多因素影响而不可避免地存在风险，不应由于交易的关联关系而直接否定董事在决策过程中的努力和商业判断，应给予董事以试错空间，不可仅为提高世行营商环境排名而对其他董事科以过重的责任负担。在诉讼中，法院亦应认可股东对于公司的经营决策具有广泛的自主权，若董事主观上并无过错或仅为一般过失且未造成公司严重损失的，不应认定其违反信义义务。同时，被认为违反信义义务给公司造成损失的董事，若已诚实谨慎地行事，可主动向法院申请或由法院审查后免除其赔偿责任。

二 董事离职补偿制度的适应性革新

（一）董事离职补偿制度的规范解释

《公司法司法解释五》未明确指明董事离职补偿法律制度是任意性规范或强制性规范，针对公司章程能否对司法解释的规定进行相反规定，法律并未给出明确指向。② 判断董事离职补偿法律制度的规范属性需要引入法教义学的分析模式，既尊重法律规范中价值判断的弹性空间，又维护法律体系内部的相对封闭性。③

从"离职"部分的规范表达来看，股东会拥有通过有效决议在董

---

① 张文越：《非公允关联交易中董事责任问题研究——兼评世行营商环境评估之董事责任程度指标》，《上海市经济管理干部学院学报》2020 年第 3 期。

② 《公司法司法解释五》第三条规定："董事任期届满前被股东会或者股东大会有效决议解除职务，其主张解除不发生法律效力的，人民法院不予支持。董事职务被解除后，因补偿与公司发生纠纷提起诉讼的，人民法院应当依据法律、行政法规、公司章程的规定或者合同的约定，综合考虑解除的原因、剩余任期、董事薪酬等因素，确定是否补偿以及补偿的合理数额。"

③ 凌斌：《什么是法教义学：一个法哲学追问》，《中外法学》2015 年第 1 期。

事任职期满前解除董事职务的权利，且该解除行为具有法律效力，即董事不能主张根据有效决议形成的董事解职决定无效。该条实际是对董事职务无因解任的认可，并未否认公司通过章程规定有因解任的情形。从立法目的来看，无因解任的设置在保护中小投资者的合法利益，平衡公司利益。但是如果公司章程对董事职务解除规定了与司法解释相反的有因解任的规定，那么法律修改则会变得没有意义，因为修改前的《公司法》即采取的是"折中罢免"方式，允许公司章程自治。因此从法条变动与立法理念角度层面，认定无因解任为强制性规范似乎更符合逻辑。在立法目的和规范逻辑未能形成统一的情况下，进行规范归类存在障碍和困难。

针对董事离职补偿部分，《公司法司法解释五》明确补偿内容可以参考公司章程规定，这属于任意性规范之中的授权性规则。[①] 司法解释列举了解除原因、剩余任期和薪酬的裁判参考因素，但准许章程就补偿内容进行各自规定，这是法律给予公司章程在董事离职补偿制度上的充分尊重。然而章程规定的限度和正当程度如何协调又不断拷问着立法者和实践者，公司自治与国家强制的博弈在董事离职补偿的问题中被进一步放大，模糊的立法留下了诸多解释与讨论的空间。

（二）董事离职补充制度的实践困惑

离职补偿制度又被称为"金色降落伞"，是指公司被收购或控制权被攫取时，对原任董事的离职进行高额补偿，常被作为一项反收购措施，涉及公司法、证券法、劳动法等多重法律的适用。如在深圳证券交易所上市的东方精工在其章程中规定："发生公司恶意收购的情况下，任何董事在不存在违法犯罪行为、或不存在不具备担任公司董事的资格及能力、或不存在违反公司章程规定的情形下于任期内被解除董事职务的，公司应按该名董事在公司任职董事年限内税前薪酬总额的10倍向该名董事支付赔偿金。该名董事已经与公司签订劳动合同的，在被解除

---

① 潘林：《论公司法任意性规范中的软家长主义——以股东压制问题为例》，《法制与社会发展》2017年第1期。

劳动合同时,公司还应按照《中华人民共和国劳动合同法》等相关法律法规的规定支付经济补偿金或赔偿金。"但由于董事与公司的关系本身就是一个争议性较大的问题,董事离职补偿纠纷在实务中呈现出"乱象丛生"的特点。上市公司中董事离职补偿的问题常常伴随着以公司决议为基础的控制权争夺,董事无因解任及离职补偿与公司股权架构转变息息相关,纯粹的董事无因解任制度在上市公司中极易出现大股东压制问题。如在欧阳宣与深圳市金之彩文化创意有限公司美盈森集团股份有限公司公司决议纠纷案件中,美盈森公司为收购方,通过股权转让的方式收购金之彩公司,欧阳宣为金之彩公司的股东及董事长,在收购后美盈森公司成为金之彩公司实际控制人,此后董事会决议和股东会决议免去董事长欧阳宣的职务,欧阳宣因此以股东会、董事会召集和表决程序违法提起诉讼,要求撤销股东会决议。① 在本案中,罢免董事长的会议中应到会股东7人,而实际到会股东2人,占总股数的72.40%,而原金之彩公司股东会成员均未到会。但一审与二审法院判决均认为,从公司决议撤销之诉角度而言,会议召集、表决方式并未违背公司法及公司章程的规定,股东会会议的程序及决议内容不存在瑕疵,同时援引《公司法司法解释五》第三条规定认为人民法院不用对解除董事职务事由予以实质审查,并认为公司对董事职务具有任意解除权,因此否认了欧阳宣对股东会滥用"资本多数决"侵害欧阳宣权益的公司决议不能成立的主张。

不同法院对董事解任的审查存在截然不同的处理方式:倾向于不审查解任原因的法院从公司自治出发,论述尊重公司章程约定的必要性;审查解任原因的法院则出于对"实质正义"的追求,主要审查是否存在事实上"未履行董事义务"的情况,对解任合法性、合理性并结合公司章程相关条款的规定进行判断,综合双方争议背后的实质关系和行为目的作出判决。在《公司法司法解释五》出台前,部分法院认为无

---

① (2019)粤03民终29605号民事判决书。

须审查公司解任董事的原因,对公司章程中的相关规定仅作形式审查,典型案例如黄新涛与深圳市非凡理念文化发展公司纠纷案。① 在陈广法与广富矿业公司决议撤销纠纷案中,法院审查了广富公司股东会决议中对陈广法董事职务解除的具体理由,认为其未按公司章程规定召集主持定期股东会,属于不执行董事职责的情形,股东会有权解除其职务。② 在《公司法司法解释五》出台后,法院的区分处理又形成了两种思路:针对单纯的解任纠纷更多倾向于程序性考察,不再审查解任原因;针对补偿事项,法院认为补偿请求权的适用必须由董事主动提起,法院不会主动适用,涉案董事必须另循法律途径提出补偿请求并附上合理依据。③ 在补偿请求提出后,法院按照《公司法司法解释五》的规定审查解任原因,这又会涉及如何理解何谓正当的问题。可以说,法律条文的设置并未减缓司法实践的裁判疑难,争议焦点可能从解任事由的审查转变为补偿纠纷的裁判应对。

(三)董事离职补偿制度的理念纠偏

在整体和宏观层面,董事与公司的关系属于具有信赖基础的一种具有组织法的契约法律关系。董事与公司的互动关系在法定契约之下以稳定的形式长期存在,而董事的无因解任实际反映的是当事人间互信基础已消失,无法强求双方继续持续其契约,当然也会对整体组织的持续性和稳定性产生影响。因此,当信任关系的解除损害了董事的期待利益,无正当理由被解任之董事应当享有损害赔偿请求权。董事解任与离职补偿不仅是公司内部的管理行为,也涉及公司股东等主体利益的切实维护。如果说无因解任制度对股东自治机制进行了强化,那么离职补偿制度则是对这种机制进行制约的一种合理途径。

在具体和微观层面,从外部关系看,当董事代表公司从事与第三人的交易时,董事是公司的代理人,双方之间属于代理关系;从内部信义

---

① 参见(2018)粤03民终6835号民事判决书。
② 参见(2020)浙0683民初4006号民事判决书。
③ 参见(2019)皖1825民初34号民事判决书、(2018)沪01民终4602号民事判决书。

义务角度看，董事是公司的受信托人，双方之间的信托关系特征更为凸显；从劳动关系看，与公司具有劳动合同关系的董事，还被视为公司的员工和劳动者。针对董事离职与补偿是否适用《劳动法》的问题，不可一概而论：若董事仅参与董事会，不担任其他职责，则不宜认定为公司雇员，不适用《劳动法》；但若签订劳动合同的董事被任命为某些执行公司职务的董事，或者依法选出的董事又与公司签订了劳动合同，可被视为公司的劳动者。值得注意的是，对于未签订劳动合同的董事尽量不应认定为事实劳动关系，因为这与我国《公司法》和《劳动法》法理及法律规定相悖。当然，不论董事是何种身份，最为重要的考量在于董事从事的活动对公司产生的影响，在理解和适用董事离职补偿制度时必须分析和考虑不同董事的选任方式、承担的职责以及自身的工作性质。

（四）董事离职补偿制度的规则重构

1. 明确董事离职补偿的前置条件

从实证法的规范逻辑来看，董事离职补偿包含两个前提：一是董事任期未满，董事的任期一般规定在公司章程或者董事与公司所签订的服务契约中；二是董事无法继续任职的履行障碍来自股东会的有效决议，同时没有正当的解任事由。然而，正当事由是一个不确定的法律概念，何种事由属于正当，取决于公司成立基础、董事职责职权和案件情况。一般而言，正当理由应在公司与董事的关系区分基础上，以董事之法定义务的违反作为判断标准，充分考虑董事是否违反委任义务以及是否有"明显不适格"的情形。虽然"正当事由"的法律界定有难度，但仍可以尝试整合和归并同类原因，予以具体分析。

第一，从董事行为规范来看，董事不得实施犯罪行为。董事在公司发起、设立、管理、运营、清算等过程中如果实施了可以提起公诉的犯罪行为，都属于董事解任的正当事由。

第二，从董事法定义务来看，董事不得持续违反我国《公司法》规定的法定义务。如果董事已经"持续地"违反公司法对董事履职所要求的忠实义务和勤勉义务规定，在事实上严重影响董事的履职能力，董事和公司之间的信任关系受到严重影响，便满足解除的正当理由。因为持续和反复的行为能够明显表征董事存在重大过失或违反忠实义务的，属恶意的、故意违法的情形，此时的解除就体现为一种有因解除。仅因董事一次疏忽，或董事在经营管理公司事务中进行了错误的商业判断，不应当视为提前解除董事职务的正当理由。

第三，从公共利益保障视角出发，为保障公司债权人利益和交易稳定安全，防止不合适的董事在公司担任要职，对公司治理与社会经济稳定产生不利影响，各国公司立法均对董事的任职资格规定一定标准，若其不具备法定资格要件并存在无法担任职务情况，则可以对其以合理理由解任。

综上所述，对正当理由的科学理解是离职补偿制度建立的基础。在判断是否构成正当事由时，应根据董事的资格、能力和义务进行衡量，对正当解任的事由进行严格限制，不能将适用范围扩大至任何看起来"不完美"的行为。

2. 明确董事离职补偿的范围期限

就补偿的期限而言，出于对解任董事既得利益的保护，应赔偿董事从解任之日到规定任期届满之日最低限度的合理利益。就补偿的范围而言，《公司法司法解释五》设定了几个参考标准。第一，解任的原因。若是基于上文分析的"正当原因"，则可以少补偿或者不补偿。第二，剩余任期，即无因解任时至任期届满时的期限长短。若剩余任期较长则可以适当设定较多的补偿额度，若剩余任期较短也要结合任职时相关情况进行判断。第三，董事薪酬。大多数上市公司规定了3—5倍的董事报酬作为离职补偿的标准。这里的报酬应当基于董事与公司的章程或合同约定，公司以固定的时间为依据计算董事的报酬数额。该报酬取决于董事曾经担任具体职务的内容和曾获业绩等因素。当董事待遇取决于公司经营状况时，董事无因解任补偿金需要考察公司现在和过去的经营概况、董事对该经营的贡献度，也可以参考其他同类型董事的报酬情况等因素。我们认为董事剩余任期的报酬应当被纳入补偿范围，但并不是所有带有红利性质的报酬和奖金都适用于董事的离职补偿。离职补偿不能成为董事"不劳而获"的工具，而只是维护利益平衡的一种手段，所以即使有可以分配的利润，公司也可以根据合理理由排除奖金在董事离职补偿中的份额。第四，关于董事"车马费"是否纳入补偿范围，学界有不同观点，应依据性质不同进行区分处理。如果车马费类似于固定薪金，按月发放，应纳入董事的损害赔偿范围。如果车马费是董事被无因解任之前因董事执行公司职务而产生，则应当纳入补偿之列。

3. 细化董事离职补偿的程序路径

按照《公司法司法解释五》的相关规定进行董事离职补偿制度构造，董事离职补偿的完整程序应当包括如下三个步骤：作出无因解任的有效决议、董事行使补偿请求权、作出补偿决定。

（1）作出董事无因解任的有效决议

一般来说，罢免董事的有效决议包括下述三个部分：一是通知行为，即公司应通知董事要罢免其职务的信息，在无因解任的语境下无须说明理由；二是陈述和申辩，即被罢免的董事对罢免的情况能够提出辩解并提出补偿要求；三是股东会议审议，即公司罢免董事的理由和董事辩解理由应当在股东会上进行审议，通过出席会议股东的适当表决权比例予以通过。具体而言，首先，对于提案主体的范围界定，按照《公司法司法解释五》的规定，股东是有权提起解任董事议案的主体。其次，关于提案权的动议方式，我国《公司法》规定股东会必须在临时议案中载明表决事项，原则上排除了在临时股东会上提出临时提议进行董事解任。按照我国《公司法》的逻辑结构，在临时股东会议和法定股东会中都不应允许股东会以临时动议临时提出公司董事无因解任的议案，无因解任的通知必须在股东会议召开前予以载明，并通知被解任董事参与该会议。最后，关于决议事项的类型应当进行特别限定。无因解任董事的事项究竟应采取普通决议还是特别决议？股东会罢免董事的决议原则上可以采取普通决议方式，即只需经出席股东会的股东所持表决权的过半数通过。在有限责任公司中，章程可以自行选择董事产生和解任方式，章程未规定的由股东会普通有效决议解任。在股份有限公司中，更换董事必须依据股东会决议，在公司章程无相反规定时，董事职位通过少数股东投票产生或者基于累积投票制选出，在无因罢免董事时也必须通过与选任相同的方式罢免，并且解任董事所适用的决议方式须与选任董事相一致。此外，由于独立董事在股份公司中的特殊性，罢免独立董事的决议类型宜设置为特别多数决，即由出席股东会的股东所持表决权的三分之二以上通过。

（2）行使补偿请求权与补偿决定的作出

在作出董事无因解除的有效股东会决议后，董事可以行使无因解任补偿的请求权。如果公司章程已经事先做好了约定，则应尊重公司章程的约定。董事请求权的行使应进行如下的制度设计。第一，在股东会解任董事的会议召开过程中应保障董事知晓会议、参与会议并陈述申辩、提出补偿要求的权利，股东会应对罢免说明理由，保障股东对董事解任有关事项的知情权和在此基础上的判断权，促进股东会谨慎决议。董事离职补偿请求权并不会因董事职务的丧失而消失，因此必须尊重法律赋予的无理由解任之董事的损害赔偿请求权。被解任的董事既可以选择在股东会上进行口头抗辩，也可以提交书面陈述并要求公司将其陈述传送给公司其他股东。第二，设计司法罢免董事与董事补偿请求权行使的救济制度，抑制公司侵犯董事会运营稳定和独立的行为。补偿权利的实现可能是通过司法程序，若公司与董事在解任中发生纠纷，双方均可以向法院提起诉讼。由于补偿权利的行使实际是请求权行使，因此必须由董事亲自提起，若董事未提起法院不得主动适用。

第二节 公司融资法制变革的路径选择

优化营商环境为公司融资法制的变革绘制了一幅整体性的图景，但在宏大叙事的整体主义视角之外，尚有诸多规则性的细节问题有待厘清，比如资管计划、信托计划与证券投资基金的法律主体地位问题，契约型股权结构设计的合法性问题、股债混合型投融资工具的课税问题、大资管时代的融资监管与立法统合问题等。限于篇幅，本节以契约式股权为例来探讨新型融资方式的法律调整，以受托管理人的信义义务为例来探讨"大资管时代"的统合式立法。

一 新型融资方式的合法性确认：以契约式股权为例

（一）契约式股权的兴起及其商事组织法困局

顾名思义，契约式股权是通过一系列协议安排约定双方当事人的权利义务而创设出的具有股权属性的权利架构。作为契约法侵入组织法的产物，契约式股权是对背离传统"一股一权"理念下股权结构的所有股权类型的统称，典型样态包括协议控制、对赌协议、股权收益权信托、类别股等。这些个性化股权类型或多或少掺杂着契约安排，未来随着金融创新的深入与商事实践的发展，新型契约式股权结构还将层见叠出。不同于路径单一、结构固化的产权式股权，契约式股权因具有下列三大特征而显示出灵活性：其一，契约主导性，即股权内涵与对价均由参与方合意设定，股权权能在产权式股权的基础上增改删减，股权权利对价除公司资产所对应价值外，还包括契约合意价格、个性化定制成本、偏好溢价等价值，契约主导创设的契约股权的属性正随着标准化程度的降低而由所有权逐渐偏向请求权；其二，实践诱致性，即契约股权类型均由实践推动产生，其内部的条款框架均以规避商业风险、满足具体实践需求为目标，并随着实践问题的转变而革故鼎新；其三，创造破坏性，即契约式股权瓦解了股权的标准内涵，打破一股一权的思维定式，对以标准股权结构为根基制定的《公司法》产生颠覆性破坏。

在世界范围内看，契约式股权结构呈现四处开花的状态，已成为各国资本市场流行趋势与普遍现象。以双层股权结构为例，2004—2019年美国IPO企业共1885家，其中采用双层股权结构的有271家，占比为14.4%，显著高于1980—2003年的7.0%。① 当前市值排名前十的企业中，接近半数采用双层股权结构，相当多行业的领军企业都采用双层股权结构，如互联网行业的谷歌与脸书、信用卡行业的维萨和万事达、传媒行业的BBC与《纽约时报》、我国电商领域的阿里巴巴和京东等。② 鉴于双层股权结构在商事实践中的繁荣景象，截至2017年，已有包括全球性主要证券交易所在内的26个国家（地区）资本市场允许双层股权结构公司上市，③ 全球公司法制改革也顺应潮流将"一股一权"原则置于任意性规范地位。在我国，契约式股权结构的发展更是万象丛生，开放性商事活动与封闭性法律法规之间的摩擦达到了前所未有的顶峰，为满足融资需求，百度、新浪等大批新经济公司采用双层股权结构赴境外上市；为破解外资准入的限制，以合同安排取代股权安排的协议控制架构成为红筹公司的标配；为调和融资需求与控制权保有矛盾，新经济公司创始人各显神通，马云设计阿里巴巴合伙人模式控制董事提名权、OFO戴威采用黄金股制度享有一票否决权、京东刘强东通过多倍表决权股份牢牢把握公司控制权、华为任正非创设虚拟受限股在不稀释控制权的前提下最大限度激励员工。此外，商事组织的繁荣直接拉动了金融业的实践创新，对赌协议已成为私募股权投资领域的商事惯例，如今我国私募股权投资基金行业的数量和规模已跃居世界前列，其中涉及的对赌协议不计其数，诉至法院的对赌纠纷亦逐年增加，在当前我国金融体系不健全、融资困境凸显的局面下，可以预见未来一段时间内对赌协议仍是市场常用工具。

  作为商事组织基本立法的公司法在调整契约式股权时，至少面临两大困境。其一，公司法与合同法的适用顺位难以厘清。公司这种组织形式无论被视为传统合同群，还是现代社会利用和改造合同工具而创设的

---

① 蒋小敏：《双层股权结构与国际金融中心的制度竞争》，《上海金融》2020年第9期。
② 卢遥、汲铮、华生：《双层股权结构的制度变迁与启示——基于文献的历史演进梳理及分析》，《经济体制改革》2020年第5期。
③ 张帏、黄冠琛、赵南迪：《双层股权结构的公司制度安排——科创板首家案例企业分析》，《清华管理评论》2020年第2期。

新制度，其从理论到实践都镌刻着契约的精神，契约式股权作为以契约主导为核心特性的公司法制度，在实践纠纷处理中必然引发公司法与合同法适用顺位之争。例如，在股权收益权信托纠纷案件中，就股权收益权能否作为具有可流通性的信托财产问题，若优先适用合同法，则很容易推导出未违反法律法规强制性规定而认定信托成立的结果；若优先考量公司法精神，则会注意到股权收益权分离对公司治理结构的破坏从而否定信托合同的效力。再如，对赌协议中司法实践就协议效力问题，是选择尊重合同双方意思自治还是站在公司独立人格维度下进行利益衡量，都体现出对公司法与合同法适用顺位的不同态度。从法律位阶上看，公司法与合同法分属商事领域与民事领域，公司法作为商事领域的基本法，其层级效力应高于合同法，然而基于中国公司法理念的先天不足与民商不分的价值取向缺陷，用简单的民商事合同理念理解、解释、适用公司法规则已成为实践中普遍的误区，进而导致立法与司法中公司价值观的偏离及公司制度本质的扭曲。[1] 未来公司立法如何协调与合同的关系，如何明晰公司制度内合同存在的空间与性质对于指引契约式股权案件纠纷解决具有重要意义。

其二，公司法与金融监管法之间的法益冲突明显。大部分契约式股权结构产生于金融创新实践，同时也反过来推动金融市场的发展，除公司法外，金融监管法也将契约式股权结构纳入规制范畴。如协议控制模式需受到外商投资相关立法规制；作为对赌协议一方主体的私募股权基金与风险投资基金，需受到基金业法律规制；股权收益权信托由金融监督管理局予以监管；优先股、双层股权结构在上市公司中的运用则受制于证监会规制。公司法与金融监管法虽同属商事领域立法，但公司法作为组织法，更关注契约式股权制度所带来的资本维持、股东压迫、治理结构、管理层信义义务等问题；金融监管法主要任务在于防控金融风险

---

[1] 范健、王东东：《公司法的合同理念重构：民商合同区分与商事合同思维——以股东间协议为分析视角》，赵万一主编《合同法视野下公司法与金融法的适用》，法律出版社2017年版，第42—44页。

与维护金融秩序稳定，因此并不注重契约式股权制度的本质属性与价值内核，而是从投资者保护、信息披露、发行审核程序等角度重点关注契约式股权交易流通过程中的问题。法律目标的不同引发法益保护的冲突，进而产生立法上重叠管辖或相互推诿的局面。此外，考虑到适应金融创新的灵活性，金融监管立法中金融政策、规章、通知等规范性文件成为金融领域剩余立法权的主要表现形式，尽管其效力层级低于公司法，但在"北大高科与光大兴陇信托等借款合同纠纷案"与"天策实业与伟杰投资信托纠纷案"后，金融监管政策突破传统理论对司法权与行政权的边界限定，形成了金融司法监管化的独特现象。随着金融监管政策不断涌入司法领域，金融监管法搭借司法裁判的指导效力在实践中取得了更高的适用地位，越过上位法而转介的民法基本原则成为其正当性证成基础，金融司法监管化助推了金融监管规范对其与公司法间效力层级秩序与体系协调性的破坏，遮蔽了立法对公司法法益保护的重视，加剧了两者之间的法益保护冲突。值得注意的是，公司法与金融监管法间的法益冲突并非尖锐对立、不可调和，解决《公司法》调整契约式股权结构的规范适用难题需直面这一复杂法律环境，从而找到《公司法》在契约式股权结构调整中的妥适定位。

(二)《公司法》调整契约式股权的理念转型

1. 以功能主义理念回应自治型法范式

功能主义作为一种明确的方法论和社会理论，本属社会学无法回避的源头性理论支系。在社会法学这一分支下，功能主义法学将法学研究与功能主义的思想内核——社会系统的存在意义在于其对外部环境所发挥的功能相结合，[①] 主张法律是中性的、社会整合的工具，其特别强调法律在促进社会稳定，保障社会和谐发展中所起的作用。通俗来说，功能主义法学以解决实际问题为导向，强调法律的实用主义与功能性，针对以变动和创新为基本规律的商事领域，以功能主义价值理念为指导强

---

① 马姝:《论功能主义思想之于西方法社会学发展的影响》,《北方法学》2008年第2期。

化公司法回应金融创新和实践问题的能力。此外，回应型法致力于使法律规则对其调控的社会生活有一种"积极回应的能力"，通过在规则与生活之间形成的"检讨性互动"促成法律规则朝符合社会需求的角度"实现改良",[①] 而以功能主义的理念改良《公司法》也契合回应型法的价值理念，通过发挥法律解决问题的功能满足灵活多变的商事生活对"持续回应力"规则的呼唤。从当前我国《公司法》对契约式股权的回应来看，功能主义理念明显不足。例如，《公司法》第一百四十四条虽规定了优先或劣后分配利润或剩余财产的股份、表决权多于或少于普通股的股份及转让受限的股份，但该条第四项以"国务院规定的其他类别股份"作为兜底条款，使得如何裁量除上述三项外其他契约式股权结构可被第四项所包含成为未来司法裁判不得不面临的又一争议。此外，优先或劣后分配利润或剩余财产的股份如何与不具有表决权的优先股协调也将成为证券监管部门面临的又一难题，兜底条款的宽泛与外部规则的矛盾必将造成具体实践的模糊与法律规避的漏洞，也为司法与行政越权规制的局面埋下伏笔，本质上反映出我国公司立法对功能主义价值理念的背离。因此，未来公司法修订不能只强调条文的简约与公司法的自治，而应提高发现问题的意识与解决问题的能力，对于目前存在的"僵尸"条款与"沉睡"条款，要制定具体详尽且具有可操作性的规则进行激活，打破商事立法中"非此即彼"的简约化思维，扬弃"自治型法"影响下的思维定式，将"回应型法"作为成熟的理论范式嵌入公司立法理念之中，提高公司法的包容性、技巧性与弹性，增加公司法律制度对现实生活应有的解释力和回应力。

2. 以整体主义理念回应部门法思维

整体主义观认为事物之间是相互关联而非孤立存在的，任何事物都存在于复杂的系统之中，又都是多重关系的复合体和多重属性的统一体。作为现代社会最重要的组织体，公司活动同整个社会高度联系，

[①] 蒋大兴、谢飘：《公司法规则的回应力———一个政策性的边缘理解》，《法制与社会发展》2012 年第 3 期。

《公司法》的性格、气质已深深嵌套在经济与社会规范之中。① 对此，《公司法》应秉持利益平衡和整体主义立场来推进公司价值理念的转变与结构化改革，走向贯通式与混合式立法。《公司法》作为民商事法律体系的核心构成，牵一发而动全身，若仍以"只见树木，不见森林"的局限性思维改革公司法必将引起整个民商事法律体系的冲突与矛盾。因此，《公司法》重塑必须以整体主义为指导，从宏观层面进行整体研究来揭示新制度的全貌与所涉范围。以协议控制模式为例，这种契约式股权结构从主体上看涉及境内外上市或非上市公司主体，受到本国公司法、合伙企业法、证券法、交易所有关上市公司规则、证监会关于境外上市审批规则等规范的约束；从操作行为上看，协议控制模式由输入募集资金的"贷款协议"、转移营运收入与利润（剩余索取权）的"独家技术咨询或顾问服务协议"、转让 VIE 控制权的"股权质押或独家购股权协议"三类协议组成，上述协议可能受到外商投资法、外汇管理法、国家安全法、知识产权法律规范的约束；除权利的控制与合并外，协议控制模式下还需按照会计准则将国内公司的财务数据并入境外投资公司的财务报表，以实现利益的合并，此时还将涉及会计准则、信息披露等规范。对此，公司法在介入协议控制模式的规制时必须抛弃部门法学思维，打破部门法之间的藩篱，用领域法学思维实现与公司法其他部门法的有效衔接，积极采用转介条款的立法技术实现各方制度规则的立法贯通与理念融合。又如在股权收益权信托模式中，从主体上看，该模式主要由合伙型基金、信托公司、上市公司及法人股东为参与主体；从操作流程上看，股权收益权信托包括股权收益权分离、转让、信托、流通、回购等过程，因此，公司法在对该结构条款进行立法时必须要有整体思维，全面细致地考察包括基金法、合伙企业法、信托法、证券法等规则立法目标与原则，以整体主义价值理念为指导，在协调各方法益保护冲突、消解各方制度矛盾、平衡各方利益中发挥公司法的智慧与功能。

---

① 冯果：《整体主义视角下公司法的理念调适与体系重塑》，《中国法学》2021 年第 2 期。

3. 以本土化理念回应法律移植依赖

由于我国公司制度是在自上而下的强制性制度变迁与法律移植的路径下发展起来的，由此形成了"拿来主义"的路径依赖，引发了制度移植的水土不服与规则异化。在法律发展演进中，不仅法律后进国家、法律派生国家对法律先进国家、法律原发国家的移植是必然的，而且其本土化也是必然的。① 在彰显中国特色的现代化法治建设中，处理好法律移植中"移"与"植"的关系，需采取有机移植的模式，即在肯定本土文化对法律实践过程中的价值与作用的基础上，对外来法律进行相应改造，使其符合本土的传统与观念。② 当前我国公司法对外来法律制度有机性地本土化融合不足，未来公司法改革需破除法律移植的路径依赖，主动从本土资源中挖掘经验共识。在对域外经验借鉴的过程中，应从全局出发考察特定制度与本土市场的适配度，打造具有国际化且兼有中国特色的公司法。例如，对于当前新经济公司创设的以合伙人提名、家族委员会、虚拟受限股为代表的中国本土独有的控制权保有制度，公司法需立足本土需求与国情进行回应，将其纳入公司法内予以规范，不能因域外不存在此类模式而"掩耳盗铃"，想当然认为域外制度是唯一正解而忽视本土化的实践创新。

（三）《公司法》调整契约式股权的立法革新

1. 协议控制的《公司法》调整

协议控制模式的法律风险主要来自境内监管部门对协议控制模式监管规范的不明晰、不同部门监管规范的不协调，以及有关协议控制的上位法律缺失，③ 由此凸显公司法明确协议控制概念与规范的重要性，以此指导各监管部门之间建立协调的监管规范，防止政出多门现象的产

---

① 何勤华：《法的国际化与本土化：以中国近代移植外国法实践为中心的思考》，《中国法学》2011年第4期。
② 郭星华、何铭灏：《从机械走向有机：法律移植的本土化调适》，《新视野》2020年第3期。
③ 谷世英：《论协议控制模式法律监管的完善》，《证券市场导报》2013年第10期。

生。我国民营企业境外间接上市采用协议控制模式的主要动机是规避外资产业准入、并购、融资等一系列监管,而采用协议控制模式之所以能规避上述监管,皆因相关监管法规中只提及"股权"一词,而缺乏对"协议控制"的规定。① 为此,我们建议在《公司法》第二百六十五条有关用语解释的条款中增加对"协议控制""特殊目的公司""可变利益实体"等概念的界定,为鉴别和规范协议控制模式提供公司法基础,同时也有利于加强监管的透明度,减小监管的不确定性。对于协议控制的法律属性判断问题,监管者实践中基于监管的目的,倾向于奉行实质重于形式的理念,进行穿透式监管。理论界对于这一问题的探讨也多立足于该模式的制度价值,努力寻求法律规制和市场作用的平衡点,在不过分扼杀市场创造力和自发性的同时规范市场行为。考虑到境内民企外向型的融资需求,对协议控制模式的监管有必要转换思路,不再将协议控制视为对监管的刻意规避和绕道而行的看法,而应认识到该模式是在融资困境下鉴于法律法规要求和监管现实的一种商业利益的制度性安排。② 在此认知基础上秉持实质监管的理念,在外资准入方面以防控外来资本控制为实,对于出于融资需求、税收优惠、资本运作便利等因素而设立的出口转内销的"伪外资企业"采取更为宽容的态度;在立法技术上,我们建议在公司法有关外国公司的定义中,通过股权结构、股东身份、实际控制人、资金来源等实质要件判断境外上市母公司真实资本背景,将采取协议控制模式的假外资公司排除在外国公司的范畴之外,以此赋予协议控制模式合法性,此种处理方式既有利于境内企业境外融资,也便于实现对我国外资产业准入的精准监管。

2. 对赌协议的公司法调整

当前,对赌协议在我国面临的法律问题主要包括以下两点:其一,当前对赌协议相关成文规则由最高院颁布的"九民纪要"所规定,缺

---

① 刘燕:《企业境外间接上市的监管困境及其突破路径——以协议控制模式为分析对象》,《法商研究》2012 年第 5 期。

② 唐旗:《论对"协议控制"模式的监管》,《证券市场导报》2012 年第 4 期。

少成文法的规范基础；其二，当前司法实践处理对赌协议时面临合同法与公司法适用顺位难题，严重影响了相关案件的正确处理以及司法裁判的统一性。基于此，将"九民纪要"的对赌规则纳入公司立法势在必行。首先，建议在公司法"股权转让"的章节下增添"对赌协议"条款，该条第一款明确对赌协议的概念，即"对赌协议是指股权性融资协议中投资人与目标公司或目标公司股东签订的包含股权回购、金钱补偿等对未来目标公司的估值进行调整的协议。"其次，根据"九民纪要"的规定及其司法判例的指引，当前对赌协议的处理基本形成了合同法与公司法并行适用的状态，在合同法层面秉持尊重合同自治的形式审查，在组织法层面固守公司资本管制的审查逻辑，这种做法一定程度上缓和了合同法与公司法适用之争，平衡了出资方、公司债权人、公司之间的利益冲突，但仍存在规则粗糙、与公司法衔接不畅的问题，需对该规则进行组织法的改造与进一步细化，加强与公司法现有的股份回购与利润分配规则的衔接与协调。因此，建议该条第二款可规定为"出资人与目标公司股东签订对赌协议的效力认定适用《民法典》合同编的规定，出资人与目标公司签订对赌协议的效力适用合同编及公司法关于股份回购、利润分配的相关规定"；为防止投资人与公司恶意串通抽逃出资，该条第三款可设置为"股东不得利用对赌协议等契约式股权的名义恶意抽逃出资"。最后，为更好地配套新增的对赌协议条款的适用，公司法中关于股份公司股权回购条款中可增加一项"对赌协议例外"的规定，该项可同"减少公司注册资本"适用相同的回购程序与减资程序；公司法中关于利润分配的强制性规定中可另增加一款，即"对赌协议投资方请求目标公司给予现金补偿不得违反本条规定"。

3. 股权收益权的公司法调整

股权收益权制度安排的难点在于公司治理结构的稳定与金融资产流通自由之间的利益衡量，站在公司法的立场上，公司治理结构的稳定是其维护的主要法益，但为不过分遏制商事创新活力，破坏商法的私法属性，公司法应秉持以禁止股份收益权与表决权分离为原则，以公司章程

第五章 公司融资法制变革的路径选择与规范设计

另有规定为例外的做法。具体条款改造包括：在公司法第四条中增加第三款，对第二款提到的股东对公司享有的"资产收益"概念进行解释，条款可表述为"资产收益权是指股东基于出资额或股份所享有的包括但不限于股权转让收入、股息红利、公积金转增、股权拆分形成的收入等财产性权利"；对于禁止股权收益权随意分离转让的规定可安排在"股权转让"章节之下，即新增一条规定："禁止股东将表决权与收益权分离转让，公司章程另有规定的除外。"此外，由于股份公司公开发行股份后，对发行人、控股股东、董监高等管理人员所持股份转让存在锁定期的限制，因此为配套股权收益权规则的施行，公司法中应增加"分离股权收益权进行单独转让视为股份转让"的补充规定。

4. 类别股的《公司法》调整

结合当前公司股权结构的国际立法趋势和我国深化资本市场改革的现实需要，类别股的引入是 2023 年《公司法》修订的重大制度变化之一。总体来看，本次《公司法》修改中有关类别股制度存在如下可细化与完善之处。第一，股份公司适用授权资本制规定中并未明确类别股是否适用授权资本制度，从平衡股东会与董事会的权利及保护中小股东的角度出发，我们建议在尚未明晰类别股制度引入对公司治理与股东权益的影响下，应将类别股排除适用授权资本制。第二，在《公司法》关于募集设立的股份公司创立大会举行条件、有关创立大会审议事项表决的条款中，规定了以持有表决权过半数的股东出席及所持表决权过半数即可通过的要件，而在类别股制度引入背景下，该条款实质上剥夺了表决权受限类别股股东对创立大会成立与否的决策权，应加以修正。第三，《公司法》第一百一十六条是关于"一股一权"原则的阐述，由于我国公司法对于"一权"的理解只限于表决权，因此该条款中"类别股股东除外"改为"表决权受限的类别股股东除外"更为精准。第四，《公司法》第一百四十四条第一款列举了利润或剩余财产分配优先或劣后股、表决权受限股、股权转让受限股三种类别股以及一项兜底条款，从当前已有实践来看，这三种类别股远远无法满足商事实践的需求，考虑到契约式股权结构因合同个别约定的解决方式导致股权的同质性下降，直接影响股份的流动性，类别股股权作为一种对世权、绝对权，将会涉及不确定的第三人利益，因此其必须法定化，以确保正当性。[①] 因此，我们建议进一步丰富法定类别股种类，将股权回购型、优先购买型、董事选举型等实践中常见的类别股纳入该条予以法定化；对于原条款第四项"国务院规定的其他类别股"的宽泛表述也可通过引入类别股的定义进行限缩，即改为"其他经国务院规定的以合同安排调整股权权能的类别股"。第五，《公司法》第一百四十四条第二款限制了公开公司对表决权受限与转让权受限类别股的发行，从引入类别股制度的目的上看，应充分发挥类别股的融资功能，因而可删除该条款，扩大公开公司类别股发行自由；与此同时，为保护公众投资者的利益，该条款可增设"公开发行股份公司发行表决权受限与转让权受限类别股时引入表决权复活与日落条款制度，且类别股发行比例不得超过一定上限"，以此实现类别股发行自由与投资者保护的利益平衡。第六，《公司法》第一百四十六条规定了类别股股东会表决事项，但忽略了类别股股东会的召集程序和救济程序，考虑到类别股股东会与普通股股东会不存在实质的差异，因而建议采取同普通股股东会相同的召集程序，类别股股东同样享有提起类别股股东会决议无效、决议可撤销、决议不成立之诉的权利。

二 大资管业务的统合式立法：以受托管理人的信义义务为例

（一）信义关系是大资管业务基础法律关系的公因式

资管计划适用信义关系的根本原因在于资管计划作为金融社会的产物很难为商品社会的契约关系所规范。契约规制所预设的背景是商品社会，限于平等主体之间的权利义务安排，仅调整当事人间私益，具有明显局限性。人从传统社会剥离出各种特性后成为社会化、原子化、高度

---

① 朱慈蕴、沈朝晖：《类别股与中国公司法的演进》，《中国社会科学》2013 年第 9 期。

第五章 公司融资法制变革的路径选择与规范设计

同质化的个人,甚至拟制法人也被视为与个人同质化的存在。在同质化的个人之间,"自由平等""意思自治"是至高的法律追求,"诚信"是契约法所预设的市场交易中的最大美德。只要不存在欺诈、重大过失等情况,契约关系中的利益受损者势必要为自身不够理性而支付代价,是真正意义上的"买者自负"。

而信义规制泛化背后是社会主导关系从身份关系到契约关系再到信义关系的非线性演进。信义关系的预设背景是金融社会。在金融社会中,不平等主体之间交易呈现出的不平衡的权利义务安排需要引起关注。信义规制通过介入不平等主体之间的交易关系,对优势者施加严苛义务,可以衡平潜在不平等的交易模式。更何况,金融本身是带有特许色彩的业务,金融牌照本身就意味着监管者对金融机构的信用背书。如果投资者出于对金融监管、金融秩序的信任而选择了某一金融机构托付财产,该机构违背信义义务损害投资者利益,投资者若仅得依靠私法寻求救济,甚至被迫吞下"买者自负"的苦果,其实是动摇了金融公平、金融秩序大厦的根基。金融领域的信义关系呈现出公益与私益交融的色彩,旨在搭建起沟通投资者与金融机构的天平,既强调金融效率、金融安全,又最大限度地实现金融公平。

需要说明的是,信义关系中的"信义"绝不等同于契约关系中的"诚信",这一点集中体现在资管业务的历史沿革中。早期资产管理业务脱胎于普通民事行为,受托管理人往往是受信赖的个人,由民事无偿受托活动逐渐发展到商事有偿受托服务。作为普通民商事行为的资产管理,受托管理人义务以民事合同约定为限,辅以诚实信用原则,无须形成严密的义务约束。[①] 现代资产管理业务是金融社会的产物,由"代人理财"转向"代客理财",受托管理人仅限专业金融机构。因此,受托管理人行为无法再为民事合同约定或诚实信用原则所规制,而要以标准化、体系化的信义义务严格限制受托管理人的自由裁量权。

---

① 孙书元:《信托探究》,中国经济出版社 2012 年版,第 298 页。

尽管《资管新规》第二条将受托管理人信义义务表述为"诚实守信、勤勉尽责","各方当事人均应依据《信托法》《合同法》等法律法规的规定，本着诚实信用的原则履行法定或约定义务""承担诚实、信用、谨慎、有效管理义务"等类似表述也时时见诸司法裁判，①但实际上，信义关系中"信义"的内涵较契约关系中的"诚信"更为丰富。契约关系中的"诚信"原则可以指导一切民事活动，允许人们在不损害他人利益的前提下，追求自身利益最大化，而信义关系中的"信义"往往加诸公司董事、金融高管等受到社会规范特殊调整的特定群体。契约关系中的受托人只需要尽到一般意义上的善管义务即能被认为无过错，而受托管理人必须要具备特定的专业技能，符合该行业通行的业务规则、监管要求。将资管业务的公因式拔高到信义关系的维度，有助于以传统消费者保护的理论与法律规范为蓝本，将受托管理人信义义务推广到所有金融机构与消费者之间，由此可以搭建起在募集环节对金融机构施加适当性义务，在投资、管理和退出环节对金融机构施加信义义务的全流程保护体系。②

(二) 受托管理人信义义务统合的法律路径

资管业务中受托管理人的信义义务需要形成多元共治的规范体系，搭建"基础法律+监管法规+自律规则"的层级化治理体系，其核心是以资管产品统合为基础，密织起一张信托法、证券法、证券投资基金法三管齐下的受托管理人信义义务网络，在法律规范文本层面须做好衔接。

1.《信托法》：扩张信托法中"营业性信托"的内涵

2001年制定的《信托法》虽然是规范信托业与信托产品的专门立法，但其大部分内容更聚焦于信托组织架构，对于信托业务的规范较为粗疏，更像一部信托组织法。《信托法》第四条授权国务院制定营业性

---

① 参见（2018）最高法民终780号民事民事判决书。
② 汪其昌：《信义关系：金额服务者与金融消费者关系的另一视角》，《上海经济研究》2011年第6期。

信托的行政法规,但后续长达二十年营业信托实践都是依赖监管文件,法律或者行政法规层面一直无所产出,当前亟待以金融产品而非组织机构为基础重构和扩充《信托法》。

《信托法》的修改首要是扩张"营业性信托"的内涵,以金融信托为蓝本,参考《资管新规》中的"资产管理产品"概念,增加营业性财产信托。目前,开展营业性信托业务的机构包括信托机构、基金管理公司、资产管理公司等。这些机构所属监管机构不同,在投资者要求、资产规模等监管细则上互有差别。比如,当前证券公司要求集合资管计划资产规模不低于 3000 万元,不高于 50 亿元,定向资产管理业务不低于 100 万元,对商业银行和保险公司却没有上述限制。具体修改可以考虑采取专章规定方法,在现有"第五章变更与终止"后增加"第六章营业性信托"专章,对信托法律关系的定义应当明确所有信托要素,包括委托人、受托管理人、受益人等信托主体,委托人基于信任交付信托财产,信托账户具有独立性,受托管理人以自己名义为委托人最大利益处理信托事务,投资收益和损失由受托管理人承担。对受托管理人信义义务的规范,应当抽取当前监管细则中的核心内容,形成"忠实义务—勤勉义务—信息披露义务"的总括性规定。营业性信托应由证监会统一监管,纠正当前信托机构、资产管理公司等由金融监督管理局监管的现状。采纳这一思路能够解决当前许多事实信托产品"以信托之实逃信托之名"的情况,朝功能监管持续迈进。另外,还需要补齐违反信义义务的法律责任缺失问题,强化资管业务当事人的请求权基础。建议在现有"第六章公益信托"之后仿效《证券法》增添法律责任专章,民事赔偿、行政处罚均应被纳入,违法行为人的财产优先用于民事赔偿也应加以明确。

2.《证券法》:统合资管产品公开发行及流通行为

2019 年修订后的《证券法》新增第二条第三款,将资产管理产品纳入其调整范围,一举奠定了《证券法》在未来数年内作为资管产品上位法的地位。《证券法》视野下的资管业务实质是信托受益权证的发行、流通，资管业务纳入《证券法》能够实现对受托管理人从产品募集到退出全流程的监管。只是《证券法》仍然只是给予了资管产品"准证券"地位，授权国务院依照《证券法》原则制定细化规则，可谓稳健有余、创新不足。后续《证券法》修改可以将当前公开募集资管产品的受托管理人各项忠实义务、勤勉义务和信息披露义务标准加以提炼、细化形成一个标准范式以供非公开募集资管产品参考，具体法律条文可依据《证券法》原有体例，在证券发行、证券交易、信息披露、投资者保护等几章中分别增补相关规定。另外，对于违反信义义务的民事责任可以直接在第十三章法律责任中进行列举。

3.《证券投资基金法》：补充列举私募基金管理人信义义务

《资管新规》第二条明确私募投资基金适用私募投资基金专门法律、行政法规，对公募与私募资管产品受托管理人信义义务实行区别规范也受到部分学者的支持。[①] 公募资管产品面向不特定社会公众募集，极易引发金融风险，相关规范行之有年。相对而言，私募资管产品受到重视有限，需要特别加以关注。

当前《证券投资基金法》的法律文本与私募资管产品之间还存在一定程度的不衔接。《证券投资基金法》第二条明确规制对象仅限于公募、私募的证券投资基金，不包括股权投资基金。要构筑统一的私募投资基金法还需要对《证券投资基金》第二条作出相应修正。《证券投资基金法》的立法本意是想将私募证券投资基金与私募股权投资基金均纳入调整范围，只是私募股权投资基金投资对象涉及有限公司的股权，立法之时对于有限公司股权是否是证券存在争议，故而将私募股权投资基金暂且搁置。在《证券法》扩张了"证券"概念之后，"证券"几乎囊括了一切可以分割、转让的权利凭证，有限公司的股权当然可以涵盖在内。在"证券"概念已作扩张之后，无须将《证券投资基金法》改为

---

① 参见季奎明《论金融理财产品法律规范的统一适用》，《环球法律评论》2016年第6期；周友苏、庄斌《资管业务中金融机构义务统合与范式表达》，《商法界论集》2020年第2期。

《投资基金法》，可直接修改《证券投资基金法》第九十四条第二款，将股权投资基金纳入，由此可以改变股权投资基金没有上位法可以依据的现状，使之成为规范化的资管产品。

为了补足《证券法》侧重公募资管产品的短板，《证券投资基金法》应注重私募基金管理人信义义务的特殊性调整。其一，难以类推多元组合投资理论。股权投资市场流动性不高，投资与退出相对困难，因此对私募股权投资基金的规范更多侧重规范执业人员专业素养、内部控制体系搭建、投资决策过程审慎、信息披露充分真实等。其二，要考虑特色制度对信义义务标准的影响。比如，跟投制度将受托管理人与投资者的利益形成绑定，有助于受托管理人更好履行受托职责，不应视为与投资者存在"利益冲突"，亦不违反受托管理人信义义务。

（三）受托管理人信义义务统合后的立法重述

1. 忠实义务：回归受益人最佳利益标准

忠实义务是受托管理人信义义务的核心范畴，强调受托管理人仅得为受益人最佳利益行事。① 2001 年《信托法》对忠实义务的规定比较粗糙，过于原则化。依据金融信托的设立目的，忠实义务应当回归"受益人最佳利益"标准，寻求主客观相一致，允许受托管理人超越利益冲突的绝对禁止、打破消极义务的刻板印象，并扩张公平对待的内涵、标准。

（1）超越利益冲突的绝对禁止

《信托法》第二十五条、第二十六条、第二十七条、第二十八条将资管业务中受托管理人承担的忠实义务总结为防范利益冲突，不得为不当行为，不得存在利益冲突。这符合学界的传统观点，即忠实义务是一项消极义务，受托管理人适用无过错的归责原则。问题在于，《信托法》距今已逾二十年，对于当下的司法实践与业务监管已显脱节。绝对

---

① 郑佳宁：《目标公司董事信义义务客观标准之构建》，《东方法学》2017 年第 4 期。

僵化的忠实义务为需要自由裁量空间的受托管理人设置了层层束缚，可能削弱并扼杀其积极性、主动性和创造性。

本书认为，特殊情况下可允许受托管理人的利益冲突行为。从法经济学来看，如果某一行为对投资人的利益没有损害，而禁止实行该行为将给受托管理人造成难以挽回的损失，受托管理人应当被允许实行该行为。① 美国《特拉华州商业法典》就明确准许商业信托的受托管理人可以与其管理的商业信托进行自我交易，只要受托管理人存在合理理由。2012年修订的《证券投资基金法》以及2018年出台的《资管新规》都持有相对松弛的监管思路，对于重大关联交易要求在投资者"利益优先"的原则下进行审批、评估，配合信息记录即可。当然，设置这样的避风港规则可能会带来潜在利益冲突的忧虑。对此，可以参考《美国统一信托法重述》提出的"独立受托管理人"制度：法院在处理客观上有利于信托，但可能存在利益冲突交易时，可以委派独立受托管理人，由独立受托管理人对此项交易作出决策。

与之相联系的另一个问题是，受托管理人能否获得与其受托地位相联系的额外收入？比如，受托管理人基于担任投资标的公司董事、监事职位而取得额外收入，与其负担的忠实义务是否冲突？在突破利益冲突绝对禁止规则下，类似的额外收入是应当被允许的。核心判断要义主要是两点：（1）取得上述额外收益须与受托管理人额外劳动相关，而非直接来自受托财产，包括"孳息"和"代位物"等；（2）受托管理人取得上述收益至少与其履行受托职责无损，甚至有助于促进其履行信义义务。像受托管理人担任投资标的公司的董事、监事职位，就对其履行受托职责有所助益。②

（2）打破消极义务的刻板印象

当下，私募基金跟投之类的积极金融实践已然颠覆了消极忠实义务

---

① See Tamar Frankel, "Fiduciary Law", *California Law Review*, Vol. 71, No. 3, 1983, pp. 795-836.

② 周小明：《信托制度：法理与实务》，中国法制出版社2012年版，第202页。

的刻板印象。PE 机构设定一定资金比例，要求投资经理团队跟投，与投资者形成利益捆绑，属于以积极作为履行"忠人之事"的忠实义务，与以往消极不作为的"忠实义务"可以说大相径庭。严格意义上来说，这有悖于禁止利益冲突原则。但如果固守过去占主流的"受益人唯一利益"标准，必然会对金融创新造成极大束缚。我们建议后续修法过程中，要适度限制这种漫无目的的扩张解释，回归"受益人最佳利益"标准。

（3）扩张公平对待的标准、内涵

受托管理人忠实义务的核心要义是公平对待，既要求在受托管理人当前所管理的所有资管产品上不能"厚此薄彼"，也要求在受托管理人运营的不同时期的资管产品上不能"薄古厚今"。以"平行双币基金"为例，外资 PE 同时设立两只投资范围重合的人民币和外币基金，两只基金在管理过程就很可能存在利益冲突。受托管理人应对所有资管计划投入同等的人力、物力和时间以确保所提供的金融服务是同质量的。但在结构化资管产品中，同时存在优先级投资人与劣后级投资人，此时的公平对待实质是强调受托管理人不得为利益驱使或单纯因喜好违反对某一级别投资人的信义义务。资管计划对不同分级投资人在管理费的收取、利润分配顺序及绩效分成比例等事项上有差异化的安排，这种差异化的安排并不违背公平对待义务。

2. 勤勉义务：细化受托人最佳执行规则

相对于忠实义务，我国资管业务受托管理人勤勉义务标准更为模糊不清。美国《统一谨慎投资人规则》第二条将受托管理人勤勉义务表述为"注意、专业与审慎"，即受托金融机构具有良好的风控机制和管理规则；从业人员接受良好职业培训，具备相关专业知识和技能；在投资计划全过程，尤其在投资标的选取上尽到满足注意标准的义务。这一表述契合我国受托管理人勤勉义务的监管实践。在充实勤勉义务内涵的基础上，应当进一步引入多元组合投资理论，并纳入频次适当的细化规则。

(1) 引入多元组合的投资理论

《资管新规》第十条允许资管产品投资于符合管理标准的标准化债权资产、非标准化债权资产以及股权资产等。第八条规定受托管理人应当作出"科学合理的投资策略",但何为"科学合理的投资策略",存在理解上的疑问,需要结合英美判例法确立的受托管理人从法定列表制到谨慎人标准再到谨慎投资人标准的历史嬗变中来理解。

法定列表制最初由英国衡平法院确定,在英美法实践中广泛使用,其要求受托管理人只能在预先设计的法定列表的投资产品中进行选择。法定列表上一般是政府债券和初次抵押贷款,受托管理人不得超出这一范围进行投资。如在 King V. Talbot 案中,基金受托管理人将所托财产投资于银行、保险和铁路公司股票被认定属重大过失,因为超越了法定列表制的范围。① 谨慎人标准主张放宽受托管理人仅得在法定列表中进行投资的限制,受托管理人只需要与处理自己事务同等的谨慎、勤勉即可。但在后续的适用中,谨慎人标准逐渐僵化为一种结果审查。适用谨慎人标准的法院对各案件中每笔交易进行结果审查,以投资者是否受有损失来判断受托管理人投资行为是否有失,受托管理人的投资计划即使整体投资组合盈利,单笔投资亏损也会面临败诉风险。由于该标准依然严苛,吸纳了现代投资组合理论的谨慎投资人标准应运而生。谨慎投资人规则将受托管理人的投资行为视为一个整体,不再审查单笔投资的收益或者受损。美国《信托法重述》(第三版)和《统一谨慎投资人法》都明确了投资组合多样化的要求。其中,《统一谨慎投资人法》第2条(b)款指出:"不应对受托管理人的单项投资进行审查和判断。对受托管理人投资行为的审查必须依据其整体投资计划,判断其是否符合投资者的风险偏好与收益目的。"②

(2) 纳入频次适当的细化规则

需要补充的是,域外对于"最佳执行"还形成了"频次适当性"

---

① King v. Talbot, 1 Hand 76, 40N. Y., 76, 1869 WL 6484 (N. Y. 1869).

② National Conference On Uni-form State Laws: Uniform Prudent Investor Act, approved by the American Bar Association, Miami, Florida, Feb. 14, 1995.

第五章　公司融资法制变革的路径选择与规范设计

的细化标准，即通过计算投资者交易总额与资产总额的比例，或者将投资者账户的佣金收取情况与类似账户进行比较，来认定受托管理人是否达到了"最佳执行"。在英美法实践中，对盘交易、切换交易、短期买卖交易都通常被认为是过度交易，而当前在我国相关监管规则中，仅有《证券公司监督管理条例》第四十六条第一款第三项禁止证券公司"使用客户资产进行不必要的证券交易"，但语焉不详，需要加以论证完善。

3. 信息披露义务：结合信息披露与解释说明

（1）统合信息披露的具体要求

《证券法》对信息披露采取了专章规定，作为"准证券"的资管产品，信息披露义务规范成为重中之重。信息披露义务贯通资管业务投资、管理、退出环节，要求受托管理人"及时、真实、准确、完整"地提供相应资料。在具体披露标准上应当区分定期披露和专项披露。定期披露事项具体类别与标准应当由《证券法》仿效第七十九条加以统合细化规定，投资者和受托管理人可以在这个基础上拟定更高标准。重大事项应当进行专项披露事项，立即向投资者披露，说明事件的起因、当前状态以及潜在后果。概括而言，在资管计划投资、管理阶段，受托管理人的信息披露义务包括以下三点。（1）及时义务。金融市场瞬息万变，信息的时差尤为重要，信息披露及时义务能够抹平受托管理人与投资者之间的信息鸿沟。（2）真实义务。受托管理人披露信息应当完全基于资管计划的真实情况，不得伪造信息欺诈投资者，应采取最大限度的善意，真实、公正地披露所有关键事实。（3）完整、准确义务。发现披露信息有误时，受托管理人负有以醒目方式更正相关内容的义务，应当采取合理的注意来避免误导投资者。

值得注意的是，信息披露效果要达到主客观相一致的标准，不仅要求客观上"及时、真实、准确、完整"，还要求令一般投资者主观上知悉、理解。《商业银行理财业务监督管理办法》即规定，商业银行在未与投资者明确约定的情况下，在其官方网站公布理财产品相关信息，不能视为向投资者进行了信息披露。遗憾的是，司法实践对受托管理人信息披露裁判口径是比较松弛的。以郭少婕与山东创道股权投资基金管理有限公司等合同纠纷一案为例，尽管涉案资管合同约定基金管理人有权在不损害基金利益的情况下对投资基金的存续期限进行变更，但本案基金管理人因投资项目开发速率未能达到预期，在被投资公司承诺基金延期届满时归还本金及收益、第三方自愿承担连带保证责任的情况下，仅仅将涉案基金存续期延长并在其网站予以公示，法院对此认定不违反合同的相关规定，并判决投资者败诉。① 应然层面上，对于资管产品重大事项的变更，不得以电子邮箱、网站等方式通知投资者，但考虑到集合资管计划涉及投资者众多，对资管产品重大事项的变更可以采用默示生效。如在黄乐培与广发证券股份有限公司、深圳市上古投资管理有限公司证券投资基金交易纠纷一案中，受托管理人向投资者电子邮箱发出资管合同变更征询函，提出降低预警线、止损线，表示投资者可通过电子邮箱的形式表示异议，未回复的委托人视为同意此变更。本案法院认可受托管理人通过电子邮箱通知变更和默示变更条款，并认为投资者未回复属于对自身财产权的处置。②

在投资者退出后，受托管理人还负有资料保管和查询义务。结合《信托公司集合资金信托计划管理办法》《私募投资基金信息披露管理办法》等规定，受托管理人所保存的投资记录应当至少包含以下信息：(1) 任何计划通知及定期提供给投资者的对账单；(2) 任何提供给投资者详细的投资建议、产品和服务；(3) 任何与投资者的通信记录；(4) 任何投资者签署的文件和材料等。受托管理人应当自资管计划终止后保存十五年以上。受托管理人应对自己尽到信息披露义务负担举证责任，并承担举证不力的后果。

(2) 确立解释说明的附随义务

针对投资者对受托管理人披露相关信息存在疑问，受托管理人负有

---

① 参见 (2020) 鲁 01 民再 223 号民事判决书。
② 参见 (2020) 粤 0112 民初 3145 号民事判决书。

扩展解释义务,该义务根源于金融消费者的受教育权。一般而言,判断受托管理人是否尽到了解释说明义务,应以投资者主观理解为标准。比如,在北京信文资本管理有限公司与师群合同纠纷一案中,法院认为金融机构未履行尽职调查义务,在《基金合同》以及基金宣传材料中没有对"应收账款"进行进一步的解释,导致投资者错误将"应收账款"理解为已经确认必然发生但尚未到期的债权,而且金融机构未对投资者进行回访确认,因此判定金融机构向投资者赔偿投资款本金及利益损失。[1] 受托管理人的解释说明义务在传统资管计划中集中体现为对投资计划制订和执行相关金融原理、专业名词等的解释,但在应用智能算法的投资管理计划中,解释说明义务应当扩展到算法原理、参数设置等技术问题。

第三节 公司融资法中的特别条款规范设计

公司融资法中存在着一些理论上极富争议、实践中莫衷一是的特别条款,包括但不限于股权融资中的对赌条款、双层股权结构条款与日落条款,债权融资中的财务承诺条款与特别控制权条款,股债混合型融资中的股转债条款、债转股条款、明股实债条款、名债实股条款等。这些特别条款往往是商事实践中市场主体精心设计的产物,天生具有规避法律的动机,因而总是会引发乱象和纠纷。本节选取私募基金合同中的"优先—劣后"权益安排条款、债务契约中的消极承诺条款、风险投资合同中的强制出售条款为分析对象,希冀为公司融资法中特别条款的规范设计提供智识指引。

一 私募基金合同中的"优先—劣后"权益安排条款

随着社会经济的发展,私募基金已经成为继银行贷款和公司首次公

---

[1] 参见(2020)京02民终5208号民事判决书。

开发行股票并上市之后又一重要融资方式，在投融资市场发挥着重要的作用。而作为私募基金的一个重要形式，有限合伙型私募基金凭借着有限合伙形式特有的税收优惠与灵活治理等优势，日益获得投融资者的青睐，成为较受欢迎的私募基金产品类型。借助有限合伙制度本身的不同投资主体享有不同程度的收益和风险这一特性，"优先—劣后"结构化安排在有限合伙型私募基金产品中具有较强的适应性，形成了便于适用的结构化权益安排条款。该条款在商事实践中尽管广泛存在，但引发的争议也与日俱增，亟待加以厘清和有效规制。

（一）"优先—劣后"权益安排条款的内涵界定

在这种"优先—劣后"的结构化安排中，投资主体分为优先级有限合伙人（夹层有限合伙人）、劣后级有限合伙人以及普通合伙人。虽然同为有限合伙人，不同层级的有限合伙人却享有不同的权益安排。合伙协议、承诺函等协议通常会为优先级有限合伙人约定固定的收益、优先的收益分配顺位和清算顺位，劣后级有限合伙人亦会对优先级有限合伙人做出差额补足承诺、回购承诺或无条件受让份额承诺。详言之，优先级有限合伙人享有较为优先的投资收益分配顺位，在有限合伙企业财产无法支付优先级有限合伙人本金与预期收益或出现协议约定条件时，由劣后级有限合伙人对优先级有限合伙人就其实际收益与本金和预期收益的差额进行补足或者回购，以完成对优先级有限合伙人的风险补偿。其中，优先级有限合伙人享有的优先权益主要体现在以下几点。其一，顺位优先。在结构化安排中，优先级有限合伙人较劣后级有限合伙人优先获得项目收益的分配。一般情况下，在项目退出前，优先向优先级有限合伙人分配固定比例的预期收益，在满足优先级有限合伙人预期收益后，剩余收益分配给劣后级有限合伙人和普通合伙人。在合伙企业清算、解散或投资项目退出时，优先向有限合伙人支付尚未支付的预期固定收益与实缴出资本金，之后支付基金管理费与托管费，再向普通合伙人支付其实缴出资本金，最后如有剩余资产，则向劣后级有限合伙人支付全部剩余资产。也有一些合伙协议约定，在项目退出前的收益分配中，满足优先级有限合伙人预期收益，在向优先级有限合伙人分配其出资本金后，才可向劣后级有限合伙人分配收益。抑或是在完成对优先级有限合伙人预期收益和实缴资本的分配后，按约定比例在优先级有限合伙人、劣后级有限合伙人与普通合伙人之间进行收益分配。虽然"优先—劣后"收益分配条款各有不同，但其共性在于优先级有限合伙人处于收益分配的第一顺位。

其二，收益保障。对于优先级有限合伙人的收益保障，实践中往往体现为两个方面，一方面是保障固定预期收益，另一方面是保障本金安全。大部分"优先—劣后"权益安排条款都会为优先级有限合伙人设定固定的预期回报率，在项目取得收入后进行优先分配，并在项目退出或优先级有限合伙人退伙等情况下，优先对优先级有限合伙人的约定预期收益进行分配，实践中一些"优先—劣后"权益安排条款可能涉及本金的返还，这种条款的法律效力往往会引起司法裁判争议。

其三，权利保障。许多有限合伙型私募基金的合伙协议或相关补充协议会约定，在优先级有限合伙人无法获得预期收益或达到约定条件时，劣后级有限合伙人负有向优先级有限合伙人进行差额补足或回购的义务，优先级有限合伙人可以根据情况选择行使权利。同时，往往存在合伙企业外的第三人为劣后级有限合伙人的承诺提供保障，承担连带责任，此种第三人很多情况下是与劣后级有限合伙人具有关联关系的主体。可触发优先级有限合伙人向劣后级有限合伙人行使差额补足或回购请求权的情形主要包括私募基金所持股权转让价款未达到约定标准，优先级有限合伙人累计分配金额低于其投资本金及固定收益之和，在有限合伙企业拟进行注销、清算时确定其清算收益无法保障优先级有限合伙人取得全部出资额及预期投资收益，以及触发约定的提前收购条款等情况，这些情形总体上都与优先级有限合伙人本金与预期收益是否能得到稳定保障相关。当私募基金投资项目运营状况不佳，或合伙企业解散清算却无足够资金支付有限合伙人预期收益与本金时，优先级有限合伙人有权行使权利为实缴本金与投资收益争取风险补偿。

(二)"优先—劣后"权益安排条款的效力认定

1. 学理争议

"优先—劣后"双方之间的关系存在着权利的让渡与获取。除了优先分配顺位的让渡,劣后级有限合伙人在向优先级有限合伙人的固定收益及本金承诺差额补足或回购时,为优先级有限合伙人提供了风险补偿,将优先级投资者的风险转嫁到自身,同时也实现了私募股权基金的份额转让,获得了优先级有限合伙人的基金份额。劣后级有限合伙人提供的差额补足与回购承诺,在性质认定上存在争议,主要有以下几种观点。其一,担保关系说。在实践中,"优先—劣后"权益安排主体之外的第三人为劣后级有限合伙人保底承诺做出的履行承诺,认定为担保是不存在争议的,而劣后级有限合伙人对优先级有限合伙人的保底承诺是否构成担保还需进一步分析。传统民法理论,担保具有从属性,主债权应先于担保存在。随着金融商事领域的不断创新,该理论迎来了突破和例外,类比资产证券化产品所附带的担保,劣后级有限合伙人为优先级有限合伙人提供差额补足或回购的承诺,实际上属于私募基金投资中的增信措施。从商业功能角度看,这种承诺具有"交易+融资担保"的双重功能属性,被担保的对象可以理解为优先级有限合伙人的受益权。[①] 然而,如不考虑优先级有限合伙人所享份额的合伙性质,将这一受益权认定为优先级有限合伙人对私募基金管理人的债权,放入担保理论框架考量,"优先—劣后"权益安排中仍不存在主从债权之分,亦不存在独立于债务人的第三人,这将与担保合同法律特征存在多处矛盾。[②] 若将劣后级回购承诺视为让与担保,优先级有限合伙人的份额均为从有限合伙型私募基金中的原始取得,并无让与担保中转移所有权的过程,亦与

[①] 赵廉慧:《信托受益权法律性质新解——"剩余索取权理论"的引入》,《中国政法大学学报》2015年第5期。

[②] 李皓:《论资管产品中差额补足协议的效力认定——基于108份相关司法判决的分析》,《金融法苑》第104辑,中国金融出版社2020年版,第220—244页。

让与担保的法律结构存在不符。① 因此，担保关系并不能完全解释"优先—劣后"权益安排的性质。

其二，借贷关系说。在"优先—劣后"的保底安排条款中，由于优先级投资人能获得的收益在一定程度上是固定的，保底条款可以理解为一种附条件成就的债权。当合伙企业财产不足以支付优先级有限合伙人的固定收益及本金时，便由劣后级有限合伙人承担保底责任，此时优先级投资者承担的风险已经脱离了传统金融法上的投资风险，转变为劣后级有限合伙人不履行承诺带来的信用风险，此时的保底责任更像优先级有限合伙人与劣后级有限合伙人之间的债权债务关系。在司法实践中，亦有"优先—劣后"权益安排条款被认定为"名为合伙，实为借贷"。② 然而，这种认定逻辑的问题在于，借贷关系包含着所有权的转移，优先级有限合伙人的投资款直接进入合伙型私募基金的账户中，并未成为劣后级有限合伙人的投资份额。因此，将"优先—劣后"权益安排认定为借贷关系虽有合理性，但仍存在缺陷。

其三，对赌协议说。对赌协议作为我国商事实践中优先股制度的一种替代，兼具债权与股权的属性，表现为差额补足、回购等形式，比优先股制度涵盖范围更广，与"优先—劣后"权益安排中劣后级有限合伙人的承诺在形式和性质上有相似之处。③ 劣后级有限合伙人提供保底承诺可以理解成投资者与目标公司股东对赌，"九民纪要"肯定了此种对赌的效力。若以对赌协议的认定路径来审视"优先—劣后"权益安排的效力，由于对赌协议的效力认定主要关注差额补足或回购是否会不利于公司资本维持进而影响公司及债权人利益，则无论将劣后级有限合

---

① 杨永清：《〈新担保司法解释〉中有关保证合同的几个问题》，《法律适用》2021年第2期。
② 叶名怡：《结构化资管计划的私法规制——以"宝万之争"为例》，《法学》2018年第3期。
③ 赵旭东：《第三种投资：对赌协议的立法回应与制度创新》，《东方法学》2022年第4期。

伙人类比为目标公司董事、股东抑或是关联方，其对优先级有限合伙人提供的保底承诺确与基金财产有天然阻隔，不会被认定为无效。但利用对赌协议效力认定路径来认定有限合伙型私募基金"优先—劣后"权益安排的效力，还需考虑关于结构性资管产品禁止刚兑的规定对"优先—劣后"权益安排效力认定的影响。

综合考虑以上观点，"优先—劣后"权益安排条款的性质在形式上与对赌协议最为相似，然而在参考对赌协议效力的司法认定的同时，应注意其有限合伙的组织背景与私募基金的监管规定，同时探查"优先—劣后"权益安排双方真意，判断其是否"名为投资，实为借贷"，然后再对其进行效力认定。此外，应当注意到由于金融产品的更新迭代，市场上不同的金融工具正在进行重新排列、切分、嵌套组合，这将导致"优先—劣后"权益安排包括多种法律关系的表征，应综合认定条款的复杂性质。如果劣后级有限合伙人与优先级投资者之间存在指示约定，则二者之间构成信托关系，劣后级有限合伙人将同时具备受益人和指示权人的身份，除应承担差额补足或回购义务，还应承担相应的信义义务。

2. 优先分配与返还本金型条款效力认定

对优先级有限合伙人通过合伙协议进行的优先分配与清算顺位以及固定收益的分配安排，是合伙企业组织层面的设计，所以应回归组织法层面加以分析。针对预期收益率是否违反禁止刚兑规定的问题，一般认为预期收益率并非具有法律意义的承诺，同时因其与投资对象密切相关，具有必然存在的合理性，而基金管理人有对此进行披露的义务，并不违反法律规定。[①] 在合伙人承担有限合伙投资亏损的前提下，对优先级有限合伙人进行固定的预期收益分配约定并未违反法律、行政法规的强制性规定。此时优先级有限合伙人享有的是为平衡风险而设置的固定

---

① 参见白芸《分级资管产品的异化与正名——评析〈资管新规〉第二十一条》，《金融法苑》第97辑，中国金融出版社2018年版，第156—170页。

收益,并非无论盈亏的保本保收益。存在投资收益时给予优先级有限合伙人固定收益,是对合伙利润进行分配的正当行为,是当事人正当的商事融资安排,不违反《合伙企业法》关于利润分配的规定,不会造成无法兑付等金融风险,在这种情况下,法院应更多尊重当事人意思自治。而当无论合伙企业是否存在盈亏,都对优先级有限合伙人保障固定收益与本金安全,或为弥补亏损直接向优先级有限合伙人返还固定收益与本金时,这种分配方式不仅违反了《合伙企业法》第三十三条第二款不得将全部利润或全部亏损由部分合伙人承担的规定,以及《合伙企业法》第五十一条退伙时在结算后才能退还退伙人财产份额的规定,也构成了刚性兑付,违背了"风险自负"的交易原则,此时法院应穿透合伙协议文本表象,探究条款的真实属性是否构成"名为合伙,实为借贷"。

3. 差额补足与回购型条款效力认定

对于劣后级有限合伙人向优先级有限合伙人做出的差额补足或回购承诺,属于协议内部当事人之间的约定,虽然也在合伙协议中有所体现,但并非合伙企业与合伙人之间的关系,而属合伙人之间的利益安排,因此不能只通过《合伙企业法》进行认定。对于此类条款,应注意把握当事人的真实意思,对于劣后级有限合伙人向优先级有限合伙人提供保底承诺的行为,判断其性质属于投资、借贷,担保抑或是对赌协议,对之后的效力认定十分重要。

一般情况下,如果优先级有限合伙人不承担任何亏损与风险,无论合伙型私募基金运行状态如何,期满即可触发保底条款,得到本金与固定收益,并由劣后级有限合伙人进行差额补足或回购,此种情况固定收益可视作借贷利息,法院应探究当事人之间是否构成借贷关系。如若在合伙人承担合伙型私募基金亏损后,优先级有限合伙人协议约定的固定收益无法得到满足,劣后级有限合伙人对此进行差额补足或回购,则此时"优先—劣后"权益安排条款属于不同投资者之间的风险补偿协议,是对投资风险进行动态调整和重新分配达成的商业安排,优先级有限合伙人在投资时已开始承担投资风险，不改变双方依据合伙协议形成的法律关系，不违反《合伙企业法》对收益亏损的分配规定，亦不属于《资管新规》禁止的刚性兑付，若协议中的权益安排并不存在利益失衡的情形，法院应认可该条款的效力。

当约定私募基金未达到业绩目标时，或基金股权转让实际价格低于目标价格时，劣后级有限合伙人向优先级有限合伙人进行差额补足或回购的安排，类似对赌协议，可类比于投资者和目标公司股东对赌，参考相关明股实债案例的司法裁判路径，探究投资者内心真意，审查合伙人是否对合伙型私募基金运作进行关注和参与，优先级有限合伙人可获得的固定收益是否与经营业绩挂钩。若优先级有限合伙人的固定收益与私募基金运营业绩脱离，并对合伙企业事务以及私募基金运行情况漠不关心，则很难认定其具有投资目的，此时应穿透识别其投资的行为本质属性，参考"九民纪要"关于明股实债的规定进行认定。如果劣后级有限合伙人对合伙型私募基金事务管理的参与超出了一般投资者并与优先级投资者之间存在指示约定，则劣后级有限合伙人将同时具备受益人和指示权人的身份，除应承担差额补足或回购义务，在协议约定的收益条件未达成或劣后级有限合伙人做出错误指示导致基金财产亏损的情况下，其不得主张基金财产利益的分配，因此认定差额补足或回购条款效力以及事后履行的责任时，劣后级有限合伙人的信义义务履行情况亦应纳入考量。

在特殊情况下，当优先级有限合伙人以劣后级有限合伙人不接受合伙份额受让合同的签订为由不缴纳合伙资金，终止合伙协议，则说明是以退伙为目的的入伙，其目的并非成为合伙人承担合伙企业的收益与亏损，而是加入合伙型私募基金的同时转让合伙份额以获取固定收益回报，这种行为违背了合伙企业法"共享收益，共担风险"的原则，是在变相实现还本付息的借贷目的，法院在实践中会以虚假意思表示认定无效，由此可见目的审查的重要性。

第五章 公司融资法制变革的路径选择与规范设计

(三)"优先—劣后"权益安排条款的立法回应

1. 强化"优先—劣后"收益安排的风险规制

有限合伙型私募基金中"优先—劣后"权益安排条款的主要内容是对优先级有限合伙人与劣后级有限合伙人之间的权益与风险进行分配,这是双方投资者极为关注的部分,影响着后续效力认定以及纠纷解决。而做好这一分配的前提不仅包括要满足双方的投资目的与偏好,亦要确保"优先—劣后"投资者的风险承受能力与产品的风险程度相匹配,并尽可能保障交易的公平性。首先可在《私募投资基金监督管理条例》与《私募投资基金监督管理暂行办法》等文件中完善对合格投资者的规定,合理设置投资准入门槛,对承担较多风险的劣后级有限合伙人的净资产数额制定更高的准入标准,确保投资者适当性制度的落实。同时,可在《私募投资基金募集行为管理办法》中充实对募集程序的规定,细化基金管理者的风险提示告知义务,在私募基金推介的过程中揭示由结构化安排所带来的风险。对于劣后级有限合伙人与优先级有限合伙人之间的利益平衡问题,应在现有金融司法与监管的经验基础上完善对"优先—劣后"份额比例的规定,通过《私募投资基金备案指引》等文件分情况科学规定合理杠杆范围,在尊重金融市场创新发展规律的同时降低交易风险,为"优先—劣后"权益安排条款效力认定提供可供考量的参考标准。

针对"禁止刚兑"规范,应完善对刚性兑付行为的定性,中国人民银行、国家金融监督管理总局、证监会、国家外汇管理局应对《资管新规》中所提到的典型的几类刚兑行为做出更为细致且全面的列举,点明"禁止刚兑"的立法意旨,并对"禁止刚兑"规范的适用条件与范围做出更清晰的规定,明确违反禁止刚兑规定的边界线。对于相关规范的效力层级问题,必须在遵循合法流程的前提下,考虑我国金融体系的整体运行状态,在进行大量调研并与相关法律规范进行统筹、协调、衔接的基础上进行合理调整。

2. 完善合伙治理规范

在"优先—劣后"权益安排条款作用的影响下，作为普通合伙人的基金管理公司获取激励与承担责任的强度相较于一般有限合伙企业有所降低，这将影响基金管理公司履行管理职责的积极性，提高其采取机会主义行为、侵害有限合伙人利益的可能性，最终增加代理成本，并且可能影响基金管理成效，增加投资风险隐患。对此，可借鉴信托法中受托人的信义义务制度，通过完善《证券投资基金法》《私募投资基金监督管理条例》以及《私募投资基金监督管理暂行办法》等规范促进有限合伙型私募基金管理人信义义务的履行，在制度层面上加强对投资者的权益保护，减少劣后级投资者兑付风险，为优先级有限合伙人提供投资风险缓冲。由于优先级投资者选择"优先—劣后"权益安排条款大部分是出于降低投资风险的目的，完善基金管理人信义义务制度不仅可以降低私募基金投资本身可能导致的风险，亦能使投资者在对基金管理人更加信任的情况下避免选择有违规风险的保底条款，以降低由于"优先—劣后"权益安排条款被判无效所带来的风险，进而得以在健康稳定的私募基金投资市场中保持活跃。

从有限合伙人维度看，可进一步完善《合伙企业法》中的安全港条款制度，适当合理扩大有限合伙人参与合伙企业管理的空间，明确有限合伙人知情权的行使范围，加强对有限合伙人知情权的保障，以防范其"逆向选择"与"道德风险"的出现。① 同时，应健全投资决策委员会制度，促进有限合伙人对私募基金投资专业支持作用的发挥。针对劣后级有限合伙人对私募基金投资管理的更强参与意愿，可对参与合伙事务管理的劣后级有限合伙人设定一定的信义义务，并通过加强《私募投资基金管理人登记和基金备案办法（试行）》《私募投资基金信息披露管理办法》等规范性文件与《合伙企业法》的衔接来完善有限合伙型私募基金的登记与披露制度，加强对优先级有限合伙人知情权和参与权

---

① 沈伟：《私募投资和商事法契合法律问题研究》，法律出版社 2020 年版，第 245 页。

的保障，最终实现二者权利义务的平衡。

3. 明确穿透式监管的适用条件

在多层嵌套型金融产品不断涌现的背景下，现有的金融监管往往重法律形式而轻交易实质，这将导致在金融创新的过程中极易出现形式合规但实质违规的投机与规避行为，产生金融负外部性，影响市场秩序。所以，在认定"优先—劣后"权益安排条款效力的过程中，为识别最终风险承担者，在一定情况下需要进行穿透，但过度的穿透将会产生侵蚀商事主体意思自治的效果，增加市场交易的不确定性。因此，为防止法官把握穿透尺度的自由裁量权过大而影响司法谦抑性与金融创新，需要在立法层面对有限合伙型私募基金中"优先—劣后"权益安排条款的交易实质规范进行补足，通过立法来规范穿透式监管的适用条件，将穿透式监管的内容补充到《证券投资基金法》《私募投资基金监督管理条例》等规范中。①

对于穿透式监管的适用，首先需要明确穿透边界。由于穿透式监管属于对市场主体相关义务的更高要求，应根据金融交易的性质将"实质重于形式"作为效力认定的例外性原则，只有在交易具有负外部性风险的可能时才能突破商业外观。由此，需要明确规定穿透适用的情形、范围、层次，为标准化识别穿透对象提供规范支持，并细化穿透的前置要件与操作流程，落实比例原则，防止金融监管侵蚀商事主体意思自治。其次，由于当下金融新业态呈现跨行业、跨领域趋势，以机构监管为核心的分业监管格局在面对大资管时代下的监管套利、多层嵌套等现象时，难以避免存在监管真空地带与监管标准不统一的问题，立法层面需要与《民法典》、《合伙企业法》、私募基金监管规则等法律规范做好衔接与协调，参考现有司法解释，吸收金融监管经验，统一穿透式监管的执行标准，完善信息披露制度，防止法律碎片化对监管效果的影响，并及时针对不同类型的资管产品做出适度的调整，为有限合伙型私募基金

---

① 张婧：《穿透式监管在资管业务中的法制化研究》，《经济问题》2022年第10期。

中投资主体的嵌套关系，普通合伙人、劣后级有限合伙人、优先级有限合伙人之间关联关系的穿透设定适用条件。如果"优先—劣后"权益安排条款不具有法定无效情形且能够实现风险隔离，则应审慎运用穿透式监管。

二 债务融资合同中的消极性承诺条款

（一）消极性承诺条款的概念界定

消极性承诺条款作为公司募集说明书中的任意性记载事项，是债务契约的重要组成。消极性承诺条款主要是指在公司债券发行的过程中，通过公司债务契约中的条款设计实现对发行人"债务不履行"风险的锁定，以保护债券持有人的利益的特定条款。[①] 对消极性承诺条款的理解，脱离不了公司债券和债务契约这两大概念。

1. 公司债券：消极性承诺条款的规则指向

公司债券是公司依据法定程序发行并约定在特定期限内偿还本金及利息的有价证券。发行公司债券的要义在于确保偿债期限届满时债务人得以还本付息，对公司的偿债能力有特定要求。但由于有限责任制度下发行人债务不履行的风险增加，风险偏好型的股东投资取向与风险规避型的债权人投资取向格格不入，公司债券发行时常面临着股东与债权人的利益冲突考验。不同于发行主体通常为国有大型企业，由政府信用提供担保，信用级别与政府债券几无差异的企业债券，亦不同于发行主体主要为政策性银行和国有商业银行，拥有较高安全性和信用级别的金融债券，公司信用往往以公司的经营情况、盈利能力和偿债能力为基础，需要更多的内部增信安排以吸引投资者，这也为公司债券发行的能动设计提供了动力。综上所述，在公司债券发行中为了调节股东与债权人的利益冲突，提升公司价值，强化公司信用，消极性承诺条款应运而生。

---

① 刘迎霜：《公司债：法理与制度》，法律出版社2008年版，第71页。

2. 债务契约：消极性承诺条款的适用场域

市场经济体制下，契约是交易双方意思自治的产物，债务契约便是纷繁复杂的契约类型中最为重要的一种。不同于作为股权融资契约通常仅具有表彰所有权功能的股票，债务契约安排承载了更多债权人权益维护的价值。可以说，债务融资的过程实质上是债务契约的设计、订立、履行及后续违约处置的过程，其完备程度将直接影响债权人保护的目的实现。因此，债务契约是设置消极性承诺条款的最佳场域，绝大多数债券都规定了发行新债的消极性承诺条款，这在实践层面证明了消极性承诺条款广阔的应用空间。消极性承诺条款亦已成为债务契约不可或缺的组成部分，极大丰富了债务契约的内容，不同的消极性承诺条款组合亦使得不同发行主体更显个性化。

3. 类型化解释：消极性承诺条款的规范化倾向

将消极性承诺条款按一定的标准进行类型化区分，可以为发行人提供清晰的指引。从宏观层面看，消极性承诺条款可以分为积极型条款和消极型条款，分别对债务人为或不为特定行为提出规范要求。但这一分类仅具有规范价值，缺乏实践意义。从成本收益的角度看，消极性承诺条款可划分为公司价值维持条款、控制权保障条款、债务偿付保障条款；从规范目的出发，消极性承诺条款可划分为投融资条款、股利支付条款、赎回条款等；根据利益冲突的情形，可以将消极性承诺条款划分为支出限制类条款、融资限制类条款、投资和资产转让限制类条款以及事件类条款。总体而言，上述分类均不是简单机械的条款整合，而是遵循各自的逻辑主线，以实现理论与现实的互动。

（二）消极性承诺条款的规范类型

考虑到债务契约消极性承诺条款分类的多样性，本研究主要以债券市场发展较为成熟的美国为切入点，基于利益冲突的具体情形展开分类阐述，以实现对消极性承诺条款的系统性梳理。

1. 支出限制类条款

支出限制主要集中在股份回购和股利分配两个方面，就股份回购制度而言，在我国《公司法》的修改历程中呈现出不断放宽限制的态势。究其缘由，主要是为了充分发挥其稳定资本市场、保护投资者利益及实现公司发展的制度功能。① 然而，基于利益平衡的回购规范，除"与持有本公司股份的其他公司合并"外，均会导致财产返还，在债权人保护方面存在缺漏。基于此，上交所与深交所在 2018 年《公司法》修改后便出台了关于上市公司回购股份不得损害债权人合法权利的自律性规范，以实现对股份回购资金来源的必要限制。关于股份回购限制的消极性承诺条款亦是法律"松绑"后，公司层面为填补债权人保护漏洞做出的自律性规范选择，一方面在不同层面对股份回购行为进行规制，另一方面也在一定程度上弥补了自律性规则在规范指引与责任承担上的断裂问题，是商事自治在债券市场的重要体现，彰显了债权人保护在理念层面的重大转变。股利分配虽与股份回购在具体表现形式上稍有差异，但二者本质上都是对公司财产的分配，均会产生财产返还的经济效果，存在损害公司偿债能力的可能，将其纳入统一的规则体系更能体现规范效率。②

2. 融资限制类条款

融资限制类条款的适用可以划分为两个类型，一是对新发行债券的限制，二是对新发行债券的优先级别的限制。公司的债券发行越多，债务量越大，财务风险也随之增加，为防止在先债务人到期受偿的基本权利受损害，必须对债券的发行规模进行限制。对新发行债券的优先级别的限制，主要是出于对原先债权人"债权稀释"隐忧的化解，通常表现为对公司发行更高优先级别的债券的直接限制，或是将现有债券的优先级别提升至与新发行债券的同一水平。融资限制类条款给予了债券持有人较为直接的保障，但对债务融资的种种限制在加大这一渠道融资难度的同时，亦使得公司只能转向股权融资以筹措资金，这样不仅会造成股权稀释影响股利发放，也阻碍了股东通过债务的杠杆效应获利。如此

---

① 张勇健：《股份回购制度的完善与司法应对》，《法律适用》2019 年第 1 期。
② 张保华：《债权人保护：股份回购资金来源限制的法律漏洞及其填补》，《证券市场导报》2020 年第 5 期。

一来，作为公司治理主体的股东的投资积极性必然大受打击。

3. 投资和资产处分限制类条款

公司经营中，由于信息不对称，拥有绝对控制权的股东可能采取机会主义行为损害外部投资者的利益，特别是在企业的现金收入扣除偿债部分外均归属股东的情况下，公司的投资行为可能异化为追求自身利益最大化的投机行为。若投资成功，股东可获得额外的高收益。若投资失败，股东的风险也已通过资产置换行为转嫁到债权人手中，直接影响债务偿付。而契约条款的合理设计可以有效缓解股东与债权人以及股东与管理层之间的代理冲突，具体则表现对公司投资行为的风险度进行限制以确保一定的投资获利可能性。对于资产处分的限制目的主要在于防止企业为了转嫁破产风险而将变现难度大的资产进行出租、出售等，条款内容往往会明确禁止为资产处分行为设定上限，或是规定满足特定条件方可进行资产处分。

4. 事件类条款

事件类条款主要针对事件风险，即指难以利用信用工具提前预测但可能造成公司债券市场巨大波动的风险，本质上仍与公司信用紧密相连。典型的事件类条款包括交叉违约、控制权变更等。交叉违约条款适用于债务人在其他债务合同的履行过程中出现违约的情形，此时可视为债务人对次债务合同违约从而进入违约处置程序。这一条款将各个债务合同有机联系起来，构建了针对公司财务状况的共同预警系统，避免了风险发生时债权人只能消极等待债务到期的被动局面。控制权变更作为影响公司治理与经营的重大事件，在实际发生时，债券持有人同样可以获得相应的救济。常见的规则设计包括在公司的董事会大多数成员被替换、公司大多数享有表决权的股票被另一实体购买或者公司合并导致的控制权丧失情况出现时，公司应当按预定的价格回购债券。二者的适用既实现了风险与收益的平衡，又体现了商事效率。[①]

---

① 阎维博：《债券交叉违约条款：溯源、演化及保护功能优化》，《南方金融》2019年第4期。

（三）消极性承诺条款的公司法回应

1. 资本制度：确保资本维持

公司资本制度既是公司独立人格建立的保障，也是债权人保护的重要屏障。① 随着资本管制的放松，债权人利益的维护也出现了困境。对此，必须对资本制度进行必要的修补，在激发公司经营活力的同时保障债券持有人的正当权益，这要求引入偿债能力测试。

自1980年美国《示范商事公司法》引入偿债能力测试后，多国纷纷将其作为本国资本制度改革的重要借鉴。从资本、资产与负债的关系看，传统的资本维持原则依靠公司资本来保障安全，将公司债务与破产相挂钩，与消极性承诺条款的联系并不紧密，而偿债能力测试更关心公司资产与债务是否相匹配，看中的是公司资本保障公司持续正常运行的能力，这与消极性承诺条款事先保护的属性更为贴合。从利润分配的角度看，传统的资本维持体系基于债权人保护的考虑为公司资本结构的调整设置了重重阻碍，存在过度保护之嫌。而偿债能力测试以公司的持续经营能力和偿债能力兜底，降低了公司资本调整的成本。在债券持有人利益不受威胁的情况下，使公司拥有了更大的自主权。综合考虑我国的营商环境、法律制度和商业基础，引入偿债能力测试有助于强化董事会的决策权，提高其信息披露意愿，完善董事的信义义务。同时应注意到，单纯以偿债能力测试进行资本衡量无法兼顾当前债务与长期债务，还可能助长股东滥用利润分配权的不正之风。因此，我国未来的公司资本制度改革仍应以资本维持原则为主导，有限地引入偿债能力测试。② 如此一来，认缴制带来的资本制度后端局限性问题便能有所缓解。由于偿债能力测试属于董事责任的范畴，董事会需要勤勉尽责地对公司的偿债能力进行判定并对外声明，以此为

---

① 朱慈蕴：《中国公司资本制度体系化再造之思考》，《法律科学》2021年第3期。
② 朱慈蕴：《公司资本制度的后端改革与偿债能力测试的借鉴》，《法学研究》2021年第1期。

公司的分配行为赋予正当性，同时为自身责任承担提供基础。若该分配行为损害了债权人利益，债权人便可诉讼维权。可以说，偿债能力测试不仅为消极性承诺条款的履行提供了重要的财务信息，也为债权持有人的权利救济提供了公司法保障。

2. 公司治理制度：适度介入公司治理

债权人参与公司治理的模式主要有两种，一种是以英美为代表的保持距离型融资治理模式，一种是以德日为代表的关系型融资治理模式。不完全等同于上述任何一种模式，我国目前正处于市场经济和现代企业制度引导下的市场型融资治理模式。债务融资能否发挥公司治理效应，不仅取决于融资模式本身的特性，还取决于融资模式与公司治理机制的结合效果。债务契约是债务融资与公司治理之间的联结，明确了投融资双方的权利义务，影响着公司治理，对公司经营者的决策行为亦有着重要影响。当公司正常经营时，债券持有人依照债务契约的规定享有到期优于股东获得债权本金利息偿付的权利。此时对公司治理的影响主要在于通过事先的还本付息约定给公司经营者预设了一定的还本付息压力，敦促公司管理层勤勉行事，为履行到期还本付息的义务而维持公司的正常经营。而当公司经营不善，处于破产状态而无法履行债务契约时，债权人可以依照债务契约的约定取得对企业的控制权，根据公司经营情况决定对其剩余资产进行清算或重组并优先用于偿还债务。在上述情况下，当公司经营良好时，债权人不干涉公司治理，而当公司经营不善债权人介入公司治理时，债券持有人的权利受损似乎已成定局。消极性承诺条款作为事前约束规范，更具有在风险爆发之前化解危机的可能。问题仅在于如何确保事前与适中的规范实践与公司治理保持合适的距离。

在规则制定过程中，消极性承诺条款通常规定于债券募集说明书中，作为发行人提供的格式条款，债券持有人在这一部分的作用力可谓十分有限，公司自然也不会做出实质性损害公司治理的条款设计。而在条款履行中，消极性承诺条款作用发挥的核心便在于有效的信息要求与反馈机制的建立。一方面，消极性承诺条款的不完备合同特性使其不可避免地需要在履行过程中依照公司治理情况和可能出现的风险事件不断修正，此时债券持有人参与公司治理，动态监督公司的财务情况，了解公司的经营信息，才能填补合同局限。另一方面，债券持有人本身便是信息获取的弱势方。若剥夺其事中参与公司治理的权利，发行人与债券持有人的信息鸿沟便会逐渐加深，发行人是否遵守消极性承诺条款的限制性要求，违约救济是否触发、宽恕条件是否满足更是无从知晓。只有保障债券持有人参与公司治理，才能解决投融资双方的信息不对称和信息滞后问题。在方法选择上，除了传统的债券持有人会议和受托管理人制度，债券持有人董事制度和债券持有人监事制度也是条件成熟时的新路径选择。受托管理人作为第三方独立机构，对公司治理的参与较为有限，债券持有人董事制度和监事制度使得债券持有人进入公司的核心机关直接了解公司经营信息和决策信息，巩固了消极性承诺条款的作用基础。在主体选择上，基于债券涉众性和专业性考虑，债券持有人董事、监事应当由受托管理人担任。在主体权限上，考虑到制度设置的目的在于信息交流与反馈，债券持有人董事、监事的权利应当限于信息收集、公司经营与财务情况监督、意见反馈等，不享有表决权等实质性影响公司经营决策的权利。

3. 股东和股利制度：实现主体利益平衡

主体利益平衡的实现，离不开公司治理的优化发展，更离不开债券市场与股票市场的同步推进。具体而言，首先，股东不可滥用资本优势地位损害债权人利益。股东与债权人发生利益冲突的原因之一，是股东往往追求利益最大化而不惜突破道德约束，而债权人只希望自己的债权能依约履行。消极性承诺条款也会对公司的股利分配、股份回购等行为做出限制，但单纯的合同约束显然力度不足。公司法虽然禁止股东滥用公司有限责任和独立人格侵害债权人利益，但原则性的规定在实践中存在操作难题。对此，应当准确把握资本维持原则，对于涉及公司资产流出的行为，必须严格遵守法定程序。① 同时，应结合偿债能力测试划定公司股利分配和股份回购的红线并进行必要的财源限制，妥善处理债权人和股东之间的利益冲突。

其次，消极性承诺条款不得成为公司高效落实对股东与债权人均有益的决策的阻碍。对此，债券管理组织作为债权人意志表达的统一组织，必须做好债权人意志表达和商事效率的平衡工作。消极性承诺条款的履行过程中，债券管理组织应当以其专业能力和信息处理能力找到公司披露的信息、公司偿债能力与规定较为模糊的消极性承诺条款之间的联结，识别消极性承诺条款的违反与否。既要避免错误识别违约阻碍公司商业活动的正常开展，降低商事效率甚至错过重大投资机遇，也要防止未及时识别违约错失要求发行人还本付息的最佳时机而让消极性承诺条款成为一纸空文。当消极性承诺条款确实被违反时，当前诸多债务契约所采取的处置措施主要是无豁免情形下的提前到期。但对消极性承诺条款的违反更多的是技术性违约，不同于实质性违约，此时发行人并未丧失偿债能力，若"一刀切"地要求债务提前到期，公司资本的流出和声誉的受损可能使得短期的经营困难变为不可逆的负面发展。此时，债券管理组织应当发挥其组织协商的职能，一来可以根据违约情况决定是通知债权人进行解决或者自主协商处理，二来通过通知一定比例的债权人代表参与，主导违约处置程序，与债券持有人会议协调配合，决定对发行人进行豁免还是要求发行人回购股权。

最后，优化公司股权结构和产权制度是更为深远持久的主体利益实现渠道。2023年修改的《公司法》进一步优化了股权制度及公司治理结构，但公司法改革永远在路上，后续应持续推进公司股东结构的多元化，既要实现大股东之间的相互制约、相互监督，又要大力发展机构投资者，发挥其投资效应，同时确保管理层持股激励机制的作用发挥。管

---

① 皮正德：《公司股份回购的规制探讨》，《东北大学学报》（社会科学版）2022年第2期。

理层持股有助于提高公司治理水平，降低代理成本，只有管理者真正地享有管理权，才能调动其为公司利益最大化行事的积极性。鉴于董事会是监督内部人履职行为、维护所有者权益的重要治理机制，应进一步优化董事会与股东会的分权机制，打造真正的"监督型董事会"，不断推动"董事会中心主义"走深做实。

三 风险投资合同中的强制出售条款

（一）强制出售条款在风险投资合同中的广泛适用

近年来，随着新一轮科技革命的兴起，信息技术、高端装备、新材料等领域出现了一大批科技型创新企业，其兴起的背后离不开风险投资所提供的资本和金融服务，作为影响风险投资抉择重要因素的特别权利条款也得到了广泛运用。在风险投资行业发展初期和探索期，投资人花费漫长的时间磋商投资协议条款，逐渐形成供投资者挑选的特别权利条款清单，涵括从最初的优先分红权、优先清算权条款，到如今新兴的强制出售权、随售权、继续参与权等诸多优先权利条款。其中，强制出售条款以其特有的权利架构设计受到风险投资者的青睐，很多风险投资交易会将强制出售条款列入投资协议中。公开资料显示，在阿里巴巴集团收购"饿了么"、欧洲私募股权基金CVC Capital Partners收购俏江南中都能看见强制出售条款的身影，在万达信息出售四川浩特股权、东百集团投资湖北台诚、蓝海华腾投资江西云威、万安科技投资Protean中也屡见不鲜。

强制出售条款一般是约定作为股东的投资人有权要求其他股东以同样的价格、条款和条件，在同一时间将各自的股份/股权出售给第三方。[①] 最初，强制出售条款是为了保障优先股股东的退出权而设立，后来在实际运行的过程中，不论其激活与否，条款的威慑贯穿于风险投资从进入到退出的全过程，成为公司治理结构的一部分。具体而言，强制

---

① 徐冬根：《高风险金融交易法律规制研究》，上海交通大学出版社2014年版，第282页。

出售条款的适用场域包括但不限于以下三种。（1）股权投资领域：强制出售条款通常被设置在投资协议、增资合同中，构建权利人的股权退出通道，以帮助投资人在出售被投资公司的股权时能从收购方处获得更高估值。（2）公司治理工具：保留公司整体或部分出售的决策权，对包括董事会在内的公司治理层形成隐形的监督。（3）以并购交易为代表的公司控制权转移情形：权利人投资的目的是获得高收益，在出现合适的股权报价时，权利人往往希望转让所持股权，而收购人意图收购公司全部或大部分股权，权利人的股权份额未必能满足收购人所需，此时运用强制出售条款可以强制要求其他股东一同出售其股权，确保包括权利人在内的所有股东能按照相同的条件出售其股权。

（二）风险投资合同偏好强制出售条款的动因及其逻辑

风险投资在选择投资项目时，面对的多为采用有限责任公司或合伙企业形式的初创企业，而不是发展更为成熟的股份有限公司，同时风险投资也重视对人才的发掘与吸引。① 无论从初创企业的组织形式还是决定风险投资选择项目的决定性因素而言，风险投资对公司治理的人合性追求都难以忽视。而在公司两权分离理论下，公司机制演化为多数人提供资本、少数人集中控制的形式，② 即公司的资本所有权和事务控制权相分离，由于经营者在行使事务控制权时会基于商业判断以外的其他因素影响公司正常运行并获取非正当利益，产生了治理成本，因此公司治理需要应对和解决的主要问题是"代理成本"问题，即经营者为寻求自身利益而损害公司和股东利益的问题。③ 为了降低代理成本，维护公司及自身利益并免予重复性地进行尽职调查，风险投资会倾向于保留投资初期的治理架构，维护公司的人合性。强制出售条款构建了这样一种公司控制权分配格局：创始人保有对所有公司事项的有效控制，但出售

---

① ［英］塞巴斯蒂安·马拉比：《风险投资史》，田轩译，浙江教育出版社2022年版，第32页。
② ［美］阿道夫·A. 伯利、［美］加德纳·C. 米恩斯：《现代公司与私有财产》，甘华鸣、罗锐韧、蔡如海译，商务印书馆2007年版，第119页。
③ 赵旭东：《公司治理中的控股股东及其法律规制》，《法学研究》2020年第4期。

公司的最终决策例外。① 因此在创始人未能良好履职导致公司经营管理出现严重困难或发生其他违反信义义务的情形时，风险投资方与经营者的信任基础动摇，人合性逐渐丧失，此时就可以激活强制出售条款出售自己乃至其他股东的股权以退出公司。

　　风险投资的投资领域集中于初创公司，所得到的股权价值缺乏一个相对客观的衡量标准，即使存在如我国的全国中小企业股份转让系统、美国的 OTC（Over the Counter）市场等初创公司股权交易场所，由于市场交易主体和可供锚定股价的科创公司有限，股权的价值未能充分反映至股价上，不能满足风险投资人对股权流转的需求。在此背景下，风险投资人多会选择主动向外寻求出售机会，以实现资产的流动和增值。因此风险投资人不得不考虑如果存在充分认可该资产价值的买家，如何以最快的速度和最低的交易成本完成资产流转的全过程。风险投资退出初创公司，不外乎考虑所获收益和退出成本两大方面，当收益越超过成本，退出的倾向就会越强。与之相对，收购方在购买股权时常将成本和可能的收益列为考虑对象。风险投资方所获得的收益正是收购方的成本扣除其本身获得该股权的成本后的差额，获取股权的成本既定，能够浮动的只有收购方的成本。因此构建退出路径时，除了考虑风险投资的利益所在，收购方的立场也不容忽视。以其立场来看，在价格基本达成合意的情况下，收购方基于利益最大化希望尽可能减少在收购程序上的资本损耗，并且风险最低。在强制出售条款缺位时，收购方为了获取相当数量的股权发起收购，需和每个股东单独谈判了解不尽相同的交易条件并一一磋商，与各股东达成共识后，依照收购程序历经股东会、董事会的投票表决，获多数通过后正式启动收购流程。如若各方利益主体都赞成出售，该收购程序虽然繁复却也能顺利运行，一旦有股东不同意出售所持股权或董事会表决不通过，收购方前期进行的发起、磋商工作就功亏一篑。强制出售条款的存在简化了交易流程，收购方可以仅和强制出

---

① 潘林：《风险投资合同权利研究：组织与契约的交叉》，中国政法大学出版社 2019 年版，第 71 页。

售权人磋商并议定出售细则,达成一致后,权利人行权,将数量充足的股权出售给收购方。

(三) 重新理解强制出售条款的性质与效力

1. 性质认定

强制出售条款作为权利股东的退出机制,当条款中的行权条件得到满足时,权利人可以请求义务相对人同意出售所持股权或在董事会、股东会上代为行使其表决权,使权利人成功退出公司。与债权人撤销权一样,强制出售权兼具形成权和请求权的性质,一方面按照条款中的行权路径,权利人请求义务相对人出售具有强制性,通知即可为之,表决权的征集也在条款订立阶段即告完成,行权时可直接投票;另一方面毕竟带有通知这一程序,且股权转让的完成还要请求义务相对人在程序上多加配合,彰显请求权的性质。于权利人而言,更愿意将强制出售权视为形成权从而在行权时受义务人的限制少;于义务相对人而言,倾向于将其视为请求权从而使得承受义务时能以"违约"换拒绝。实践中,强制出售权的行使往往以权利股东发布公告和在董事会、股东会上投票赞成出售事项宣告完成,该权利一旦行使,虽在股权转让程序上尚未达成,但实际发生义务股东股权转让的后果,即义务股东不再享有基于所持份额产生的股东权利,其身份从公司股东转变为外部人。从这个角度来看,权利股东按照自己的意愿、以单方的意思表示即可产生变更原法律关系的效果,无须征得相对方的同意,实质上是一种形成权。

2. 效力判断

司法实践中,强制出售条款的效力判断是司法机关需要直面的核心焦点,也是法律规则适用的直接对象,该条款关于行权条件和权利辐射对象的约定会同时受到公司法和合同法的审查。由于公司法与合同法领域存在差异,细分该条款的行权条件和权利辐射对象大多可以确定对其规制的法律规范,因此在效力判断阶段,公司法与合同法有着不同的制度逻辑。

强制出售条款是股东对其权利的再分配，要解决合同约定是否触及强制性规定，首先要判断该条款施加影响的是否为股东权中重要、关键的权利，如股东收益权、股东表决权等。这种权利的自愿受限与放弃，要以不损害公司利益，亦不会影响到公司外部当事人、其他股东权利的行使为前提。[①] 其次是要判断对该关键权利的约定或行使对公司利益、外部第三人或其他股东权利的行使所造成的影响，如果造成实质性妨碍或限制，则可能因触及法律和行政法规的强制性规定而归于无效。关于董事的信义义务，司法实践中应当以商事交易的现时语境为限进行审查。就其他股东权利的放弃而言，以优先清算权为例，涉及对约定清算事件发生时受偿优先次序的放弃，根据清算场景的不同偏向于股东收益权或剩余财产分配请求权，属股权中关键、重要的权利，但该权利的自愿受限与放弃仅影响持股人，一般不损害公司利益、公司外部当事人、其他股东权利行使等，所以不构成对公司法强制性规定的违反。

强制出售条款的触发事件、交易发起的主体和价格基本由合同法进行规制，而强制出售权也可能因与未放弃的股东优先权实际履行相抵触而无效。但就其具体规制之前，还应先明确一个原则，即合同成立的根本在于双方当事人真实的意思表示，以契约自治为合同运行的基本逻辑。基于此，法院应当尽可能地保护当事人的真实意思，并且站在一个尽量维持合同有效性的公益视角。就触发事件而言，强制出售条款在股东间协议中约定，可能面临约定不明的情形，比如触发事件中的"清算时"，按照通常意义理解为破产清算，属《破产法》规定事项，但投资协议中存在优先清算权这一特殊权利，往往对清算事件做特别定义，将主要资产售出、管理层的股权变动异常都视为清算事件。此情形下，法院除了遵循通常的合同解释路径，也可以考虑英美法上"填补空白"在默示契约上的运用，即认为参与的股东默认地同意按照协议中的清算事件来认定"清算时"，约定不明通常不导致原约定的无效。强制出售

[①] 杨靖、裴悦君：《论公司资本多数决原则的规制——以合理划分与行使股东权利为视角》，《法律适用》2011年第11期。

权与其他优先权相抵触的情形最常发生在其与法定或约定的优先购买权之中,两优先权相抵触,在法律规则中并无明文规定如何处置,也即意味着强制出售权不具有天然排除优先购买权的权利。此时,依靠合同法的基本原则和规则探究协议订立时当事人的本意就很关键,尤其需要探究权利股东是否明知其他优先权的存在。就有限责任公司股东所享有的优先购买权而言,若强制出售条款所在的股东间协议当事人中并不包含全体股东,权利股东应当了解协议外股东所享有的该项优先权,如果权利股东仅与处于相对义务方的股东约定股权转让,该条款对协议外股东不发生效力。在股份有限公司的情形下,权利股东在满足善意条件下,比如公司章程上并未体现约定的优先购买权,可能构成善意第三人,其与义务相对方的约定可以阻却协议外股东的优先购买权。

(四)强制出售条款的立法规范设计

1. 整体思路

近年来,由于协议控制、对赌协议、股权收益权信托、类别股等契约式股权结构的兴起,一旦立法介入其中,不得不同时面对公司法和合同法两种规范样式的抉择,选择任一规范都难以很好地规制此类法律关系。强制出售条款作为类别股约定中常见的一类协议条款,也面临同样的难题。公司法与合同法的选择适用基于这样的理论前提:公司法的内容应当是公司契约当事人在订约成本为零的情况下可能达成的契约条款,公司法的功能应当是提供一个标准契约和格式条款,而且公司参与人可以根据自身需要完全自由地改变这些条款。[①] 换言之,公司法所确立的契约模式整体上而言是对效率最优的坚持,并且在其设定的标准契约和格式条款框架内接受当事人对契约的修改,因此从社会公共利益最大化的角度讲,应当尊重公司法的规范。而合同法是自治法,合同的成立和内容基本取决于意思自治。在现代社会,自治本身就是社会治理的

---

① [美]弗兰克·H. 伊斯特布鲁克等:《公司法的逻辑》,黄辉编译,法律出版社2016年版,第54—55页。

重要模式,因为当事人最为了解自己的经济需求,也最有动力以尽量低的对价实现该经济需求。① 对于追求创新、注重效率的商事实践而言,意思自治不可或缺,从追求商事主体利益最大化的角度讲,应当尊重合同法的规范。

鉴于上述分析,对强制出售条款的法律规制,宜从以下两个维度展开差异式调整。(1) 公司法领域强制性规范体系的建立。股东间协议涉及个别股东的利益分配,毫无疑问以合同法规制为主,如果涉及全体股东、董事义务,就进入了公司法辐射的主要范畴,便可以将股东协议纳入公司法的调整范围。② 董事的信义义务显然是公司法的辐射范畴,即使董事通过股东间协议排除信义义务,公司法仍然要审查这种排除行为的合法性与正当性。公司法应细化公司资本结构、股权结构变动、股东权益调整等核心规范事项的强制性规范体系,让其成为审查强制出售条款合法性和效力的重要依据。(2) 合同法领域商事规范路径的整合。在没有涉及全体股东、董事义务等情况下,合同法得以介入强制出售条款,但由于商事实践的复杂性,合同法未必能完全满足强制出售条款的规范需求。例如,其他股东采用表决权信托的方式将所持表决权股份附条件转让至权利股东,此交易模式不仅涉及传统意义上的股权转移,还融入信托法律关系的要素。合同法应重视对商事规范的路径整合,通过设定特别法与合同法的衔接规则、明确特别法优先适用、构建冲突解决机制等清除商事特别法适用于强制出售条款的障碍。需要澄清的是,强制出售条款适用法律双重路径的构建过程,并非意图割裂公司法与合同法在强制出售条款中的作用,而是旨在从立法上释放两者在不同维度上的优势,为相关争议寻找更为妥当的解决之道,力求在协议各方利益之间取得平衡,最大限度实现协议设定的目标。③

---

① 王利明:《论合同法组织经济的功能》,《中外法学》2017 年第 1 期。
② 汪青松:《股东协议暗箱治理的公司法回应》,《中国法学》2023 年第 5 期。
③ 蔡元庆、黄海燕:《股东协议治理:缘起、困境与规范进路》,《财经法学》2019 年第 2 期。

2. 公司法的规范回应

强制出售条款的核心机制构造在于董事对可能发生的出售事件的事先同意，这会产生两个问题：一是董事的忠实义务要求董事避免和公司利益冲突，事先同意意味着董事对忠实义务的放弃，甚至在之后追求个人利益而促成有损于公司的出售利益的达成，同时担任董事的股东是否可以自身利益为先行事也存疑；二是董事的勤勉义务要求董事为公司的最大利益行事，对"公司的最大利益"的判断时间是否可以提前至强制出售条款的约定时间。

首先，违反忠实义务或勤勉义务的认定不能脱离商事交易的现时语境，强制出售条款要置于风险投资家与创业企业家的商业关系之中来考量。[①] 对于忠实义务而言，2023年修订后的公司法明确董事忠实义务的内涵和合理限定董事忠实义务的外延，通过列举违反事项完成了对忠实义务的完整描述。[②] 但列举的事项中不包含董事提前同意可能发生的股权交易事项，这意味着只能以公司法第一百八十条的原则性规定来加以判定。以强制出售条款约定时为审查点，判定董事是否违反忠实义务，应当重点看该条款所在的股东间协议是否涉及董事自身利益与公司利益冲突、董事利用职权牟取不正当利益，尤其应关注该董事是否存在与风险投资人另有约定以谋取私利的行为。即便答案是否定的，以风险投资人行使强制出售权为审查点，董事仍然要经历上述忠实义务审查。为了实现审查的整体性，审查内容必然包括强制出售条款订立之后董事的一系列行为。这些行为若存在违反忠实义务的情形，可能推翻对于当初的董事同意行为合理正当的认定，进一步可能推翻强制出售条款的效力。但对于董事忠实义务的审查不能采取事后推定的手段，董事只能在已知的情况内做有利于公司利益和股东利益的选择，无法提前得知事后发生什么。以此类推，对于勤勉义务的审查也应立足于商事交易的现时语

---

① 于莹、潘林：《司法视野下的风险投资合同领售权条款研究》，《商事法论集》2010年第1期。

② 邹海林：《公司法上的董事义务及其责任配置》，《法律适用》2024年第2期。

境,至于之后所发生的违反董事义务行为只影响条款的履行,不影响条款的效力。

其次,明确公司法规范的立法目的,从具体规范的立法目的和规范体系的整体目的分别加以考量。每项立法规范都是为了实现特定的法律目标而设立,对公司法各项规则的不同解读将直接影响股东协议治理的有效性和目标达成。对于强制出售条款的效力问题,尽管其在特定情况下可能引发对公司、股东或其他利益相关者的负面影响,导致外界对其效力产生质疑,但公司法并非以绝对保护第三方利益为首要宗旨。换言之,立法者在制定相关规范时,并非仅仅着眼于保护特定群体的利益,而是旨在平衡各方利益关系。在风险投资中,公司对于投资人的资金有迫切的需求,强制出售条款虽然提前约定了其他股东的投票权,却通过引入投资弥补了公司资金缺口,有利于公司及股东的整体利益,仅仅因为强制出售条款可能对其他股东的利益产生不利影响,便据此否定其效力的做法并不恰当。从公司法规范体系的整体利益出发,应充分支持股东协议治理的实施,公司法和公司章程无法涵盖公司治理的方方面面,也不可能顾及股东权利义务的全部,股东协议的出现很好地弥补了这方面的不足。强制出售条款作为股东间协议的关键条款,其效力的判定应结合具体交易背景、条款内容以及可能产生的实际影响加以全面考量,既要防止滥用条款损害他人权益,也要避免过度限制条款的适用,妨碍正常的商业交易和公司治理。

3. 合同法的规范回应

适用于公司治理层面的股东间协议虽具有合同的属性,但也不应忽视其组织法的特性,这意味着基于合同法立场的裁判思路对之并不完全适用。由此,应合理区隔合同法规则在相关争议上的应用,注重维护该类股东协议特有的价值。[1] 强制出售条款是股东间协议的核心条款,价格又是该条款的核心内容,价格的形成可分为两部分,一是条款中对价

---

[1] 蔡元庆、黄海燕:《股东协议治理:缘起、困境与规范进路》,《财经法学》2019年第2期。

格的约定,二是权利股东要求其他股东共同出售所持股权的定价。第一个价格的形成处于风险投资家加入之时,此价格属商业谈判的部分,影响风险投资家的出价,且其他股东在此时仍享有拒绝权,一旦接受意味着其对包含了这一价格在内的出价的接受,推定达成了合意。关键在于后一个定价,如果有股东认为其不满足最低限度的公平,司法介入的节点如何确定?考虑到法院对既有商业关系的尊重,司法介入风险投资合同纠纷的功能被定义为促成风险投资家与创业企业家的事后谈判,解释的路径是由于事后谈判中双方的谈判力并不均衡,司法对该情势的沉默会助长机会主义行为,司法介入则瓦解了强势一方的此种企图,迫使强势一方走向谈判桌。此时,强制出售权行使中关于交易价格的纠纷暴露了事先难以预计的交易环境,司法在此时介入,使双方在信息相对充分的条件下达成合意。① 由此可见,股东间协议纠纷具有商事纠纷的特性,商事纠纷的解决其实并不侧重于相关行为的效力认定,而是在尽量维护交易结果的基础上维护合同法的基本原则。合同法规则对股东协议的适用,需注意对商事交易的保护以约束股东承诺的履行,特别是在投资初期,风险投资人不能过度干预企业成长,不宜设置"任何阶段均可行使强制出售权"的条款,否则可能影响创始人利益、企业成长甚至整个风险投资行业的健康发展。

---

① 于莹、潘林:《司法视野下的风险投资合同领售权条款研究》,《商事法论集》2010年第1期。

参考文献

一 中文著作

安青松：《致知录——中国资本市场实践与思考》，中国财政经济出版社2020年版。

陈建奇：《霸权的危机：美国巨额财政赤字与债务风险研究》，中国社会科学出版社2011年版。

陈雨露、马勇：《大金融论纲》，中国人民大学出版社2013年版。

邓峰：《普通公司法》，中国人民大学出版社2009年版。

范健、王建文：《公司法》，法律出版社2015年版。

冯果：《公司法》（第三版），武汉大学出版社2017年版。

冯兴元：《地方政府竞争：理论范式、分析框架与实证研究》，译林出版社2010年版。

管斌：《混沌与秩序：市场化政府经济行为的中国式建构》，北京大学出版社2010年版。

郭春光、赵月阳：《众筹——互联网+时代的融资新思维》，人民邮电出版社2015年版。

郭锋等：《中华人民共和国证券法制度精义与条文评注》（上册），中国法制出版社2020年版。

郭建龙：《中央帝国的财政密码》，鹭江出版社2017年版。

郭强主编：《中国资产管理：法律和监管的路径》，中国政法大学出版社2015年版。

洪艳蓉：《金融监管治理——关于证券监管独立性的思考》，北京大学出版社2017年版。

黄辉：《现代公司法比较研究——国际经验及对中国的启示》（第二版），清华大学出版社2020年版。

黄韬：《公共政策法院：中国金融法制变迁的司法维度》，法律出版社2013年版。

季奎明：《金融创新视野中的商事法变革》，中国法制出版社2011年版。

解玉军：《英国股份公司制度探源》，山东大学出版社2017年版。

黎四奇：《后危机时代问题金融机构处置法律制度完善研究》，世界图书出版公司2014年版。

李爱君：《互联网金融法律与实务》，机械工业出版社2015年版。

李建伟：《公司法学》，中国人民大学出版社2008年版。

李莘编著：《美国公司融资法案例选评》，对外经济贸易大学出版社2006年版。

林毅夫：《解读中国经济》（增订版），北京大学出版社2014年版。

刘汉民：《企业理论、公司治理与制度分析》，上海三联书店、上海人民出版社2007年版。

刘剑文等：《财税法总论》，北京大学出版社2016年版。

刘俊海：《现代公司法》，法律出版社2015年版。

刘燕：《公司财务的法律规制　路径探寻》，北京大学出版社2021年版。

楼建波：《金融商法的逻辑——现代金融交易对商法的冲击与改造》，中国法制出版社2017年版。

陆泽峰：《金融创新与法律变革》，法律出版社2000年版。

马亚明、田存志主编：《现代公司金融学》，中国金融出版社2016年版。

庞仕平：《解密：公司证券设计与国企改革》，广东人民出版社2016

年版。

彭文生：《渐行渐远的红利——寻找中国新平衡》，社会科学文献出版社2013年版。

邵明波：《法律保护、投资者选择与金融发展》，中央编译出版社2017年版。

施天涛：《公司法论》，法律出版社2018年版。

孙杰：《资本结构、治理结构和代理成本：理论、经验和启示》，社会科学文献出版社2006年版。

汤洁茵：《金融创新的税法规制》，法律出版社2010年版。

王道远等：《信托的逻辑》，中信出版集团2019年版。

王福重：《金融的解释》，中信出版社2014年版。

王贵国：《国际货币金融法》，法律出版社2007年版。

王建业：《债务、货币与改革》，中国金融出版社2012年版。

王婷婷：《财政责任视野下的地方政府债务治理研究》，中国法制出版社2017年版。

王文宇：《探索商业智慧——契约与组织》，元照出版公司2019年版。

王延川：《现代商法的生成：交易模型与价值结构》，法律出版社2015年版。

吴礼宁：《货币宪法学：知识谱系与中国语境》，法律出版社2015年版。

向静林：《地方金融治理的制度逻辑——一个风险转化的分析视角》，社会科学文献出版社2019年版。

辛乔利：《现代金融创新史——从大萧条到美丽新世界》，社会科学文献出版社2019年版。

杨东：《金融服务统合法论》，法律出版社2012年版。

杨飞翔：《融资之道——公司融资路径与法律风险控制》，法律出版社2016年版。

叶姗：《财政赤字的法律控制》，北京大学出版社2013年版。

张建伟：《法律、经济学与国家治理——法律经济学的治理范式与新经济法理学的崛起》，法律出版社 2008 年版。

张杰：《金融分析的制度范式：制度金融学导论》，中国人民大学出版社 2017 年版。

赵廉慧：《信托法解释论》，中国法制出版社 2015 年版。

赵旭东主编：《公司法学》（第二版），高等教育出版社 2006 年版。

赵旭东等：《中国商事法律制度》，法律出版社 2019 年版。

中国证券监督管理委员会编著：《中国资本市场三十年》，中国金融出版社 2021 年版。

周雪光：《中国国家治理的制度逻辑——一个组织学研究》，生活·读书·新知三联书店 2017 年版。

朱大旗：《金融法》（第三版），中国人民大学出版社 2015 年版。

邹健主编：《中国资产证券化规则之法律解读》，法律出版社 2016 年版。

［印］拉古拉迈·拉詹、［美］路易吉·津加莱斯：《从资本家手中拯救资本主义——捍卫金融市场自由，创造财富和机会》，余江译，中信出版社 2004 年版。

［澳］富兰克·克拉柯、格雷姆·迪恩、凯尔·奥利弗：《公司的崩溃——会计、监管和道德的失败》，薛云奎主译，格致出版社、上海人民出版社 2010 年版。

［德］丹尼尔·施特尔特：《21 世纪债务论》，胡琨译，北京时代华文书局 2015 年版。

［法］托马斯·皮凯蒂：《21 世纪资本论》，巴曙松等译，中信出版社 2014 年版。

［美］保罗·萨缪尔森、威廉·诺德豪斯：《经济学》（下），高鸿业等译，中国发展出版社 1992 年版。

［美］查尔斯·金德尔伯格：《西欧金融史》（第二版），徐子健等译，中国金融出版社 2010 年版。

［美］道格拉斯·诺思、罗伯斯·托马斯：《西方世界的兴起》，厉以平、黄磊译，华夏出版社 1999 年版。

[美]弗兰克·J. 法博齐、弗朗哥·莫迪利亚尼：《资本市场：机构与工具》（第四版），汪涛、郭宁译，中国人民大学出版社2015年版。

[美]科斯·哈特、斯蒂格利茨等：《契约经济学》，李风圣主译，经济科学出版社2003年版。

[美]罗伯特·E. 利坦、迈克尔·波默里诺、V. 桑德拉拉加编：《金融部门的治理——公共部门和私营部门的作用》，陆符玲译，中国金融出版社2006年版。

[美]麦克尼尔：《新社会契约论》，雷喜宁、潘青勤译，中国政法大学出版社2004年版。

[美]诺顿·雷默、杰西·唐宁：《投资：一部历史》，张田、舒林译，中信出版集团2017年版。

[美]乔尔·赛里格曼：《华尔街的变迁：证券交易委员会及现代公司融资制度演进》（第三版），徐雅萍等译，中国财政经济出版社2009年版。

[美]斯蒂芬A. 罗斯等：《公司理财》（原书第11版），吴世农、沈艺峰等译，机械工业出版社2018年版。

[美]斯蒂文·L. 舒瓦茨：《结构金融：资产证券化基本原则》，倪受彬、李晓珊译，中国法制出版社2018年版。

[美]塔玛·弗兰科：《证券化：美国结构融资的法律制度》，潘攀译，法律出版社2009年版。

[美]威廉·格雷德：《美联储》，耿丹译，中国友谊出版公司2013年版。

[美]小艾尔弗雷德·D. 钱德勒：《看得见的手——美国企业的管理革命》，重武译，商务印书馆1987年版。

[美]约瑟夫·E. 斯蒂格利茨等著，[荷]阿诺德·赫特杰主编：《政府为什么干预经济——政府在市场经济中的角色》，郑秉文译，中国物资出版社1998年版。

[英]艾利斯·费伦：《公司金融法律原理》，罗培新译，北京大学出版

社 2012 年版。

[英] 安东尼·奥格斯：《规制：法律形式与经济学理论》，骆梅英译，中国人民大学出版社 2008 年版。

[英] 罗纳德·拉尔夫·费尔摩里：《现代公司法之历史渊源》，虞政平译，法律出版社 2007 年版。

[英] 约翰·希克斯：《经济史理论》，厉以平译，商务印书馆 1987 年版。

二　中文论文

蔡立东：《公司制度生长的历史逻辑》，《当代法学》2004 年第 6 期。

陈醇：《跨法域合同纠纷中强制性规范的类型及认定规则》，《法学研究》2021 年第 3 期。

陈洁：《投资者到金融消费者的角色嬗变》，《法学研究》2011 年第 5 期。

方流芳：《中西公司法律地位历史考察》，《中国社会科学》1992 年第 4 期。

冯果：《金融法的"三足定理"及中国金融法制的变革》，《法学》2011 年第 9 期。

冯果：《整体主义视角下公司法的理念调适与体系重塑》，《中国法学》2021 年第 2 期。

冯辉：《普惠金融视野下企业公平融资权的法律构造研究》，《现代法学》2015 年第 1 期。

傅穹：《公司利润分配规则的比较分析》，《法学论坛》2014 年第 3 期。

高凌云：《收益权信托之合法性分析——兼析我国首例信托诉讼判决之得失》，《法学》2015 年第 7 期。

贺剑：《对赌协议何以履行不能？——一个公司法与民法的交叉研究》，《法学家》2021 年第 1 期。

黄达：《关于金融学科演进的几点认识》，《中国金融》2009 年第 4 期。

黄达：《金融、金融学及其学科建设》，《当代经济科学》2001 年第 4 期。

黄辉：《对公司法合同进路的反思》，《法学》2017年第4期。

季奎明：《论金融理财产品法律规范的统一适用》，《环球法律评论》2016年第6期。

李安安：《地方债务置换风险分配的理论检讨与法治化改造》，《法学》2018年第5期。

李建伟：《股东压制的公司法救济：英国经验与中国实践》，《环球法律评论》2019年第3期。

李清池：《美国的公司法研究：传统、革命与展望》，《中外法学》2008年第2期。

李清池：《商事组织的法律构造——经济功能的分析》，《中国社会科学》2006年第4期。

李晟：《"地方法治竞争"的可能性：关于晋升锦标赛理论的经验反思与法理学分析》，《中外法学》2014年第5期。

梁上上：《论公司正义》，《现代法学》2017年第1期。

刘胜军：《类别表决权：类别股股东保护与公司行为自由的衡平》，《法学评论》2015年第1期。

刘小勇：《公司捐赠与董事的责任——美国法与日本法的启示》，《环球法律评论》2011年第1期。

刘燕：《从公司融资、公司财务到公司金融——Corporate Finance 中译背后的知识谱系》，《北大法律评论》2014年第1期。

刘燕：《公司法资本制度改革的逻辑与路径——基于商业实践视角的观察》，《法学研究》2014年第5期。

刘燕：《公司融资工具演进的法律视角》，《经贸法律评论》2020年第1期。

刘燕：《重构"禁止抽逃出资"规则的公司法理基础》，《中国法学》2015年第4期。

刘燕、楼建波：《公司法资本制度与证券市场：制度变迁、法律移植与中国实践》，《证券法苑》2014年第3期。

刘燕、楼建波：《企业并购中的资管计划——以 SPV 为中心的法律分析框架》，《清华法学》2016 年第 6 期。

吕冰洋：《官员行为与财政行为》，《财政研究》2018 年第 11 期。

罗培新：《论公司捐赠的司法政策——从万科捐赠风波谈起》，《法学》2008 年第 12 期。

马万里：《中国地方政府隐性债务扩张的行为逻辑——兼论规范地方政府举债行为的路径转换与对策建议》，《财政研究》2019 年第 8 期。

缪若冰：《公司融资对公司基本法律制度建构的证成》，《经贸法律评论》2020 年第 5 期。

缪若冰：《融资财务控制权对公司制度的挑战》，《法学》2017 年第 11 期。

缪因知：《资产管理内部法律关系之定性：回顾与前瞻》，《法学家》2018 年第 3 期。

潘林：《优先股与普通股的利益分配——基于信义义务的制度方法》，《法学研究》2019 年第 3 期。

潘林：《重新认识"合同"与"公司"——基于"对赌协议"类案的中美比较研究》，《中外法学》2017 年第 1 期。

任尔昕：《关于我国设置公司种类股的思考》，《中国法学》2010 年第 6 期。

孙秀林、周飞舟：《土地财政与分税制：一个实证解释》，《中国社会科学》2013 年第 4 期。

万江：《中国的地方法治建设竞争》，《中外法学》2013 年第 4 期。

王利明：《论合同法组织经济的功能》，《中外法学》2017 年第 1 期。

王妍：《公司制度研究：以制度发生学为视角》，《政法论坛》2016 年第 2 期。

谢平、邹传伟：《互联网金融模式研究》，《金融研究》2012 年第 12 期。

徐化耿：《信义义务的一般理论及其在中国法上的展开》，《中外法学》2020 年第 6 期。

许德风：《公司融资语境下股与债的界分》，《法学研究》2019 年第

2 期。

阳建勋：《论我国地方债务风险的金融法规制》，《法学评论》2016 年第 6 期。

杨成良：《州际竞争与美国公司法的发展》，《比较法研究》2017 年第 1 期。

杨东：《市场型间接金融：集合投资计划统合规制论》，《中国法学》2013 年第 2 期。

叶林、吴烨：《金融市场的"穿透式"监管论纲》，《法学》2017 年第 12 期。

于莹、潘林：《适应性效率理论与公司法的适应性——以创业投资为样本的研究》，《吉林大学社会科学学报》2013 年第 6 期。

虞政平：《论早期特许公司——现代股份公司之渊源》，《政法论坛》2000 年第 5 期。

郁建兴、高翔：《地方发展型政府的行为逻辑及制度基础》，《中国社会科学》2012 年第 5 期。

张建伟：《法律、民间金融与麦克米伦"融资缺口"治理——中国经验及其法律与金融含义》，《北京大学学报》（哲学社会科学版）2013 年第 1 期。

张守文：《债务风险与举债权的法律约束》，《苏州大学学报》（哲学社会科学版）2016 年第 3 期。

张文显：《在新的历史起点上推进中国特色法学体系构建》，《中国社会科学》2019 年第 10 期。

赵旭东：《公司治理中的控股股东及其法律规制》，《法学研究》2020 年第 4 期。

周飞舟：《分税制十年：制度及其影响》，《中国社会科学》2006 年第 6 期。

周尚君：《地方法治竞争范式及其制度约束》，《中国法学》2017 年第 3 期。

周游：《从被动填空到主动选择：公司法功能的嬗变》，《法学》2018 年第 2 期。

周游：《企业组织形式变迁的理性逻辑》，《政法论坛》2014 年第 1 期。

周仲飞：《全球金融法的诞生》，《法学研究》2013 年第 5 期。

朱慈蕴、沈朝晖：《类别股与中国公司法的演进》，《中国社会科学》2013 年第 9 期。

三 英文文献

Allcock, Deborah, "'The invisible' hand: views from UK institutional investors", *Corporate Governance: The international journal of business in society*, Vol. 18, 2018.

Anthony I. Ogus, *Regulation: Legal Form and Economic Theory*, Oxford: Hart Publishing, 2004.

Baird, D., "Self-interest and cooperation in long-term contract", *The Journal of Legal Studies*, Vol. 19, No. S2, 1990.

Bebchuk L. A., Hirst S. "Index Funds and the Future of Corporate Governance: Theory, Evidence, and Policy", *NBER Working Papers*, 2019.

Brian R. Cheffins & John Armour, "The Past Present and Future of Shareholder Activism by Hedge Funds", *Journal of Corporate Law Studies*, Vol. 37, 2011.

Bundy, J., Shropshire, C., & Buchholtz, A., "Strategic cognition and issue salience: Towards an explanation of firm responsiveness to stakeholder concerns", *Academy of Management Review*, Vol. 38, No. 3, 2013.

Copland J., Larcker D. F., Tayan B., "The Big Thumb on the Scale: An Overview of the Proxy Advisory Industry", *Research Papers*, 2018.

Dawkins C. E., "Elevating the Role of Divestment in Socially Responsible Investing", *Journal of Business Ethics*, Vol. 153, 2018.

Edmund W. Kitch, "Proposals for Reform of Securities Regulation: An Overview", *Journal of International Law*, Vol. 41, 2001.

Goranova M., Ryan L. V., "Shareholder Activism", *Journal of Management*, Vol. 40, 2014.

Henry Hansmann & Reinier Kraakman, "The End of History for Corporate Law", *Georgetown Law Journal*, Vol. 89, 2001.

Huojun Sun, "Law and Trust", *International Journal of Applied Behavioral Economics*, Vol. 5, Issue 1, January–March, 2016.

Ian R. Appel, Todd A. Gormley & Donald B. Keim, "Passive Investors, Not Passive Owners", *Journal of Financial Economics*, Vol. 121, 2016.

Iman Anabtawi and Lynn Stout, "Fiduciary Duties for Activist Shareholders", *Stanford Law Review*, Vol. 60, No. 5, 2008.

James Cox, Robert Hillman & Donald Langevoort, *Securities Regulation: cases and materials* (3th edition), Aspen Law & Business, 2001.

Jean C. Oi, "Fiscal Reform and the Economic Foundations of Local State Corporatism in China", *World Politics*, Vol. 45, No. 1, 1992.

Jennifer G. Hill, "Good Activist/Bad Activist: The Rise of International Stewardship Codes", *Social Science Electronic Publishing*, 2018.

Jensen, M. C., "Value maximization, stakeholder theory, and the corporate objective function", *Journal of Applied Corporate Finance*, Vol. 14, 2001.

J. A. C., Hetherington, "Defining the Scope of Controlling Shareholders' Fiduciary Responsibilities", *Wake Forest Law Review*, Vol. 22, 1987.

Karol C. Sierra-Yanez, "Hedge Funds and Increased Regulatory Scrutiny under Dodd-Frank", *Banking & Financial Services Policy Report*, March, 2011.

Katharina Pistor & Chenggang Xu, "Incomplete Law—A Conceptual and Analytical Framework and its Application to the Evolution of Financial Market Regulation", *Journal of International and Politics*, Vol. 35, No. 34, 2003.

Lawrence G. Baxter, "Adaptive Financial Regulation and RegTech: A Concept Article on Realistic Protection for Victims of Bank Failures", *Duke Law Journal*, Vol. 66, 2016.

Lucian Bebchuk & Mark Roe, "A Theory of Path Dependence in Corporate Ownership and Governance", *Stanford Law Review*, Vol. 52, 1999.

Mitchell, R. K., Agle, B. R., & Wood, D. J., "Toward a theory of stakeholder identification and salience: Defining the principle of who and what really counts", *Academy of Management Review*, Vol. 22, 1997.

Nickolay G., Gredil O. R., Chotibhak J., "Governance under the Gun: Spillover Effects of Hedge Fund Activism", *Review of Finance*, Vol. 6, 2019.

Ronald Gilson, "Globalizing Corporate Governance: Convergence or Function", *The American Journal of Comparative Law*, Vol. 49, 2001.

Stephen Choi, "Regulating Investors Not issuers: A Market-Based Proposal", *California Law Review*, Vol. 88, No. 2, 2000.

Usha Rodrigues, "Corporate Governance in an Age of Separation of Ownership from Ownership", *Minnesota Law Review*, May, 2011.

Yonca, Ertimur, Fabrizio, Ferri, Volkan, & Muslu, "Shareholder activism and CEO pay", *Review of Financial Studies*, Vol. 24, 2010.

Young A., "The Razor's Edge, Distortions and Incremental Reform in the People's Republic of China", *Quarterly Journal of Economics*, Vol. 115, 2000.

后　　记

　　2024年的"五一"假期,我关掉手机,推掉应酬,集中时间和精力完成了本书稿的最终写作任务,充分体验到劳动节对于"劳动者"的深刻意涵。书稿的即将付梓并没有带来如释重负之感,反而增添了不安与焦虑,陷入了"什么是你的贡献"的纠结与困惑之中。在强调"加快构建中国特色哲学社会科学学科体系、学术体系、话语体系"的当下,我不揣浅陋,尝试突破,将金融创新这一外在变量引入公司融资的法治语境之下,试图打通公司法与金融法之间的学科壁垒,提炼"公司融资法"的知识谱系和话语范畴。这一"学术雄心"大概率会被现实击得粉碎,但"雁过留声,风过留痕",我依然期待在个人的学术天空中,留下一片独特的烟火。

　　依然清晰地记得2010年春暖花开之际,当冯果老师把一篇名为"Robert Clark's Corporate Law: Twenty Years of Change—Financial Innovation in Corporate Law"的论文交给我,阅读之后那种兴奋和激动的心情。这篇论文的核心观点是,期权理论打破了股权与债权的传统结构安排,混合证券改变了董事信义义务的制度逻辑,金融创新对于公司治理具有革命性意义。受此启发,在导师的指引和鼓励下,我以"金融创新视域下的公司治理"为选题完成了博士学位论文,并在此基础上出版了第一本学术专著《金融创新视域下的公司治理法制变革》。在研究过程中,我欣喜地发现,金融创新对公司融资的影响丝毫不亚于对公司治理的影

后 记

响,特别是金融创新催生的股债融合现象从根本上改变了公司融资的法制框架。从 2016 年起,我开始系统性地研究"金融创新视域下的公司融资"这一话题,以股债融合为主线,从边缘切入中心,先后对结构化商事交易中的"客体主体化"、公司融资与政府融资的关联、产融结合的法律规制、公司融资契约中的特别权利条款、对赌协议、明股实债、优先股、永续债以及平台式融资、挂靠式融资、通道式融资等论题展开探究,摆在读者面前的这本论著就是过去八年来研究成果的一个阶段性总结。在拓展阅读与专题写作的过程中,我再次惊喜地发现金融创新对公司并购的影响甚至比对公司治理、公司融资的影响更为突出,因而萌生出一个大胆的想法,即再通过几年的持续性研究,写作一本名曰《金融创新视域下的公司并购法制变革》的专著,从而完成"金融创新与公司法制变革三部曲"的学术拼图。由此,公司法与金融法之间的"任督二脉"才能被真正打通,"公司金融法"的学术范式体系才有望得以生成。

回望过去的将近 15 年中,我一直在公司法与金融法的交织地带打转,注重基础理论的挖掘与科际整合方法的运用,不去蹭学术热点,不做跟风式研究,尽量让学术过程更从容,使学术天地更舒缓。理想是丰满的,现实却很骨感。人生易老,青春不再,在烦琐的工作与倦怠的生活交织下,岁月不经意间在指缝中流逝。当我还沉浸在自我勾勒的"美丽新世界"时,却蓦然发现这个浮躁的时代没有了闲情,没有了诗意,没有了梦想,只有一颗躁动不安的心。在社会加速化、教育功利化、学术内卷化的大背景下,如何"不忘初心,砥砺前行",对每个人都是严峻而现实的挑战。幸运的是,珞珈山上好读书,武大厚重的人文积淀与宽容自由的学风为我们提供了难得的教书育人的平台与科研创作的空间。我辈理当只争朝夕,不负韶华,追光而遇,沐光而行。

在拙著出版之际,我想诚挚地表达感恩、感谢与感念之情。感恩我们伟大的祖国,在动荡不安、变乱交织的世界局势下,以其强大的力量为国人创造了祥和稳定的生活环境。2017 年我有幸获批了中国法学会部级研究课题"股债融合视域下公司法贯通式改革研究",2021年又有幸获批了国家社科基金项目"公司法制度竞争视野下股权结构变革研究",两个课题的宝贵资助是本书得以完成的基本保障。感恩我的导师冯果教授长期以来对我的精细化指导和全方位帮助,正是他的耳提面命才有了我些许进步。感恩师母尚彩云老师,对学生嘘寒问暖,时常给我们家庭般的关照。本书的相关内容已经以论文的形式发表在《政法论坛》《环球法律评论》《证券市场导报》《社会科学》《税务研究》《学习与实践》《理论月刊》《西南民族大学学报》《经贸法律评论》《商法界论集》等刊物,向这些刊物的编辑老师致以深深的敬意和谢意!衷心感谢中国社会科学出版社许琳老师精心的编校工作,她为本书的出版付出了很多辛苦!感谢我指导的研究生张琳、成卓玲、李俪、袁媛、杨美红、姚思静、林影、王晓宁等,她们参与了本书的文献资料收集、案例法条整理、框架思路讨论以及部分内容的初稿撰写工作,且表现出扎实的专业功底和良好的综合素质。在指导她们完成学位论文或资格论文的过程中,我充分感受到青年学子的蓬勃朝气和无限潜力,真切体验到身为人师的成就感和满足感。家庭是幸福的港湾,亲情是永远的牵挂,谨以此书献给我最亲爱的家人!我在参加工作之前,对"大学老师"这个职业充满着美好想象,总觉得一年有三个月的假期,应该可以很好地实现工作与生活的平衡。后来才发现,这属于"重大误解",因为寒暑假基本上是用来报课题、写论文、编教材,但由于课题中标的概率较低,论文发表的难度极大,机会成本居高不下,本来可以用于陪伴家人的时光湮没在了琐碎的工作片段之中。面对我常态化的"全年无休",家人从未有任何怨言,总是给予理解和包容。特别是臻臻小朋友,聪颖可爱,天真烂漫,善解人意,总是带给我莫名的感动。她的存在优雅了时光,温柔了岁月,让我感觉到太阳每天都是新的,感念这一切的美好!

本书作者曾在《法院如何发展金融法——以金融创新的司法审查为中心展开》一文中写道,金融创新作为一种内生于市场的力量,不会因为立法滞后而停滞不前，也不会因为"拒绝司法"而"鸣金收兵"。金融创新对公司融资的影响深刻而复杂，公司融资法的内涵与外延丰富而广博，金融创新视域下的公司融资法制正在经历一场结构性变革。笔者虽然尽全力做了体系化研究，但限于能力和水平，研究深度与创新性尚不理想，章节体系和论证逻辑还可以再优化，错讹之处也定然不少，敬请读者能够批评指正。

李安安

2024 年 5 月 8 日于珞珈山